校长说雅

陈伟忠　著

北京师范大学出版集团
BEIJING NORMAL UNIVERSITY PUBLISHING GROUP
北京师范大学出版社

图书在版编目(CIP)数据

校长说雅 / 陈伟忠著. —北京：北京师范大学出版社，
2022.11
ISBN 978-7-303-27857-2

Ⅰ.①校… Ⅱ.①陈… Ⅲ.①校长－学校管理－研究
Ⅳ.①G471.2

中国版本图书馆 CIP 数据核字(2022)第 061909 号

图书意见反馈：gaozhifk@bnupg.com 010-58805079
营销中心电话：010-58802755 58800035
北师大出版社教师教育分社微信公众号 京师教师教育

XIAOZHANG SHUO YA
出版发行：北京师范大学出版社 www.bnupg.com
　　　　　北京市西城区新街口外大街 12-3 号
　　　　　邮政编码：100088
印　　刷：北京溢漾印刷有限公司
经　　销：全国新华书店
开　　本：787 mm×1092 mm 1/16
印　　张：15.25
字　　数：250 千字
版　　次：2022 年 11 月第 1 版
印　　次：2022 年 11 月第 1 次印刷
定　　价：65.00 元

策划编辑：冯谦益　　　　　责任编辑：刘　溪
美术编辑：李向昕　　　　　装帧设计：李向昕
责任校对：梁　爽　　　　　责任印制：马　洁

丛书编委会

主　任：苏泽庭

副主任：徐文姬　陈如平　柳国梁

委　员：（按姓氏笔画排名）

马　兰　王晶晶　石伟平　朱永祥

刘占兰　李　丽　沙培宁　张新平

林小云　赵建华　袁玲俊　耿　申

戚业国　彭　钢　蓝　维

序　一

　　"教育兴则国兴，教育强则国强。"实现中华民族伟大复兴的中国梦，归根到底是靠人才、靠教育，必须把教育事业放在优先位置。党的十九大报告提出的"建设教育强国"，主要方向是走中国特色社会主义教育发展道路。习近平总书记在 2018 年全国教育大会上明确提出"坚持扎根中国大地办教育"。中国的教育应根植于中华文明，守住中华优秀传统文化的根与魂，讲好中国教育故事，创生中国特色理论，为人类贡献中国智慧和中国方案。

　　宁波简称"甬"，位于长江三角洲南翼，是我国东南沿海重要港口城市和历史文化名城。宁波教育源远流长，长盛不衰，人文荟萃，贤才辈出。宁波先后出现了一批又一批有影响力的教育思想家，如宋元时期的高闶、王应麟等，明清时期的王阳明、钱德洪、徐爱、方孝孺、朱之瑜、黄宗羲等，民国时期的陈训正、张雪门、杨贤江等。这些先贤都为宁波的教育做出了不朽贡献，在中国的教育发展史上发挥了重要作用。

　　改革开放以来，宁波市的基础教育实现了跨越式发展。宁波教育本着"以人民为中心"的宗旨，全力"办人民满意的教育"。人民满意的教育是优质公平的教育，是"办好每一所学校""教好每一个孩子"的教育。谁来办好每一所学校呢？除了政府提供必要的条件外，"教师是立教之本、兴教之源"。那么，靠谁把广大教师组织起来呢？靠校长。有一位好校长，才有一所好学校。宁波基础教育高水平优质发展的伟大实践，急需一批"教育家型"的优秀校长。正是基于这种思路，从 2009 年开始，宁波市就启动了"甬派教育管理名家培养工程"，2017 年 3 月启动了第二期工程。

　　一项人才培养工程能够持续开展十余年，并持续发挥重要作用，这本身就值得研究。长期以来，宁波市一直重视中小学校长和幼儿园园长队伍的建设，注重校(园)长成长规律和培训规律的研究，凭借宁波人"敢为人先"的创新精神，开创性地提出了教育干部培训的宁波模式和宁波经验，形成了"新任校长—合格校长—骨干校长—名校长—教育管理名家"的"五段三分双导"校长培养的完整体系。"甬派教育管理名家培养工程"位于宁波市教育干部培训"金字塔形"培养体系的塔尖，代表了宁波市教育干部培训工作的新高度，已经成为宁波市教育干部培训的新品牌。第二期"甬派教育管理名家培养工程"采用"双导师制"，聘请国内著名教育专家为理论导师，聘请全国有影响力的著名校长为实践导师，采用课题研究与经验提炼相结合的方式，来进行三年学习、两年展示的为期五年的培训，进而培养出教育管理的领军人物。这次出版的"甬派教育管理名家系列"丛书就是第二期培养对象经过三年学习，在名家的指导下，对自我教育实践进行提炼和提升的成果。

丛书的出版，虽然有种"立此存照"的意思，但更重要的是为了提供一种"本土经验""本土智慧"和"本土创造"。本系列丛书，有的是对办学实践的经验反思，有的是对办学主张的提炼梳理，有的是对办学理想的叙说表达……这些教育经验、教育主张、教育信念和教育理论，共同组成了新时代"甬派教育管理名家"的教育思想。细细品味丛书，我们可以清晰地感受到这批"甬派教育管理名家"办学思想背后的文化底蕴。

"知行合一，就是要行必务实。"本系列丛书的每一位作者都是宁波校长队伍中的优秀代表，他们的成长都建立在成功办学的基础上。每一本专著背后，都有一所或几所优质学校做后盾。从每一位校长的成长历程中，我们可以清晰地看到，"知行合一"已经成为他们共同遵循的基本观念。他们强调做实事、务实功、求实效，确保定下的每一件事能做到、做好。他们强调"经世致用"学风，"务当务之事"，勇于任事，致力创新。本系列丛书记录了他们从理论到实践的行进方式，促进了宁波教育的率先发展，体现了"实践、认识、再实践、再认识"的实践论观点。

"知难而进，就是要行不懈怠。"本系列丛书在编写和出版过程中遇到的困难是显而易见的。从出版的数量上看，一项工程要出版 20 本专著，这在宁波市教育干部培训历史上是前所未有的。本系列丛书出版的组织者——宁波教育学院，坚持志不求易、事不避难，这种担当精神令人敬佩。从出版的质量上看，作为专著的作者，各位校长要从忙碌的日常管理工作中抽出时间是一件十分不易的事，而且在写作过程中还会遇到各种问题，这些对他们来说都是很大的挑战。但是，他们敢于直面挑战，勇于解决问题，把不可能变成了可能。因此，本系列丛书的成功出版，是各方知难而进、共同奋斗的结果。

"知书达礼，就是要行而优雅。"有着400多年历史的天一阁，是中国现存较早的私家藏书楼，也是亚洲现有较为古老的图书馆和世界最早的三大家庭图书馆之一。它使人们真切地感受到了书香宁波的特有气质。本系列丛书的出版既是对这种城市魅力的共建，又是对流淌在宁波教育人身上"书卷气"的共识。从"甬派教育管理名家培养工程"第一期的《我的教育思想》到这次第二期的系列丛书的出版，反映了宁波教育人注重内涵发展、崇尚理性思想、爱好著书立说的优雅旨趣。翻开丛书，我们从字里行间都能感受到各位校长在办学过程中体现出来的崇文重教、崇德向善的教育思想和知书达理、彬彬有礼的人格魅力。

"知恩图报，就是要行路思源。"宁波人懂感恩、会感恩，本系列丛书的出版也是一种感恩回报。在工程的实施过程中，他们有幸得到了全国著名教育专家的指导；他们感恩各位导师的辛勤付出，珍惜与导师的深厚情谊。本系列丛书的出版是他们对导师最好的回报。他们有幸遇到了北京师范大学出版社，敬业勤勉的编辑老师的专业指导助推了丛书的顺利出版。他们感恩党和政府，正是在党的正确领导下，才实现了他们的个人价值。他们感恩教育本身，蓬勃发展的教育事业为他们提供了研究教育、施展才华和专业成长的沃土。本系列丛书的出版，必将对宁波教育的发展发挥重要作用。他们感恩所有关心、支持和帮助过他们的人，本系列丛书正是他们抒发这种感恩之情的载体。书中提到的每件事、每个人，其背后都是浓浓的感恩之情。

总之，"甬派教育管理名家系列"丛书的出版是宁波教育史上的一件大事，是宁波教育向中国共产党成立100周年的献礼之作，必将对宁波教育努力率先高水平实现教育现代化的新时代总目标发挥重要作用。

苏泽庭

2020年8月

序　二

2017 年 3 月，宁波市第二批"甬派教育管理名家培养工程"启动，29 位宁波市知名校长入围受训。此工程是宁波市加强校长队伍建设的创新之举，也是宁波市校长培训工作的顶端品牌，旨在落实"教育家办学"理念，通过培养一批"更加专业""更加卓越"的"本土教育家"校长，来领导宁波教育的创新发展。我受宁波市教育局、宁波教育学院、宁波市教育行政干部培训中心的委托，全权代邀 10 位国内著名的专家学者组成了一个专业的导师组；又因是宁波人的关系，被任命为组长。三年多来，经过面试面授、外出游学、著书立说、登台报告等环环相扣的程序，"甬派教育管理名家培养工程"已完成大部分的目标和任务，进入了最后的收官阶段。

回首当初，宁波市教育局、宁波教育学院、宁波市教育行政干部培训中心和导师组曾就此工程提出了"五个一"的目标，即申报立项一个课题，核心期刊上发表一篇学术论文，每年外出短期游学拜师一次，撰写一部教育管理专著，举办一次办学思想研讨会。其中，最为重头也是最硬气的，就是要求第二批教育管理名家培养对象人人完成一部专著，即基于办学实际和对教育内涵、教育教学管理具体工作、办学育人规律的认识，对教育问题进行思考并总结行之有效的经验做法，通过思考、梳理、总结、提炼，集结成册，最后形成一本专著。令人欣慰的是，在宁波市教育局、宁波教育学院、宁波市教育行政干部培训中心的领导下，在导师组的精心指导下，29 位培养对象中，除 3 人因工作调动不再担任校长外，共有 19 位校长最终提交了书稿，编写成"甬派教育管理名家系列"丛书，由北京师范大学出版社正式出版，成为"甬派教育管理名家培养工程"的标志性成果。

30 多年来，我始终关注学校的发展问题，特别是校长这个学校发展的关键性和决定性因素。俗话说得好，"火车跑得快，全凭车头带"。从某种意义上说，校长的素质决定学校的发展，没有高素质的校长，就不可能有学校的可持续发展。近年来，大量的学校实践案例和校长实践经验，让我对"一位好校长就是一所好学校"这一信条深信不疑。这一点已在第二批"甬派教育管理名家培养工程"培养对象的办学以及他们各自的专著中体现出来。2020年9月15日，《教育部等八部门关于进一步激发中小学办学活力的若干意见》(以下简称《意见》)发布，明确提出注重选优配强校长，努力造就一支政治过硬、品德高尚、业务精湛、治校有方的高素质专业化校长队伍。这是激发办学活力的关键性因素。《意见》不仅增强了我们实施"甬派教育管理名家培养工程"的信心和决心，也给未来中小学校长的选拔、培养与使用提出了新的目标和要求。

关于校长的素质特征、能力表现等，我结合近年来自己的研究，认为现在衡量和评判校长水平高低的重要标准或指标有了变化，除了显性的办学成就和管理水平外，还要看他教育思想的整体性、系统性和集成性，看他办学思路的完整性、清晰性和流畅性，看他育人成果的全面性、发展性和创新性。这些标准或指标，以往可以体现在学校章程、发展规划、年终总结、述职报告等载体中，如今必须通过系统思考、全面梳理和总结提炼，形成办学育人的规律性认识以及体系化建构，最终集合成综合性论文或学术专著来展示。这也是我们在第二批"甬派教育管理名家培养工程"中如此重视和强调著书立说的原因。

鼓励和引领校长去著书立说，在实际操作时容易走向功利化境地，对此社会上和教育界内出现了不少反对的声音。尽管我也特别反对教育中各种功利化的做法，如校长为出书而出书，但我还是会建议校长随时对自己的办学思路、行为及其结果进行思考、总结、梳理和提炼。这既是校长的基本功和校长专业发展的必修课，也是加强校长队伍建设的重要任务。那么，如何做好这一项工作？在此，我用教育管理名家的"名"字做些发挥，谈谈自己的三点体会，同时也表明我对"甬派教育管理名家培养工程"的认识、态度和立场。

第一，要弄清楚因何而"名"。所谓"名"，是指知名、著名。校长有名，实指校长声望高、有影响力。在现实中，名校长包括两层含义：一是名校的校长；二是知名或著名的校长。二者往往又是可以转化的。校长先担任名校的校长，再在办学上有所动作和贡献，使自己成为知名或著名的校长；也可以是知名或著名的校长执掌一所学校，把学校办成名校，使自己成为名校的校长。学术界给出了很多关于名校长的定义和主要特征，但从总体上看不外乎三个方面：一是办学成功，二是思想定型，三是影响力大。"甬派教育管理名家培养工程"的培养对象都或多或少地具备这三个方面的特征。

我一直认为，名校长是一个发展性的概念。任何事物的发展都是由量变到质变的过程。一位校长的成功与成名也是一个积累和发展的过程，不可能一夜成名。任何一位名校长，都是其办学思想和办学业绩得到广泛认可后才逐渐成名的。教育行政部门对名校长的认定只是一种形式。从根本上讲，名校长不是自封的，也不是任命的，而是社会公认的。名校长在被教育行政部门认定之前就已经在教育界和社会上具有一定的名望。名校长的"名"应是一种社会影响和社会认可。引导和鼓励校长成为名校长，可以使校长有更高的追求和境界，从而把学校办得更好。

第二，名校长要擅长"明"。一位优秀的校长必须有独具特色的教育思想并身体力行。苏霍姆林斯基根据自己多年从事校长工作的实践经验，提出领导学校，首先是教育思想的领导，其次才是行政上的领导。这是一个十分重要的观点，也是校长管理学校的客观规律。教育家是实践家，衡量教育家的首要标准就是他们在教育实践工作中的成绩：或育才有方，或治校有方、成绩突出。名校长都是成功的校长，是治校有方、办学成绩突出的校长，理应被称为教育家。教育家要有自己的办学思想，甚至有的教育家还创立了新的教育理论。他们都必须亲身从事教育实践，把办学思想和新的教育理论用于教育实践并且取得显著的成效，否则就不能被称为教育家。这是所有想成为名家的校长们必须懂得的道理。

"明"就是要明理。明理是读书人要达到一种通达慧明、明晓事理的境界。名校长要明以下三方面的理。一是教育之理，说的是教育的本质特征。《说文解字》对"教育"之理讲解得非常精辟："教，上所施下所效也"；"育，养子使作善也"。这两句话表明育人是教育的本质。二是办学之理。办学是有规律可循的。办学规律及其衍生出来的运行体系、体制和机制等，都是办学之理。三是育人之理。弄清楚"培养什么人"的问题，这是教育的首要问题，同时还要弄清楚"怎样培养人""为谁培养人"等问题。这三个问题构成育人的有机整体，不可分割，只有如此才能培育和造就全面发展的人。名校长还要善于捕捉代表时代发展和前进方向的新思想、新观念，善于用批判的眼光、理性的思维去分析教育的问题，对自我教育行为进行反思，不断深化对教育的规律性认识。

第三，名校长要善于"鸣"。鸣，就是发出声音。意思就是，名校长要善于表达，善于发表自己的意见和主张，引导舆论，营造氛围。"千线万线，只有一个针眼穿。"千线万线指的是各种各样的政策、理论、理念和方法；这个针眼是指学校实践，任何政策、理论、理念和方法都要通过学校实践来落地实现。当下，名校长必须把以下问题的落实和解决作为己任，下足功夫，写好文章。一是全面贯彻党的教育方针，建立健全立德树人教育机制，大力发展素质教育，着力培养学生的社会责任感、创新精神和实践能力。二是深化教育教学改革，不断推进课程改革，优化教学方式，探索因材施教的路径、机制和策略，创建适合学生发展的教育体系。三是注重理论与实践的结合。校长要用科学的理论指导教育教学实践，要通过实践总结创造出新的科学理论，从而再用新的理论去指导新的实践，提高办学育人水平；同时，还要结合时代和教育的发展，不断融入新的元素，寻找新的增长点，实现发展目标。四是善于传播先进的教育思想理念，既能用自己先进的教育思想和教育价值去影响教师和改造教师，促进教师教育观念和教学行为自觉地转变，又能科学引导家长和社会树立正确的教育观、育人观，努力营造良好的教育生态环境。

陈如平

2020 年 9 月

雅　遇

　　我最初看到陈伟忠校长研究雅教育，是他发在微信朋友圈的"校长说雅"，8年来，这一栏目伴随着他创办的新学校一起生发与成长。因为新，所以有新观点、新目标、新探索和新问题需要交流和共鸣，由志同道合的具有共同教育理想的友人组成的朋友圈便成了他表达思想的平台。现在看来，这就是他的初心，怀着满腔热忱，憧憬着别样的教育理想。

　　2013年，他离开宁波市江东区第二实验小学教育集团总校长的岗位去开办一所新学校。这所学校的前身是宁波市第十九中学，后来改制为九年一贯制民办公助学校，面向全市招收有艺术爱好的学生，要办成一所高品质的民办公助典范校。这对多年来担任公办学校校长的他来说，是一个不小的挑战。

　　据说他当宁波艺术实验学校校长还有一个理由：他学生时代曾是学校首席小提琴手，毕业后在中学教过音乐，后来教科学，在感性与理性上都有将艺术与科学结合的梦想。他梦想着学校有高品质的乐队，校园中有嘹亮的歌声，学生能像小天鹅一样翩翩起舞，还有书画、诗与远方、科技与创新……新学校别样的办学模式给了他更多的办学自由和空间，于是他想到了中国优秀的传统文脉——"雅"，立志把小学校办成大雅堂。

　　雅在哪里？雅是什么？雅在学校的角角落落，雅涉及人的行为表现的方方面面，因此"校长说雅"说不尽，也道不完。雅没有了高高在上，没有了刻板教条，就变得那么通俗易懂、那么平易近人，慢慢形成了教师说雅、学生说雅、家长说雅的氛围。雅教育深入人心，学校越办越好，新生报名的场面也盛况空前。

　　我真正与陈校长交流雅教育办学理念，是在他成为"甬派教育管理名家培养工程"的培养对象时。当时他已经担任宁波市一百所实验学校联谊会的理事长、宁波市名校长工作室的首席导师，他的新学校因政策变化，又重新转制成公办学校，拥有了位于东部新城的两个新校区，成为宁波市九年一贯制教育集团的窗口学校，肩负着更大的责任，需要形成更系统的个性化教育理论，以及更清晰的雅教育办学理念、育人模式和科学实施方法，于是他开始撰写《校长说雅》一书。

《校长说雅》一书延续了"校长说雅"栏目的风格，以一所新学校8年来的成长为线索，以雅教育为主题，把感悟到的体会、碰到的问题、解决的方法、应用的策略、产生的效果、总结出的模式实实在在地讲述出来；围绕雅教育理念的形成、雅致校园的营造、儒雅教师队伍的组织、高雅学生的培育以及和雅家长的养成五个方面进行系统性阐述。

本书的特点之一是具有宽广高远的教育视野。例如，在雅教育理念生成方面，陈校长既发掘了学校的文化基因，紧密联系学校的定位和条件、生源的质量、教师的素养、区域的文化、家长的期望和同类学校的特质等，又能考虑到国际教育潮流、国家教育战略、上级的办学要求等，使自身的办学理念有更高的思想高度，并且更充实而富有内涵。

本书的特点之二是运用扎实有序的实践案例。从雅教育理念到大雅堂育人模式、雅之韵课程体系，再到雅趣创生的科学实施方法，各个内容都环环相扣。理念只有深入课堂、深入各项活动，才能深入师生的心中。

本书的特点之三是进行细致入微的研究。陈校长领导的整个学校就是雅教育的研究所和博物馆，可谓一物一世界、一人一研究。即使一张纸，在雅教育理念影响下，也能从"百变折纸"到"纸为媒"，演绎"中国创课"的故事；即使一门学科，以雅教育为特色，五育并举，也能做到有温度、有情调、有创意、有梦想、有故事！学生学业减负，学习得法，兴趣发扬，个性也就得到了充分发展。

王国维在《人间词话》中称，古今凡成大事业、大学问的雅者，必经三种境界："昨夜西风凋碧树，独上高楼，望尽天涯路。"此第一境也。"衣带渐宽终不悔，为伊消得人憔悴。"此第二境也。"众里寻他千百度，蓦然回首，那人却在灯火阑珊处。"此第三境也。这三种境界对校长而言，第一境界是"立"，只有立志，登高望远，明确方向，独辟蹊径，树立教育的理想，才能有所作为；第二境界是"守"，教育理想的实施不是轻而易举的，必须坚定不移，经过一番辛勤付出，废寝忘食，孜孜以求，即使人瘦带宽也不后悔，要守得住初心；第三境界是"得"，只要反复追寻，不断研究，下足功夫，自然就会豁然贯通，有所发现，有所成就，就能够从必然王国进入自由王国。

这三种境界在《校长说雅》一书中都得到了充分体现，并且陈校长的雅教育还在渐入佳境，从实践到理论方面都得到了提升。《校长说雅》虽然是陈校长的第一部书，但我相信在与同行的共享与交流中，他会不断对其进行完善与发展。我也期待雅教育能继承并弘扬中华优秀传统文化，筑起学校的精神脊梁，成为区别于西方绅士教育的一个标准，成为奠定学生幸福人生的基石，成为推动学校内涵发展、创新发展和特色发展的引擎。

柳国梁

2021 年 8 月 20 日

目　录
CONTENTS

第一章

雅教育的提出

　　每所学校都有自己的文化，但如果没有对"办怎样的学校""育怎样的人"等问题有过哲学思考，只注重"行"，鲜有关注"知"，学校文化就会形同一盘散沙，不知所以然。学校文化的形成一般要经历从模糊到清晰、从争议到趋同、从宽泛到聚焦的聚"精"会"神"的过程，校长在这一过程中要起到主导作用。学校文化不能忽视优秀传统民族文化和优秀地方文化，也不可忽视对世界优秀文化的吸收。它是校长对世界、国家、地方、学校四方面优秀文化全方位考量后的战略定位。每位校长都有许多很好的办学理念，如果能对这些办学理念予以高度聚焦，提炼出一个文化"概念"或"符号"，在党的教育方针和先进教育理论、思想的指导下进行个性化解读、集体认同与创造性实施，摒弃一些与之不相干的"旁枝末节"，那么学校文化就会渐渐形成"主干"，长成粗壮"大树"。

第一节　在多维视角的寻觅中聚焦

　　在筹办建设一所新学校初期，可以通过与建筑师谈梦想、谈理念、谈想法，使校舍渐渐呈现在我们面前。校舍如人的躯体，办学理念则如人的灵魂。没有"灵魂"的"躯体"只是卧在土地上的一堆钢筋混凝土；有了适合的、深入人心的办学理念，才能使学校有自己的思想和灵魂，学校也就随之有了生命。

　　校长要在新学校开办初期，提出符合学校实际的办学理念。在准备期间，校长首先要通过学习搞清楚办学理念到底是什么，以及它在学校发展中起到怎样的作用。办学理念是校长基于"办什么样的学校"和"怎样办好学校"的深层次思考，回顾以往，面向未来，结合学校实际，多维度考虑的结果。办学理念表述要力求清晰、简洁、准确。

创办一所新学校，校长要回答以下几个问题，以此搞清楚学校的发展定位。一是为什么办这所学校。新学校创办的原因有很多，绝大多数公办学校的创办是为了满足新小区配套的需要；有的是为了满足某一区域居民对教育的特殊需求；也有一些民办学校则是把教育作为一项资本来投资。创办宁波艺术实验学校(民办)，是为了满足江东区(已撤销，现属鄞州区)居民对高端教育的需求，让居民在家门口能够读上称心的学校，以消除他们因为"零择校"，对小区配套学校不满意而产生的烦恼。二是如何定位这所学校。它与诸多因素有关，如发展起点、家长群体、生源结构、师资构成、办学特色等。特别是对办学特色的定位，决定着一所学校的课程建构与发展方向。如我校校名"宁波艺术实验学校"，如何理解和定位"艺术"就显得至关重要。三是若干年后，这将会是一所怎样的学校。这是校长对学校未来发展的憧憬和蓝图的描绘。尽管你会说：这不是很空洞吗？有多大意义？的确，它是一个梦，但并非无中生有或者异想天开，而是基于对学校实际的展望和畅想，它犹如一座灯塔，指引航海人的方向。校长只有对学校办学满怀憧憬，对学校未来充满希望，对办学质量求之若渴，才会在今后的管理中将这种"所思所想"落实在日常管理中，不断地去追求，去努力，去实现它。一位不甘心平庸的校长，只要他有理想又一步步付诸行动，持之以恒，充分发挥师生的能动作用，他所在的学校就注定不会平庸。

一、缕析优秀传统文化"基因"

"文化"是指人类在社会历史发展过程中所创造的物质财富和精神财富的总和。简单来说文化就是一个地区人类生活要素形态的统称，即衣、食、住、行、科技、教育、艺术等的统称。学校作为文化传播的最重要的场所，它承载着一个民族、一个国家文明延续的重任。学校教育的根本任务是"让人成人"，它的首要任务是要培养有中国心、民族魂、乡土情的中国人，要让中华儿女的精神世世代代传承下去。文化传承，不能只谈学校文化之传承，而是要从历史长河中发现最具有代表性的优秀传统文化，从一个民族、一座城市、一方土地中找到文化"主脉"，并从中找到能够发扬学校文化的优秀"基因"。

(一)传统文化

文化是民族的血脉，是人民的精神家园。优秀文化是一个国家、一个民族传承和发展的根本，它体现着一个国家、一个民族的价值取向、道德规范、思想风貌及行为特征。中华民族在长期生产生活实践中产生和形成的优秀传统文化，为中华民族的生息、发展和壮大提供了丰厚的精神滋养。中华优秀传统文化是中华民族的"根"和"魂"，它使中华民族形成了强大的文化认同，激发了中华民族强大的民族生命力、凝聚力和创造力，成为维系中华民族永续发展的强大支撑。中华优秀传统文化中的很多思想理念和道德规范，不论在过去还是现在，都有其永不褪色的价值。学校担负着传承优秀文化的历史重任，要善于从中华文化宝库中萃取精华、汲取能量。在浩瀚的中华历史文化中，我们试图找到一种能够涵盖工作、学习、生活等领域的，具有高尚审美情趣的，代表优秀传统文化精髓的文化元素，它耳熟能详，人人皆知，人们能从心底认同、追随、崇尚它。在不断地求索、寻觅中，我发现"雅"正是符合上述要求的一个非常契合的文化符号。

(二)地方文化

位于宁波的距今约 7000 年的河姆渡文化孕育了长江中下游的中华文明。宁波的天一阁被誉为"天下第一藏书楼"，其历史之久、藏书之多、价值之高，均堪称一绝。宁波依山傍水、人杰地灵，是人才辈出之地：初唐有"出世之才，遂兼五绝"之称的书法家虞世南；宋明清等朝有王应麟、王阳明、黄宗羲、朱舜水、万斯同、全祖望等在学术界占重要地位的大师；现代有诺贝尔医学奖获得者屠呦呦，以及童第周、谈家桢等两院院士；著名作家余秋雨，小提琴演奏家俞丽拿，指挥家俞峰；等等。是什么原因令宁波这个"小地方"能够孕育出如此众多的杰出人才？宁波人的哪些优秀传统和品质能够孕育出如此众多的文化名人、名家？作为宁波一所具有高起点办学、高品质发展梦想的新学校，我们需要汲取宁波这块土地上哪些养分和文化精髓？传承走向天下的学者、科学家、商界巨子的哪些优秀品质？这些优秀品质是继承了中华优秀传统文化中的哪些基因而得到滋养并发扬光大的？我认为，这些名家能够有如此成就，是与他们身上所具有的主动、自律、责任、坚毅、诚信等优秀品格分不开的，他们在中华优秀传统文化的熏陶下以"雅士"为毕生追求。所以不得不说这是中华优秀传统文化中的雅文化在滋养和激励着一代代宁波人所致。只有从中华民族悠久的历史长河中找到优秀传统文化的"基因"，找到在当地丰沃的文化土壤中得以扎根、生长、发展的主流文化基因，加以传承和发扬，这样的学校文化才能算得上是中国的、本土的。

（三）学校文化

我校（华东师范大学宁波艺术实验学校）前身为宁波市第十九中学，学校创建于1971年，曾开办过初中、小学，后办成完全中学、小学的联办学校，后又兼办职业高中，最后改为初级中学。早在20世纪80—90年代，宁波市第十九中学就曾是宁波市最好的初中之一，学校曾提出"对每一个学生发展负责""让我们做得更好""一切皆有可能"的办学理念，学校足球队、数学教研组当年在市内负有盛名。历届学子中涌现出了如教育界、科学界的严建华、陈甬军、王庆康、韩臻、吴志荣等学者，政界的林雅莲、吕强、劳建兰等人民公仆，医疗界的丁健、陈光烈等白衣天使，社会服务界的俞复玲、周宁芝等热心模范，企业界的王少龙、朱宏玲、李国康、王建波等企业家，文化艺术界的韩震宇、叶志军等人士；多名校友荣获全国劳模和全国道德模范称号，成为我国各行各业的中坚力量。教师中有被称为"默默无闻、无私奉献的天外人"的沈斌老师，有被中央电视台称为"中国好邻居"的胡善龙老师……学校历任校领导中，陈启元校长成为宁波书法界之前辈，王明召校长高超的治校艺术和高尚品质一直为人们所称颂。

我们新一代的十九中人，以继承和发扬十九中优秀文化，重塑20世纪80—90年代的辉煌为己任。"让每一位学生最优发展"的办学宗旨就是在继承十九中办学理念基础上提出的。传承学校文化，对于新校长来说，是一种本分和智慧，而建立在学校文化脉络基础上的创新则更是开拓进取、与时俱进的表现，是责无旁贷的责任。学校办学理念"雅教育"的提出，是在全面审视学校当前发展实际，思考其在学校长远发展中能否成为社会主流文化，能否为全体师生、家长和社会所认同，在回顾中华优秀传统文化、汲取地方文化养分、继承学校优良传统中找到的文化"趋向性"。

二、找准"散文"的题眼

办学理念是学校所有成员对教育工作及学校发展的理性认识和价值追求，决定学校整体的发展。它不是校长偶尔的"灵光一现"，也不是七拼八凑得来的用于装饰门面的几句口号。它应该是在校长主导下联系学校实际做出的选择，是全体教师、家长、学生的共识。

(一)学校实际

学校实际与教育理念之间既相互关联，又相互影响。有一定历史文化积淀的学校，校长在不同历史阶段提炼办学理念时要充分考虑学校的现实情况，既有历史传统、行为意识的传承，又有审时度势、面向未来的考量。办学理念不是凭空产生的，它需要继承基础之上的与时俱进。而对于一些新学校，校长要分析清楚学校的主客观因素，如上级的教育统筹，学校的建设规模、硬件条件、师资水平，以及家长状况、生源结构等。校长对办学理念如果有一个比较清晰的认识，就可以对学校建设提供较明确的指导意见，有助于学校在早期环境建设中进行有目的、有方向性的文化氛围营造。总之，提出与学校资源的主客观因素相匹配的办学理念，才能使学校文化根植于每一人、每一景、每一物。学校办学就如写一篇文章，且文章的体裁必定是散文。办学理念就是"散文"的题眼或中心，而人、物、景及由此产生的故事都是"散文"的素材，为文章的表情达意服务。我校优质的师资、家长资源和生源决定了学校需要有高位发展的办学理念，而办学理念的确立为新学校建设、课程建构、环境设计提供方向，对确立学校的文化建设基调起到决定性作用。

(二)公众期望

每一所学校在办学过程中，都承载着一定的公众期望。一所百年名校，在办学过程中积累了良好的口碑，人们就会非常希望把自己的子女送到这所学校就读，公众期望就高。而对于薄弱的学校而言，众多主客观因素导致人们对其的社会期望值较低，本地生源的入读急切性就会降低很多。公众期望至少由以下几方面组成：一是社会人士、新闻媒体、社会大众中的口碑。它们并非起主导作用，但却会在一定程度上影响学校的发展预期。二是家长群体的肯定。在学校的教育质量、子女的发展情况方面，他们最有发言权，尽管他们对办学质量的理解众说纷纭，但通常对好学校都有比较一致的认识，在条件许可的情况下，他们都迫切希望让孩子能有入读好学校的机会。三是教师和学生的认可。他们是学校教育质量的"代言人"，他们对学校的现实水平、发展趋向的认可度，直接决定着学校的发展预期。雅文化的提出正是为了满足社会公众期望，是校内外主客观需求的内在统一。

（三）文化定位

每所学校在成立初期，都有自身的一些主客观优势，有些学校甚至带有鲜明的特色文化烙印，如宁波外国语学校、宁波艺术实验学校等。学校要厘清自身主客观优势在办学定位中所起的作用，通常可以采用以下几种方式：一是借助客观优势，突出学校特色，如利用师资、场馆、周边区域资源优势，集中精力办大事；二是借助"先天"优势，从无到有创造条件，进行扬长，如我校要做到让"艺术"名副其实，就需要在学校开办之初有一系列的保障(艺术场馆、师资、课程、时间等)；三是借助文化战略定位，顺势而为创立品牌。"艺术"如何在办学中发挥其独特的育人功能，这是创校初期就要搞明白的事情。我们提出"艺术不是目的，而是手段，用一项艺术特长，陶冶学生情操，让学生的气质高雅起来，让学生的眼睛会说话"，使得人们对艺术教育的发展定位在对人的气质、素养提升上。学校提出"雅教育"理念，其逻辑起点也正来源于此。

三、切准国际理解的"脉搏"

2010年，我国颁布实施《国家中长期教育改革和发展规划纲要(2010—2020年)》，提出要加强中小学、职业学校的对外交流与合作，首次提出了"提高我国教育国际化水平"。国际理解教育是基础教育国际化的重要内容，从某种意义上讲，没有国际理解教育的广泛开展就没有基础教育的国际化，因此，在经济全球化的大背景下，开展国际理解教育就成为基础教育改革的必然趋势。

国际理解教育绝不是一般的"你来我往"，也不是简单地了解一些地方的"衣食住行"，而是有着深刻的文化及教育内涵的。国际理解强调国际视野，但前提却是家国情怀，只有深刻地认识、传承和发扬我国优秀传统文化，并以尊重、包容、开放的心态看待世界多元文化，才能有自信、有立场、平等地对待各国文化，建立真正的国际理解。

(一)家国情怀

家国情怀既是爱国、爱党、爱家的集中体现，也包含了将个人奋斗融入国家宏伟理想的责任意识。家国情怀就是对自己国家和人民所表现出来的深情大爱，是对国家富强、人民幸福所展现出来的理想追求。习近平总书记指出："当代中国，爱国主义的本质就是坚持爱国和爱党、爱社会主义高度统一。"[①]每所学校，都有一个绕不开的话题，即学校文化要在培育学生的爱国主义和民族情怀方面起到主导作用和积极影响。这样的文化环境，自然能激发学生作为一个中国人的民族自信心和自豪感。

家国情怀既是对学校培育什么样的人这一问题所要做出的回答，也是党和人民的深情呼唤。习总书记指出，教育是要解决"培养什么人、怎样培养人、为谁培养人"这一根本问题。这一方面是党和国家高度关注的，也是学校和家庭需要共同解决的问题。这就要求学校在回答上述问题时，既要体现高瞻远瞩的国家意志，也要结合当地实际提出适当的育人理念。

传承中华优秀传统文化是培育学生家国情怀的前提，任何学校的办学理念、文化建设离开了优秀传统文化都必定成为"无源之水、无本之木"。传承优秀传统文化，校长必须要有全局的眼光，从中精选出最具代表性，最能激起学生家国情怀、民族气节的文化元素。确立雅文化，正是基于上述考量，让学生身处优雅的自然和人文环境之中，经过小学到初中九年的熏陶、浸润、耳濡目染，中华优秀文化的先进性、前瞻性、深刻性就会渐渐根植于心，对中华民族优秀文化的自豪感也必将油然而生。

(二)国际视野

"一带一路"倡议是中国在世界上真正崛起的重要标志，目前已得到世界上诸多国家和地区的积极响应。在"一带一路"倡议的宏伟愿景下，

---

① 《习近平谈治国理政》第三卷，334 页，北京，外文出版社，2020。

中国与世界的联系必将更加紧密，世界对中国的期待也更加强烈。因此，培养和造就一大批具有国际视野的未来创新型人才，以适应"一带一路"倡议和经济全球化的巨大需求，是新时期我国基础教育的当务之急。

具有国际视野的国际性人才，在学业方面，要有扎实的知识功底和广泛、持久的阅读力，要增加各学科领域的知识储备；在综合素质方面，要拥有良好的品格修养，要有较强的责任感，要拥有国际视野、树立全球意识。同时，提高运用国际语言的能力，宣传好中华优秀文化习俗、讲好中国故事，主动积极地扮演好中外友好使者的角色，让世界了解中国，让中国走向世界。

未来二三十年，我国经济、文化与世界各国之间的联系会更加紧密，中国与世界各国在经济、文化领域的合作必将会更加深入。国家将急需大量具有国际视野的高素质人才。这是时代赋予中国教育的新使命，也是中国教育面临的新挑战、新任务。雅文化不仅要让世界认同中国文化，还要让学校文化主动了解世界优秀文化，所以学校要重新审视国际理解教育，不仅要将世界先进教育理念、优质教育资源与本土教育的优势、特色相结合，而且要以更强的开放性和前瞻性构建未来的教育，如此，学校教育才能更好、更快地与世界接轨。

（三）自我领导力

2018年年底，我随团前往美国，走访了华盛顿、洛杉矶两地十几所中小学、幼儿园，在听取了十几场报告后，发现美国从幼儿园、中小学、社会机构到国家各个层面都对学生自我领导力培养高度重视。学校通过有关领导力的知识性课程、项目学习、社团活动、工作坊等多种形式开展不同层面的教育教学活动；美国著名常青藤联盟高校把体现高中生社会责任感和领导力的社会服务当作新生录取的条件，并对品学兼优、具有卓越领导才能的学生提供经费资助。用一位校长的话来说："所有这些都是为给国家培养具有领导力的人才。"

一次偶然的机会使我接触到自我领导力教育（Leader in Me），据统计，至2018年，该教育已覆盖世界上近70个国家的5000多所学校。其核心信念是每一位学生都可以成为领导者，培养学生的领导力和生活技能，激发每个学生的内在最大潜能，然后为他们提供必要的领导力技能训练，使他们能在面对未来的生活时做好准备。其持续成熟模型图中的

"依赖期—独立期"十分接近国际理解教育的内容，而"独立期—互赖期"的"双赢思维、知彼解己和统合综效"①，则是强调实现彼此和团队的合作共赢，而"观为得"则是追求思想、行为与结果上的统一。这些思想为国际理解注入了新的活力。

教育无国界，如果全世界 5000 多所实施"自我领导力教育"的学校都采用一个"模子"，那么，尽管"自我领导力教育"是国际公认的，它也逃不出千校一面的尴尬境地。我们选择以雅教育为核心理念，以高雅学生十大品格作为终极目标，把"七个习惯"工具作为方法手段，使得领导力课程最终指向学校办学理念和育人目标，从而实现"洋为中用"的目的。

第二节 雅，中华优秀传统文化之"基因"

从春秋战国至今，"雅"一直被国人所传颂和青睐。尽管现代人对"雅"的理解和古人有所不同，但是"雅"似乎已经成为中华优秀传统文化的"基因"，深深地融入中华民族的血脉之中。它说不清、道不明，看到它，人的心境会自然宁静下来，它给人一种莫名的亲切、舒适感，这就是当前不少人对"雅"的粗浅认识。

一、传统"雅"的"中和之美"

"雅"一词见于《论语·述而》："子所雅言，《诗》、《书》、执礼，皆雅言也。"其含义为规范的语言。中国古人一再提到的"雅"，正是古代中国的雅文化。《诗经》《周礼》《论语》等著作中屡屡出现的与"雅"相关联的审美命题或概念，如"雅道""雅制""雅舞""雅乐""雅言""雅学""雅业"②，都是精致的、形形色色的文化形态。

儒家评判雅有三个标准：其一，以"和"为雅，孔子所讲的"和"是说音乐中表现的情感要受到"礼"的节制，要"适度"。其二，以"古"为雅，孔子认为"先王之道，斯为美"，以先王之乐为雅乐。所以，齐宣王见孟

---

① [美]史蒂芬·柯维：《7 个习惯教出优秀学生（第 2 版）》，41～42 页，北京，中国青年出版社，2016。

② 张曼华：《中国画论中的雅俗观研究》，博士学位论文，南京艺术学院，2005。

子时惭愧地说："寡人非能好先王之乐也，直好世俗之乐耳。"其三，以"正"为雅，即雅是某种正规、正统的东西。① 文人"雅"的生活情调与审美趣味内涵丰富、内容广泛，他们日常生活中的行为方式以及包括琴棋书画、吟诗斗禅、品茗饮食、游赏渔稼、文玩收藏和品鉴等在内的娱乐性活动，都浸润着"雅"的神韵、透露出"雅"的风采。在生活中，"雅"有正规的、标准的含义，如"雅风""雅言"；有高尚的、不庸俗的含义，如"雅兴""雅事"；有美好的、不粗鄙的含义，如"雅观"。因此"雅"是一种文化选择，是一种生活方式，是一种行为的准则，是一种文明的展现。

对应西方"美"的概念，中国一开始就用"雅"。"雅"的本义是"正"，"雅""正"可以连用。在中国文化中，"美"更多显得感性，而"雅"是"正"的"美"，是具有人伦道德判断的"美"。从这个意义上，"雅"比"美"高级。如果要说中国人的"审美"，也是在"雅正"意义上的，可归结为"中和之美"。"中和"的概念来自《中庸》："致中和，天地位焉，万物育焉。"达到了"中和"，便可谓达到了天地之"大美"。② 这种"中和之美"，表现在中国各种文化形式里，中国的音乐、书法、绘画、歌舞乃至建筑甚至太极拳、茶道、人们的日常行为等，都追求"中和之美"，即"雅"。这是一种高级的"美"，雅正的"美"。

二、雅文化：高品位的精神追求

雅文化是指精致而规范乃至具有典范性的文化，它集中地体现着文化固有的性质和功能。雅文化、雅文学并非从天上掉下来的，并非天生就雅，而是由俗文化、俗文学转化而成的。③ 俗文化简单浅显，容易为广大人民群众所接受。雅文化精致，不易普及，但是人民群众接受普及的俗文化作品多了，也就提高了欣赏和审美水平。《诗经》中的"十五国风"大多是歌唱爱情和民间生活的民间诗歌，属俗文化，而知识分子、统治者对其加以纂集、整理、修改、阐释，使之符合传统的、正统的规范，于是它就成了雅文化的组成部分。《诗经》中的一些作品，原本是当时的

校长说雅

---

① 樊美筠：《中国传统美学的当代阐释》，236～237 页，北京，中国社会科学出版社，1997。
② 河清：《弘扬中国"雅"文化精神 抵制"幼儿化"低俗》，载《艺术探索》，2016(1)。
③ 夏玉兰：《雅文化俗文化：比翼双飞》，载《群众》，1998(2)。

民谣俗曲，却可以成为后世的风雅之师；而许多当年被视为风雅之极的宫廷御作、状元文章等，如今却大多和其他文化糟粕一道成了历史的垃圾。可见雅俗不是固化不变的，俗文化经过一定的提炼打磨、精工雕琢，可以成为雅文化，而雅文化经过一定的历史时期也很可能成为俗文化。可见雅文化与俗文化在文化演变中有一些是可以相互转化的。

改革开放后，文艺创作迎来了新的春天，涌现出大量脍炙人口的优秀作品。同时也不能否认，受市场化浪潮冲击，也存在着有数量无质量、有效益无品质等低俗化问题。一味追求"俗"，放弃了"雅"的目标，这实际上是艺术审美的堕落。习总书记指出，低俗不是通俗，欲望不代表希望，单纯感官娱乐不等于精神快乐。文艺要赢得人民认可，花拳绣腿不行，投机取巧不行，沽名钓誉不行，自我炒作不行，"大花轿，人抬人"也不行。古往今来，文艺巨制无不是厚积薄发的结晶，文艺魅力无不是内在充实的显现。凡是传世之作、千古名篇，必然是笃定恒心、倾注心血的作品。因此，必须要有雅的目标，俗文化要受雅文化的制约，"发乎情而止乎礼"，这是对当今文化的要求，关键要掌握好"发"与"止"的分寸，只俗不雅，就会把人民大众的审美情趣引向庸俗。[①]"充实之谓美，充实而有光辉之谓大。"精品之所以"精"，就在于其思想精深、艺术精湛、制作精良。

中国的"雅文化"有其深刻的哲学和美学意蕴，反映了中华民族高层次、高品位的精神追求。[②] 它澹远宁静，具有富有诗意的韵律与超逸空灵、悠长深邃之美。在奔流曲回的中华历史文化中，它是一片积淀深厚的"智慧之海"；在"现代性痛楚"日益尖锐的今天，它是救治现代性文明病的良方；在人类文明情结整体融汇的未来，它的影响将具有深远的价值和魅力。

---

① 李书群：《浅谈雅文化与俗文化关系》，载《兵团党校论坛》，1994(6)。

② 王谨：《"雅文化"的美学内涵和在设计中的作用》，载《南平师专学报》，2000(3)。

第三节　雅教育的哲学追问

一、雅教育内涵——"是什么?"

雅教育是学生在老师帮助下，遵循教育规律，经过自助、互助达到学会、会学，实现自主、自立、自创的教育。雅教育专注三大着力点：一是着力于培育高雅学生，让每一位学生能完善自我、实现最优发展、享受学习，引领学生自助、互助，为实现个人成长目标而努力；二是着力于培养儒雅教师，让每一位教师能提升修养、实现专业成长、享受幸福，引领其实现文化自觉、自信，为实现岗位成长目标而努力；三是着力于塑造和雅家长，让每一位家长能理解教育，重视亲子陪伴，实现家校合作，引领其树立自勉、自律的家风，为实现学生成长目标而努力。

雅教育的特征是规范、极致、高层次。首先要以遵循学生身心发展规律和教育发展规律为雅，任何违背发展规律，搞"拔苗助长""题海战役"的方法，我们都要坚决杜绝；其次要以让每一位学生实现最优发展为雅。每个学生都是一个独立的"世界"，要充分尊重学生个体，扬长避短、因势利导、实现差异发展，令学生成为最好的自己；最后要以让每一位学生享受学习为雅。如果学习不再是一种负担，不再是一种压力，而是学生的自主、自觉行为，学生则把学习当作是发自内心的享受，这将是多么美好的境界啊！这才是我们矢志追求的教育"乌托邦"和"理想国"。

雅教育，不仅是追求教育理想的过程，也是不断自我完善、自我创新、自我突破的过程。

二、雅教育愿景——"到哪里去?"

华东师范大学宁波艺术实验学校(后文简称"华师艺实")属九年一贯制学校，与华东师范大学专家团队和上海市静安区教育学院附属学校(后文简称"上海静教院附校")合作等因素决定了这所学校的高起点、高定位、高追求。对于如何回答"到哪里去?"的问题，鉴于学校的主客观实际，我们最终把学校愿景确定为"成为省市顶尖基础教育典范学校"。

(一)何谓"省市顶尖"

所谓"省市顶尖"，分为两个"五年目标"。第一个五年目标：成为区域领先、市内名校。学生成绩优异，在音、体、美、科技、信息等方面展现才华，处于全市前列。第二个五年目标：接近或赶上上海静教院附校现有成绩。

(二)何谓"典范校"

"典范"是指可以作为学习、仿效的标准的人或事物。我校希望通过十年努力，借助华东师范大学专家团队和上海静教院附校的成功办学经验，充分挖掘社会资源，努力争做以下几方面的典范。

1. 课堂教学典范

学校以教学为中心。课堂革命，当从何切入？为此，我们开展了长达一年时间的反复研讨，结论是：课堂教学的上位应是办学理念、教学思想，中位是教学方式、教学策略，次下位是教学方法、教学手段，下位是教学微方法、微技术。通过树立正确的教育理念，全面转变教学方式，引领教师改变原有的教学方法、手段，在学习中实践并提炼微方法、微技术，从中筛选、推广和应用能显著提高教学效率、提升教学质量的微方法、微技术。在组织方式上实现讲授式教学与合作学习、独立学习相结合；在认知方式上实现文本学习、接受式学习与实践学习、探究式学习相结合；在内容方式上实现单一学科学习与跨学科主题学习、项目学习相结合；在活动方式上实现听讲、做题与参观、考察、辩论、游戏等多种形式相结合。[①]

希望在若干年以后，当走进华师艺实的课堂，尽管不同年级、不同学科、不同教师都有自己的教学风格，但你会发现每节课上都有一些相似的地方，它们源于课堂教学价值观，又带有教师的极具个性的想象力和创造力，这就是"有魂课堂"。

2. 体艺教育典范

"山不在高，有仙则名。"我校专门开辟了1300多平方米的一个区域，

---

① 张人利：《TRIP 课程：让知识真正活跃起来》，https://mp.weixin.qq.com/s/nLZ-Gyv2Or5P92Rvuq9NKYA，2022－06－01。

引进了 9 名著名文化、艺术专家设立工作室——"雅韵艺社"。名家们定期指导我校艺术工作，给师生、家长定期开设艺术课程，提高他们的艺术修养。专家随时为我校艺术发展提供指导帮助，拓宽了学校艺术教育的视野，大大提升了教育水平。

通过与多所高中建立艺术联盟校，我校各艺术项目主动与各高中进行对接，实现师资共享、初高中课程衔接，从而提升艺术教育的品质。坚持"一体一艺"战略，本着"精通一项，坚持一项"原则，注重小初、初高衔接，加强学生体艺工作的特色化、个性化、个别化教育，在面向全体、夯实根基的基础上着力培育几个优秀的体艺品牌项目。

3. 家校合作的典范

家长是学生的第一任教师。在基础教育阶段，家庭教育理应成为学校教育的有效延伸和有益补充。教育仅靠校内教师的力量是远远不够的，我们只有动用一切可以动用的资源，为学生提供各种实践、体验等活动，并为学生的安全保驾护航，学生才会一次次感受到满满的惊喜和收获。学校的每一次高品质活动，离不开家长的群策群力和大力支持。

家长可以做学生的客座教师。家长来自各行各业，他们当中蕴藏着极其丰富的教育资源。如果能够把家长的这些资源充分运用起来，通过"请进来、走出去"等形式，请他们作为客座教师给学生上课，哪怕每个月只有一节课，试想到毕业之时，学生所接触的课程将会是多么丰富，这是学生认识社会、参与职业体验的有效手段。部分家长育儿有方，家庭教育独特有效，学校可邀请这部分家长担任"客座教师"，定期给家长上课，形成借智借力、合作共育的局面。

家长可以成为学校工作的参与者和合作者。提出"和雅家长"的理念，并非把家长列入学校的培育对象，而是要引领和影响家长，让家长逐渐认同学校雅教育的理念。组织各年级组、家长委员会共同研讨年级家长会主题，通过挖掘学校、社会资源，构建符合雅教育理念的家长学校课程体系。坚持"因需而设"和结果导向原则，坚持过程性与实效性相结合，把管理权限下放到年级组。年级组家长会在年级组长指导下，由年级组家长委员会主持并组织策划与实施，实现年级组长领导下的家长委员会自主管理。

三、雅教育使命——"为什么要去?"

学校的一切工作均着眼于和致力于"人"的发展。当我们思考"到哪里去"时,必须要回答"人"随之会发生一些怎样的改变这一问题。换言之,我们的目的不仅是明白"到哪里",还有明白"为什么去"。我校提出"更高、更远、更好"的办学使命,它与"让每一位学生最优发展"的办学宗旨一脉相承,着力于学生的个性发展、全面发展、可持续发展,为培养"未来社会英才"而努力。

何谓"英才"?"英才"并非要求学生全部冲进清华北大、世界名校,并非要求师生追求成为名家,而是希望学生能成为符合以下两方面特征的人。一是勇于担当、敢于争先。俗话说"三百六十行,行行出状元",学校希望每一位学生都具有"干就要干到最好"的意志和品质。二是对社会有贡献度和影响力。假如学生成为某一领域的翘楚,就有了让更多的人得到幸福的机会,也有了引领更多人、更好地服务他人的可能。社会的发展是建立在每一个人更好地服务他人、为社会做贡献的基础之上的。

雅教育的使命是"更高、更远、更好"。

(一)更高

1. 课程更丰富

推动国家课程的校本化实施,让课程在符合国家意志的同时,更适合地方和学校,更适合学生;追求拓展课程的结构化,坚持拓展课程为学校育人目标服务,育什么样的人,就开设什么样的课程;坚持将活动课程作为学校育人目标的有益补充。

2. 选择更充分

让学生拥有更多的课程自主权,让学生拥有充分选择的权利。把实施国家课程校本化的部分选择权交给学生,把拓展课程的部分选择权交给学生,把活动项目的部分选择权交给学生,实现"我的学习我做主"。

3. 辅导更个性

辅导不是个别学生的专利,要让每一位学生在原有基础上实现更好发展;对关键少数(学困生)要"点对点"施力,力求消除不合格,力争优良率；对在各门学科、各个方向上有专长的学生进行个性化指导；对有天赋的学生要加以呵护，能尽一切可能帮助学生得到个别化发展。

4. 内涵更高雅

教育不只是为了学生升学，还为了学生德智体美劳全面发展，为了学生的个性化发展，让每位学生都成为不一样的自己；更为了学生的可持续发展，使学生具有强劲的可持续发展力，能够享受快乐学习，享受幸福人生。

(二)更远

1. 眼光更长远

要让学生知道"山外有山、天外有天"，只有更好地学习，才能让自己走到更远的地方，去更广阔的平台学做人、学知识、学文化、学科技的道理。

2. 学力更致远

要让学生学会阅读，让自己的知识更丰富；学会学习，让知识更扎实、素养更全面；学会评价与分析、应用与创新，让知识融会贯通、推陈出新。

3. 学识更辽远

要让学生学会"以篇带本"阅读，让知识更全面、更立体、更完整；学会跨学科学习，在广泛学习中学会运用；开展对自己喜爱领域的研究，让学习更有深度；不仅为升学而学，更要为兴趣、博识而学。

4. 成长更高远

要让学生明白今天的学习不仅是为了分数，而且是为了今后更好地学习与成长，为了进入社会后有更好的发展，为了将来更好地服务他人、贡献社会。

(三)更好

1. 生活更快乐

要让学生知道明天的美好生活是以今天的学习为根基的道理。要为了自己的健康而学，喜爱上一项运动，能伴己终生；要为自己的品质生活而学，坚持学一项艺术，让自己学会欣赏与表演；要为追求理想而学，让自己的生命更精彩、更有意义。

2. 学习更自信

要让学生知道学习越努力，人就越自信的道理；要用自己所学知识帮助同学，用自己的博学影响他人；要用自己的勤奋与毅力攻克一座座"山峰"，让自己成为一名学习和生活上的强者。

3. 工作更满意

要让学生懂得"机会是给有准备的人"的道理，知道满意的工作与前期的学习和努力密切相关，清楚社会需要有理想、有本领、有担当的品格完备的人。

4. 未来更美好

要让学生拥有健康的体魄和阳光的心态，拥有毕生的追求，拥有奋斗终生的事业，拥有无怨无悔的人生。

四、雅教育价值观——"要做些什么？"

价值观是人们对客观世界及行为结果的评价和看法，它从某个方面反映了人们的人生观和世界观，反映了人的主观认知世界。

一所学校有怎样的办学理念就应有怎样的价值观。价值观是对"做什么"的回答，可使办学理念更明确、更具体、更清晰。价值观可使学校文化更富有独特性、方向性和操作性，是办学理念、文化建设之间承上启下的重要"链条"。

（一）核心价值观

学校的核心价值观是学校文化的核心，是领导者和全体教职员工对学校的教育教学行为是否有价值以及价值大小的总的看法和根本观点，是全体师生员工广泛接受的、占主导地位的价值观。

我校把"人是目的"作为学校一切工作的出发点和归结点，主张"只要教师儒雅了，家长和雅了，学生自然也就高雅了"的信念。

学校的核心价值观是"儒雅教师、高雅学生、和雅家长"。

1. 儒雅教师

教师应具有"品正、学正、业正"的特征，即让教师做一个品行端正的人，做一个博学远见的人，做一个乐享精业的人；树立"教师的价值在于成就学生"理念，努力使自己在言行举止、德行学问等方面成为学生的表率。

2. 高雅学生

学生应具有"雅礼、雅识、雅能"的特征，即让学生做一个温文尔雅的人，做一个乐学善问的人，做一个素质全面的人。学校坚持"为学生未来而教"的理念，关注学生的全面发展、个性发展、持续发展。让学生树立"学习成长贵在自我体验"的理念，努力让学生成为品学兼优、身心健康、艺术见长、素质全面、具有国际视野和可持续发展能力的未来社会英才。

3. 和雅家长

家长应具有"大气、和气、底气"特征，即让家长做一个和气正直的人，做一个甘做示范的人，做一个乐于陪伴的人。树立正确的家校观，让家庭教育成为学校教育的有效延伸。让家长树立"示范、陪伴是最好的教育"的理念，让家长真正成为孩子成长中的第一任好老师。

（二）质量观

何谓"质量"？这是一个看起来简单，实际上并不简单的问题。不同学校、不同人对"质量"的理解都会存在一定差异。

学习成绩与育人之间本身并不存在矛盾，只是有时因为太功利，太急于求成，只顾眼前利益，以至于忘记了教育是为了什么而出发。高质量学校，不会把获取高分作为教育教学的唯一目标，而是在正确的价值观引领下，营造良好的教育生态，为培养未来社会的建设者和接班人而努力。

学校的质量观是"全面发展、个性发展、可持续发展"。

1. 全面发展

全面发展指人在德智体美劳各方面和谐发展。有人把教育比作农业。庄稼的成长，需要阳光、水分、空气、土壤等基本条件，还要及时施肥、除草、灭虫等。学校教育也应如此，我们强调以课堂教学为中心，不是着眼于分数，而是从全面育人的角度加以思考。在关注学生学习成绩的同时，还要关注他们的身心健康、行为习惯、道德品质、艺术修养、劳动实践、社会服务等各方面，就如农民对于种庄稼的每一个环节绝不厚此薄彼一样，因为他们知道，任何一个环节出现闪失，都很可能导致庄稼歉收。

全面发展并不是强调"一碗水端平"。一方面是保证学生各方面素养能在保底的前提下得到共同发展；另一方面也是充分认识人的差异性，促使每个人在自己的优势领域得到充分发展。所以，全面发展既不是"眉毛胡子一把抓"的"平均主义"，也不是片面强调某几个方面的"单边主义"，而应是统筹兼顾基础上的重点关注。

2. 个性发展

新课程改革的总目标是促进每一位学生全面而有个性地发展。个性发展其实就是为了实现"因材施教"。我校重点从让学生学会选择和实施个性化教育两方面发力。

学校要培养什么样的人，就要设置什么样的课程。一方面，学校围绕办学理念和育人目标设置一系列有结构的课程，让学生结合自身实际，由学生、家长、老师和外聘专家共同参与学生课程的选择。在课程选择上既要关注学生的自身需求，也兼顾家长、老师和外聘专家的意见，目的是帮助学生找到最适合自己的课程。在这期间，既要防止学生的跟风现象，更要避免课程选择上的固化和过度自由。另一方面，学校要根据不同的学生采取个性化辅导。通过加强学科教师的个性化辅导，做好保底和扬长工作；设立成长导师，每位导师通过对 4～5 位学生的持续关注，与家长保持密切沟通，旨在全面客观地了解学生，帮助每一位学生找到自己的定位，为学生量身定制专属课程；此外，针对在某一领域具备学习潜能的学生，通过个别化教学，帮助他们追求卓越梦想，实现"让每一位学生最优发展"。让每一位学生根据自身实际，接受适合自己的教育，成为最好的自己。

3. 可持续发展

任何学校的高质量教育，都需要经得起时间的检验。基础教育阶段，学生能考入理想的中学尽管重要，但更重要的是在升入各所高中、大学乃至进入社会后是否依然具有强大的发展后劲。这就需要学校具有前瞻性的发展眼光，思考哪些品格、能力、素养对学生一生的发展是至关重要的。教育的终极目标是"人格的自我完善"，所以人的发展目标除了课程的"知识与能力，过程与方法，情感、态度、价值观"三维目标以外，还应有"第四维目标"——人的品格。在教育过程中必须让学生明白完善的人格具体包含哪些内容，分别指向哪些稳定的行为特征等。提炼雅教育"十大品格"，目的是在校内外、课内外形成一种共识，共同聚焦于"四维目标"，最终培育具有雅教育特征的"高雅学生"。

第二章

雅致校园

雅文化指引下的雅致校园该怎么建？这是校长必须思考和回答的问题。首先，学校建设要考虑为谁而建。围绕我校核心价值观"儒雅教师、高雅学生、和雅家长"，我在不同功能区域的划分方面充分考虑上述三个群体的需求，走进他们当中，听取声音，换位思考。其次，要考虑功能定位。学校的建筑物是有限的，要使有限的建筑得以综合利用，使原本的单一功能向综合型、复合型转变，使学校的空间、馆室的作用得以最充分的发挥。再次，要考虑衔接与整合。九年一贯制学校最大的优势是"一贯"，要在建筑功能上做好小学低年级、小学高年级、初中之间的衔接，在功能整合上考虑联结、统筹与突破。最后，要考虑环境幽雅。学校建设除了考虑环境建筑的物理功能之外，还需要思考幽雅环境对人的心理、情绪等的影响，让人身处其中时能够身心愉悦、积极参与、乐于合作。

第一节　赋予建筑物"人性的温暖"

近几年，各地的新学校如雨后春笋般拔地而起，新学校规模和建设规格也在不断升级，这是地方政府把教育放在优先发展地位的真实体现。但是我们也看到，不少学校的设计布局还停留在借鉴、复制上，学校建筑缺少人文向度和鲜明个性，更摸不到建筑物功能背后的"温度"。如何让钢筋混凝土结构的建筑不再冰冷，让校园处处充满"人文"关怀？

2002年，当我到新学校上任时，学校已处在拆除外墙脚手架阶段。这所学校的建筑结构看起来是那么眼熟，与周边几所新造学校惊人地相似，显然是套用了其他学校的设计布局。那个时候的新学校好似从工厂批发出来的大同小异的"火柴盒"。校园只满足了它的物化功能——读书，而在人文视角、育人功能方面的考虑则是少之又少。

2015 年上半年，华东师范大学宁波艺术实验学校正式筹建，在东部新城指挥部领导的大力支持下，学校参与概念设计、方案确定、图纸深化、施工建设、文化设计、内部装修等全过程。2017 年 9 月，新学校迅速成为东部新城的又一个亮点和热点。一位负责城市建筑设计的朋友给我发来微信："陈校长，您领导的学校各项设计、经济技术指标都非常棒，我们现在搞新学校都以你们为标杆了。"

一、赋予"灵魂"和"生命"

学校建筑、校园环境不是一堆冷冰冰的钢筋混凝土和堆砌起来的山石花草，要赋予它"灵魂"和"生命"。校园的一切皆为了人——为教师、学生、家长。学校的一草一木、一廊一厅、一馆一室要让人感觉舒适、安全、实用、温馨。

图 2-1 华东师范大学宁波艺术实验学校鸟瞰图

(一)赋予思想

一件艺术品，它的材质本身可能并没有过人之处，但因为艺术家独具匠心，使得它身价百倍，赋予它独特的价值。校舍也是如此，在建设之前，要让每一幢建筑物都注入学校的办学思想，让每一幢楼、每一个区域都发挥它独特的育人功能，这样的学校建筑就拥有了自己的"魂"。

一所学校，其环境文化、行为文化是外显的，而精神、制度则是内隐的，如果学校文化能够实现外显与内隐的有机统一，学校如能通过外显的环境文化讲述教育故事，并为实践和体现内隐的教育理念服务，这才是最理想的。从这个层面上理解，基础建设是学校的一门重要的综合性课程，不容忽视。如"纸为媒"创课工坊有近 800 平方米，由八个美术教室和室内外两个公共空间组成，在"项目统领、专题深化、工坊落实"的要求的引领下，美术教室分成九大主题工坊，两个公共区域变成项目主题展示区和工作室沙龙区，它们为发挥教师团队与每位学生的主观能动性提供了无限可能。

学校的基础建设，并不能只是简单地提供常规标准的教室、场馆而已。教室、场馆的背后隐含着校长的教育思想、管理理念和学校教育变革的走向。学校的 A、B、C 三幢楼分别是小学低年级部、小学高年级部、初中部，教学楼的主色调是 A 楼嫩黄、B 楼翠绿、C 楼紫红，寓意一名学生九年的学习经历像嫩苗一样发芽、茁壮成长，到初中结出又红又紫硕果的美好愿望；A、B 楼各自独立且自成一体，与 C 楼遥相呼应，自然地把"三三三"管理模式融入学校建设之中。所以，校长在承建一所新学校的时候，不仅要参考兄弟学校的现有经验，还要不断追问自己：为什么要这样建？它是在学校哪个教育理念的指导下实施的？能满足学生哪些需要？能为老师、家长提供哪些服务？还能做得更好吗？

（二）赋予内涵

新学校建设，是一所学校新憧憬的开始。从一块空地上开始，校长与设计师谈理念、谈文化、谈布局、谈环境、谈功能……一切都从无到有，畅想无限。所有学校建筑的总体功能是基本一致的，这就犹如人都有五官和五脏六腑一样。但在相同之中你会惊奇地发现，在茫茫的人群中每个人居然都呈现着各自独有的精彩。人为什么有如此的丰富性？这能给我们的学校建设带来怎样的思考和启示？我认为，除了先天遗传因素以外，还有个人的气质、修养、性格、态度、爱好……应让学校建筑在共性基础上凸显其鲜明个性，让学校建筑拥有其他学校想解决又没有实现的一些功能，对今后的教育改革进行有效探索和补充，如集校史、杰出校友陈列、教师和家长学习中心于一体的近 500 平方米的"润雅堂"，本着"艺术＋科技＋实践(劳动)＝创造"设计思路的 D 综合楼，以"学习博物馆"为建设蓝图的校园学习场等。校长有了这些方面的思考，这个校园就注定会与众不同。

图 2-2　润雅堂(校史馆)

图 2-3　学习博物馆

二、赋予"人为目的"的情感

建筑物本身是没有情感的，但设计者可以赋予它情感。学校建设中的"人为目的"，首先是要为学生提供良好的学习、娱乐场所，所以应在体现"学生的校园"前提下，让设计者设身处地地从教师、学生和家长的实际需求出发加以思考。

（一）景物寄情

新校建设初期，恰逢原十九中改建，有一批大树需要移栽处理。校园中最古老的两株广玉兰和几株粗壮的香樟树，是当年十九中校园里最高大粗壮的，郁郁葱葱、枝繁叶茂，它们见证着十九中曾经的辉煌，也记录着十九中师生们的晨读暮归和青春故事。我们如获至宝地把它们移栽到东校区，让原十九中的师生们有"一见如故"的亲切感。新校南大门左右两侧种有十九株硕大的银杏树，这不仅仅是因为银杏树是校树，还因为它们代表着"十九中"。据传，当部分退休教师听说学校种上了这些树时，都纷纷前来观看，这些银杏树承载的是老教师们对十九中的深厚感情。

（二）建筑寄情

学校的各幢教学楼之间用挑高的风雨连廊连接，并一直延伸到南北校门的马路边，还在南门马路边修了一个"站台"，即使在雨雪天，家长也可以放心无忧地目送学生平安进入校园；在南大门边专设室内外休息大厅供家长使用，家长们可以在等待学生放学期间，边欣赏学生志愿者的艺术表演，边翻阅育儿类图书，或欣赏名家、师生的作品展，这让家长在优雅的氛围中度过等候学生放学的闲暇时光。为了让教师有更多的时间和学生在一起，低年级教师的办公地点都安排在教室；教学区的每一楼层，都设置有一个教师茶叙室，里面提供了自动净水机、咖啡机、微波炉等，成为年级组老师交流和休息的场所。

（三）细节寄情

在学校建设中，安全是不容忽视的因素。学校在专供小学生进出的南门设计步行道，禁止车辆出入，保证小学生进出时的绝对安全；还设计了外刷式的电梯门禁系统，确保小学生只有在成人陪同下方可使用，杜绝小学生在电梯内玩耍时可能出现的安全隐患；还有因教室外窗过低而安装的安全护栏，防止学生在上下楼梯时借助栏杆俯冲"滑行"的外凸式扶梯设计；通道走廊上有 1.35 米高①的不锈钢玻璃围挡栏杆；等等。这些都是学校从学生角度出发来设计的，让这些建筑物在发挥它自身功能的同时，也附上了"温度"。

图 2-4   北大厅道闸系统

三、赋予"区尽其用"的功能

学生的幼儿园生活如梦幻的童话，到了小学，他们能适应吗？初中生如果沉浸在日复一日的"题海战役"中，到了高中，他们能适应吗？在新学校设计初期，我就一直在思考如何发挥九年一贯制学校的潜在优势，让学生实现从幼儿园、小学、初中直至高中的顺利过渡。

（一）建筑布局

学校的建筑布局最有讲究，因为它是学校建筑物可视化的起点，也是进行直观判断的依据。校长要在建校初期下足功夫，组织名校长、有

① 中小学生身高一般为 1.2～1.8 米，此栏杆高度可大大降低安全风险。

经验的总务主任、部分高校教授和教育局相关科室领导进行充分论证。如学校设计中的"品"字形结构，使小学低年级和高年级教学楼相互独立又自成一体，小学、初中各自独立却又遥相呼应，这种布局是华东师范大学组织专家经过反复论证后才慎重敲定的。这种使三幢教学楼各自独立的"分"不仅是为了有利于按学生年龄特征实施教学，而且是为了更好地"合"，能够保证在组织出操、集会等各项大型活动时的安全、高效。

可以这么说，学校的每一幢楼、每一个功能区、每一个教室，都可以植入教育思想，这时候，这所学校的建筑本身就在默默诉说着学校的办学理念。如为解决功能教室距离过远造成的不便，我们把每幢楼的一层设计成小学低年级的实验室、艺术教室，以及小学高年级、初中的实验室、计算机教室；小学高年级和初中的音乐、美术教室与学生普通教室的距离都经过精心测算，确保学生行走距离不超过 200 米(确保学生能在 5 分钟内到达)。又如根据"品"字形建筑结构初中部在北、小学部在南的建筑特点，开设了南北两道主门，北门供初中生出入，汽车由北门专用车道进，实行人车分流；南门则作为小学生进出的步行通道。

(二)衔接布局

通常九年一贯制学校在学制上的考虑比较多，我认为衔接才是九年一贯制学校最大的优势。九年一贯制学校要做好幼小、小初、初高衔接，这对学生的可持续发展将会起到较大促进作用。

如何让学生入小学后能够尽快适应小学生活，实现"幼小衔接"？如何在小学低年级做好幼小衔接，最大程度发挥九年一贯制优势？如何让初中毕业生进入高中后能更快地适应高中生活，实现"初高衔接"？衔接，对于九年一贯制学校，其作用不容低估！

在学校设计初期，我们专门考察了不少幼儿园，发现老师和幼儿在园期间基本做到了形影不离，教室里设置了益智区、实践区、阅读区、生态养殖区、休息区、卫生区等，可谓区域清晰，应有尽有。我认为，学生离开幼儿园，进入一个只有 70 平方米左右的陌生环境，经历完全不同的学习方式，对很多新生而言是一种挑战。借鉴幼儿园大班教室环境，我们为小学低年级学生设置了 120 平方米的大教室。教室内外环境既包含幼儿园的一些特点，如区域分明、活动为主等，又保留小学原有的功能区域，如教学互动区、辅导区、阅读区、书包柜等。让学生感觉这里似曾相识，与幼儿园的学习和生活几乎没什么两样。教室面积改变的背后是管理理念的转变，通过超大面积教室，让教师最大程度地借鉴幼儿园的管理方式，在学习和管理上主动与幼儿园做好承接，努力让学生在进入小学后实现心理"零距离"。这样学生才有可能说"我喜欢小学""我爱学习"……

图 2-5 小学低年级 120 平方米大教室

　　2014 年，我走访了几所高中，发现他们正在逐渐打破原有的"教学班"，将部分必修科目分成难易不同的班，按学生学习水平和兴趣实施"选课走班"。按理说，当前的中考录取方式，使得高中学生的层次差异理应是整个基础教育阶段最小的，如果这个阶段尚且需要分层走班，那对于初中而言就更为迫切了。如何让初中的学生实现分层走班，让不同的学生接受适合的教育？如何为学生做好高中学习对接准备，提前两年甚至三年让学生熟悉高中的教学组织形式？这是我们需要思考的问题。根据初中 18 个班的设计规模，我们为每个楼层的同一个年级 6 个班安排了 11 个教室。2018 年 9 月，浙江省教育厅下达文件，要求初中全面实行分层走班，这一设计布局为当前部分学科分层走班教学提供了充足的教室保障。

　　也许有人会说，因为我们是九年一贯制学校，所以可以做"衔接"，对普通中小学而言，这方面的借鉴意义不大。实际上，不管是哪个阶段的学校，都存在衔接问题。衔接要解决的不是简单的物质层面的效果，更多的是要做好学生心理和学习方式上的对接，让学生感受到这样的学习环境是他们所熟悉的、需要的，这样的学习方式对他们的持续发展是有益的。

（三）功能布局

学校需要培育怎样的人，就要开设怎样的课程，学校建筑配套的硬件设施要保障课程的有效实施。在校园内，只要你有心，课程就会无处不在。同一区域的学校建设经费标准基本是统一的，参与学校建设其实就是学会取舍的过程。如为体现"一体一艺"思想，在当初与设计师的沟通过程中，我提出了要充分利用有限的建筑面积和空间，尽最大可能挖掘和开辟室内外运动场地。于是就有了现在的连廊式风雨跑道、风雨网球场、击剑馆、健美操馆、乒乓球馆、体能训练馆。我提出要建造足够面积的声乐、舞蹈、器乐等艺术场馆，满足让每一位学生都有一项艺术特长的需求。于是就有了现在的近 2000 平方米的音乐中心，配备 66 间琴房，可容纳 8 个班的中小学生同时开课。有校长参观后对学校所投入的资金感到惊讶，感觉花了差不多的钱却将功能区（室）造得比同类学校要多得多，其实最关键的因素是要落实"区尽其享、区尽其用"的思想，让学校的每一个空间、区域、功能教室都体现多功能综合利用。

在资金允许的前提下，学校多建设一些建筑不难，关键在于为谁建、建什么、为什么而建。学校建筑只有坚持一切从学生的立场出发，充分考虑学生日常使用过程中的各种需求，努力为学生提供各种便利，那么"学生的校园"才会在建筑上慢慢呈现出来，这样的校园就增添了更多的"人文气息"。

第二节　让校园每一处尽显"雅致"

在学校环境中，周边的绿化采用哪些品种？如何布局？设置的景点如何与建筑物相得益彰、浑然一体？学校的建筑如何进行后期的装饰、布置才能令校园更加适合孩子成长？这些问题的确都需要我们思考。我认为，环境建设中更重要的是上述问题如何在办学理念的指导下得以解决，学校环境建设只有具有了办学理念这个"魂"，紧紧围绕"雅致校园"

建设目标，我校的环境文化才会渐渐有独特的"语言系统"。

一、一景一物皆"怡情"

绿化、净化、美化校园是每一所新学校环境建设所追求的。在环境建设中，任何花草树木、精致景观并非只是美的物件的任意堆砌，而是需要设计者匠心独具，才能使景观养眼、净心、育人。

(一)让绿化"美化"校园

在学校绿化设计中，绿化是有相关指标规定的，如乔木、灌木、草坪的比例大约为 3：4：3。我们通常会发现学校道路两侧都种植着灌木，灌木里侧再种植乔木和草坪，这种设计可能是为了使人和绿化"相安无事"，保证绿化不受"侵扰"。当然，这也给师生亲近自然、让花草树木与人共生设置了一道"天然屏障"。学校绿化设计之初，我就提出在允许范围内适当减少灌木的比例，使道路边尽可能是"乔木＋草地"，希望能让孩子们夏天在乔木下乘凉、在草地上休憩，平时多一些在草地上"打滚"的机会。

为了让校园四季皆有景色，我在南门周边的绿化设计上颇费了一番工夫。南大门"护校河"外侧，春风醒来，樱花簇簇俏然挺立；熏风飘香，护校河中的荷花纵情绽放，卷舒自如；金风习习，桥两侧的十九株银杏树携手并肩，一路呵护；朔风阵阵，河边腊梅噙露，暗吐幽香。学校教学楼周边种着许多四季桂和金桂，全年花香萦绕，八月桂香四溢，尤其浓烈。金秋时节，中庭正中央，一棵硕大的红枫矗立，枫叶红得像一团火。墙上四季常绿的薜荔、灯笼花，高大的鹅掌楸与桂花树、腊梅、红梅树、草地错落有致地排列其间。

操场上，绿油油的草地展现无限生机。操场周边种着一排茁壮成长的银杏树。围墙边的珊瑚树、凌霄花、迎春花错落有致，组成一堵由别致的小花点缀的立体绿墙。

乔木、灌木、草坪，各种争奇斗艳的花，绿油油的野草和各种色彩的树，它们是大自然中的精灵，吸取了天地雨露、日月精华，自由生长。它们与学校建筑物融为一体，将自己的生机、活力和生命中最美的一面呈现给大家。

这一切都需要设计者围绕学校办学理念精心设计、科学布局、巧妙组合。

(二)让景物"装点"校园

进入北门后,呈现在人们眼前的是三棵形态各异的罗汉松,它们与几块景观石、草地组成了一幅天然的"水墨画",与北门厅的"雅教育"文化氛围相互呼应。

南大门桥边广场上,几十个用英文字母("华东师范大学宁波艺术实验学校"的英文名)组成的仿花岗岩雕塑屹立河边,颇显庄重。桥右侧栏杆上的吉祥物——海豚的剪影在"波光"映衬下泛着"涟漪",仿佛在水中轻快跃动,让人无不啧啧称奇。

图 2-6 北门的罗汉松石

中庭的音乐广场上,正前方有两座建筑物。一座是"悉尼歌剧院的帆结构",由演播厅旁化妆间的露天雨棚改造而成;紧邻着它的另一座建筑物是"法国卢浮宫的玻璃金字塔"——健美操馆。两座建筑前面的草地上,一个小姑娘正聚精会神地拉着小提琴,与斜侧不远处一位老师拉着大提琴伴奏的雕塑相互呼应;近处的草地上一群不锈钢鸽子在"歇息",似乎在静静欣赏着那美妙的音乐;音乐广场小径两侧的草地上,零星安放着长笛、琵琶、吉他等乐器雕塑。中庭正中央是下沉式广场,足足有大半个篮球场那么大,一方面是专门为演播厅、阶梯教室、健美操馆等场馆

图 2-7　波光映衬下的海豚

预留的人群疏散区域，另一方面也是"雅酷秀场"的场所，每周三有一个班的学生在这里表演自编自导的精彩节目。步入下沉式广场的台阶，一群手持乐器，作演奏状的红色艺术剪影雕塑仿佛正在演奏着美妙的音乐，给音乐广场增添了灵动的艺术气息。

图 2-8　音乐广场

(三)用装修"雅饰"校园

为营造雅致的校园环境，结合九年一贯制学校学生的年龄特征，在二次装修上，我们确定了学生区域以活泼明快的现代风格为基调。小学低年级的120平方米大教室的地面采用仿地板的木纹复古砖，不仔细看，您一定会误认为它是"家用地板"；教室内侧是一排学生储物柜，学生课上不需要使用的或当天回家不需要用到的书籍、作业本均可被寄放在这里。台面采用浅黄色的仿大理石，设立学生茶杯摆放区、盆栽区、益智区等；教室后面设有阅读区，用立式柜子隔开，兼具摆放图书和作业本等功能；一旁的"月牙形"桌子的里侧是教师办公区，外侧大弧形的一边是学生辅导区，能够容纳下3~4名学生同时学习；教室外面的走廊宽2.7米，靠窗的一侧是一整排的书柜，供学生随处就座，十分方便。在初中部，空旷地、角落里摆放着桌椅，学生随时可以在此谈心、研讨。

教师区域则以古朴典雅的现代中式风格为基调。小学低年级的教师办公室设在教室，取消了原有的大办公室，在每一楼层设立一个茶叙室，专供教师休息、研讨和接待家长。室内配有现代中式风格的桌椅和沙发以及博古架，房间虽小但简朴别致，散发出淡淡的清雅。行政区域中，办公室、会议室和公共区域的走廊也是现代中式风格，于简朴中蕴藏着大气。

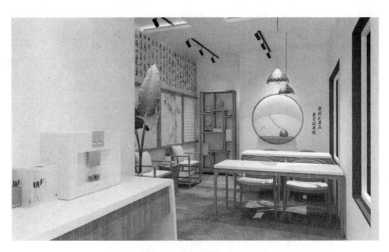

图 2-9　教师茶叙室

二、让每一面墙壁会"说话"

在走访学校时，我发现不少学校的墙面上到处都是名人名言、励志警句，各条走廊上天文地理、人文科技知识样样兼顾，人们走进校园仿佛走进了"百科全书"。我曾经问一名校长："这样设计的目的是什么?"他有点不好意思地说："不是要让每一面墙都会说话嘛!""让每一面墙壁会说话"，这是教育家苏霍姆林斯基的著名观点，目的是让校园的每一个空间，都具有潜移默化的育人功能，即"环境育人"。每个人说话是有目的、意图和内在逻辑的，学校墙上的"话"就更应如此了。

(一)为什么"说"

人在做任何事时都要清楚自己这么做的目的是什么，"让每一面墙壁会说话"也是如此。学校文化并不是挂在墙上给他人看看而已的"看点"，如果有人进入学校，走进校园的角角落落，那里的环境设计、空间布局、温馨提示语、人性化的细节考虑等能够令他感受到自己所见所闻与学校办学理念具备一致性，那么，这所学校在环境建设上就真正达到了知行合一。通俗地讲，学校有怎样的办学理念，就要创设怎样的环境氛围，形成一套语言体系。就如我校推行"雅教育"，那么墙上的每一句话、每一道景都要做到悦目、舒心、优雅，有教育性，处处以"雅"的标准来衡量，这样一来，雅致的氛围也就会渐渐呈现出来了。

另外，不同区域因功能不同，"说话"的目的也不尽相同。例如，教室、办公室、阅览区、运动区都应该根据各自区域的功能特征设计相应的"语境"，比如在运动区域，哪些地方有安全风险，就应该在旁边放上一句(一幅)温馨提示，时时告诫学生注意安全。在公共走廊，要求默而不语，就在该区域挂上相应的温馨提示语。"让每一面墙壁会说话"的目的是让校园的各个角落似乎都有一个"值岗人员"在每时每刻提示、勉励、熏陶每一位学生，最终的目的是无形中帮助师生形成"儒雅""高雅"的品质。

(二)"说"什么

让每一面墙说上"雅教育"语言系统里的话，这是一个很富有挑战性的工作。无论管理者如何亲力亲为，仅凭他们自身都很难达到理想的效果。最好的办法是动员全体师生共同参与，群策群力。管理者要把目的和要求跟全体师生交代清楚，广大师生不仅是校园文化的直接受益者，也是校园文化的开发者、创造者。例如，我在新学校建成初期，就根据不同区域、不同楼层、不同年级向全体师生征集意见：哪些地方最需要"说话"？说什么话？对于师生每天学习生活的区域，只有他们自己最懂，并且知道自己最需要什么。

不同的区域说的内容当然也就不尽相同。例如，走廊等公共区域要求师生保持安静，孩子们就设计了"安静的环境才优雅！""嘘！静悄悄的队伍才高雅！"等温馨提示语；在一楼的跑道连廊、运动场馆等场所，孩子们设计了"嘿，跑起来吧！""再坚持一会儿！"等标语；而在艺创中心，无处不在的是"会创造的人最有智慧""今天你提出新的创意了吗？"等标语。总之，不同的区域，教育功能不同，语意自然也会不同。但是不要忘了，它们万变不离其宗，同属雅教育语系。

（三）怎么"说"

"让每一面墙壁会说话"，这里的"话"不一定是一句或几句实实在在的话。人的语言形式包括口头语言、书面语言、肢体语言、图片图形及诸多可以起到传情达意效果的艺术品等。学校的楼房建筑、规划布局、绿化雕塑、装饰配件、墙面角落、空间利用等，一馆一廊、一物一景、一招一式、一画一语，只要能够起到传情达意的效果，又何尝不是处处在"说话"呢？

例如，学校的连廊将四幢楼相互贯通，并直接延伸到南北大门口、马路边，它在说着学校建筑要用心为师生日常生活提供便利；进入学校北大厅，映入人们眼帘的是松石实景，它想含蓄地告诉人们这所学校的雅文化基调；来到艺术广场，帆结构、玻璃金字塔和艺术雕塑及下沉式广场散发着浓郁的艺术气息，它们在默默介绍着学校的特色。而一楼连廊跑道区域中，历年学校的运动会记录表、各年级单项达标吉尼斯赛金奖获得者的照片、单项达标优胜班的奖状、达标总成绩排行榜等无不诉说着崇尚运动、团队合作、超越自我、张扬个性……

总之，要"让每一面墙壁会说话"，只有与馆廊景物相得益彰，让人看了能够心领神会，并紧紧融入学校办学理念的语境之中，这样的"说话"才是灵动的、富有艺术性的。

三、让整个校园成为"博物馆式校园"

为了营造让学生在校园中随处学习的氛围，学校提出"博物馆式校园"的概念，把整个校园作为博物馆，以校舍功能区域为设计逻辑，将学生视为"文物"的创造者，直接聚焦学习，让学生真正成为学习的发生者、文物的缔造者、学习的推介者，让学生主动学习。学校设立核心馆区，以其为中心，逐步开发与建设校园的其他空间。师生们基于博物馆空间功能分析，打造不同的空间板块，这里具体包括以下三个区域规划。

第一，基础馆区。它以教学楼为主体部分，是基础学科，即语文、数学、英语等学科学习的主阵地。如果把"学习博物馆"比作一棵大树，那么基础馆区就是学习博物馆茂盛的"新叶"，它是学生单学科项目化学习、跨学科综合学习的发源地。教学楼的每一处墙面、每一个角落，各楼层的墙面拐角，包括教室墙面、柜台，凡是大面积的墙面上都被有计划地安装上吸音棉。学校环境文化不是千方百计地让校园在建造后就被装修成富丽堂皇的"现成品"，学校环境也不能只是展现一些口号、标语、名人名言，师生才是学校文化真正的建设者和缔造者，我们需要让教学楼、教室的墙上、书柜上更多地呈现学生在老师引导下开展的对项目的专题研究、分析、综合与评价，呈现学生具有原创性的"文化"成果，展现学生知识与智慧的成长空间，让学生沉浸在有创造、会生长的学习过程之中。

第二，功能馆区。它是学习博物馆的"分枝"，它散布在校园所有的功能集散区之中，如一层的科学博物馆、园艺博物馆、卫生保健博物馆、体育健身博物馆，二层的"纸为媒"创课博物馆，三层的心理健康博物馆，四层的艺创博物馆、文艺大师博物馆，五层的音乐博物馆。这些功能馆区的建构和使用既富有鲜明的学科特征，让学生能够感受到浓郁的学科气息，又使得学习更趋向于综合化，模糊了学科之间的边界。每一门学科都从自身领域出发向其他学科领域拓展、延伸，从而实现学习的跨学科、跨方法、跨领域。

第三，核心馆区。它位于学校综合楼三层的综合学习博物馆，是学习博物馆的"主干"与"灵魂"。它集实物与数字图书区、数字智慧学习区、综合学习交流区、学习成果展陈区、学习成果发布区于一体。它是各学科活动、各类学习方式、各种创新性项目的大集成之地，将各类学习成果中的精品按一定的序列馆藏其中，逐渐形成主题式、项目式等以五育融合为指向的学习成果，使学习更综合、更立体，指向人的高阶思维，培养人的分析、评价、综合和创造能力。

三大馆区一脉相承、有机成长、互为支撑，为未来人才的素养培养提供最佳学习场所。

第三节 为体育、艺术插上"飞翔的翅膀"

体育、艺术工作犹如两翼，给学校教育插上"飞翔的翅膀"。任何一所学校，有了体育、艺术(体艺)，校园顿时就充满了生机和活力。所以，在学校建设中，体育、艺术场馆设施必定是浓墨重彩的一笔。

一、让校园处处体现"体艺"特征

东部新城指挥部领导问我："陈校长，你认为学校国际化在硬件建设上应该体现在哪里?"我不假思索地回答道："应该体现在体艺设施上。"在新学校设计时，我向建筑师提得最多的一句话是："还有哪些地方可用于体艺资源?"有了这样的导向，也就有了现在校园到处体现的"体艺"特征。

(一)科学筛选

学校需要开展哪些体育、艺术项目，建设哪些体艺场馆，这是校长需要提前决策的问题。

1. 地方优势

部分运动项目是带有明显地方气候特征的，如游泳，一般适合在南方；而冰上、雪上运动，则更适合在北方。部分运动是具有地方特点的，如宁波校园中，足球、篮球运动十分普及，排球运动相对受到限制。乒乓球、羽毛球、击剑项目在全市小学中总体普及比较广，实力较强，但是初中在这两项运动上开展得好的学校还不多；而在艺术项目上，宁波中小学的弦乐、声乐、舞蹈较强，管乐、民乐相对较弱。总之，在体艺项目的确定上，学校要充分结合地方优劣势进行综合评估和分析，最终确定扬长或补短策略。

2. 区域布点

校长要会同当地体艺专家、学校教师共同分析区域体艺项目的优劣势，如鄞州区击剑、羽毛球、网球项目在初中尚没有布局，显然对小学具有这方面天赋的学生升入初中学习是不利的。学校在初中阶段开设这几个项目，必定能得到较大力度的支持。在艺术上，宁波至今还没有一支在省内外知名度较高的管弦乐队，如果学校有向这方面发展的意向和实力，必定能得到来自市、区教育局和文化部门的大力支持。特别是体艺工作，学校希望在哪几个项目上做强，校长便要想尽办法得到上级有关部门的支持，这样，这些项目就会有更大的发展空间。

3. 学校需求

校长要会同行政班子、体艺团队教师物色既符合雅教育文化，又能对区域起到补缺或增强实力作用的项目。校长在体艺项目选择与确定上需要有远见，除了足球、篮球等标配项目以外，还要结合学校师资、周边社会资源的有利条件选定适合学校发展的项目。比如，乒乓球、羽毛球是广受学生喜爱的项目，且我在多年办学实践中发现长期坚持这些运动对提高学生学习能力可以间接地起到较大促进作用，于是便千方百计开辟出适合的场地。我校民乐师资实力较强，但学生学习民乐的热情总体并不是很高，相反他们对有俞丽拿女士及宁波管乐和弦乐两大最佳团队师资支持的管弦乐学习热情高涨。结合实际，学校确定要在未来建设一支国内领先的青少年交响乐团，民乐则被定位为室内乐；这样就为学校体艺规划建设提出了明确要求，有利于学校体艺工作的特色建设和可持续发展。

(二)确定规模

鉴于学校 54 个班的建设设计规模，对于体艺功能用房就要考虑到在学校规模达到满员时的教学情况。当前，音乐中心和美术中心分别配备了 8 间教室，每间教室既具有音乐、美术教室功能，又围绕研究专题各具特色。比如："纸为媒"学校创课中心的九大美术工坊，除可以上美术课外，每个工坊的个性特色都十分鲜明；音乐中心的舞蹈、器乐、声乐教室也是如此。在体育用地规划上，校长除考虑如何规定场馆设施标准外，还要与设计师和体育教师共同想办法，千方百计思考还有哪些地方可以开辟成体育场地，确保尽可能多地提供"健康第一"的硬件设施保障。在基础教育阶段，校长对体艺场馆、教室要有自己的理解，不仅要发挥好体艺场馆、教室的专业功能，又要让它们的功能综合化，这样既能保证平时的正常教学，也能凸显各场地的个性，尽最大可能实现"一室多用"，实现综合使用的目的。

（三）合理布局

一般来说，校长对室外运动场地和体艺场馆布局并不十分熟悉。校长要借助体艺专家和校内体艺教师力量，群策群力，做好规划布局。

1. 操场布局

操场每所学校都有，在布局上看起来似乎十分简单。实际上，各所学校的操场都有自身的特点。铅球、铁饼等投掷区，单杠、双杠等力量训练区，跳远区域和篮球、排球等场地，既要符合学校场地配备的规模，又要被科学合理地安排到各个区域，如果没有体育专业人士的出谋划策，这是很难达到的。包括举办校运会时，我校近 2000 名学生的休息场地该如何安排，还有足球场草地土层的正确设计和日后养护问题等都应该考虑。学校是育人场所，要多从学生角度思考哪一种方案更受学生喜欢，对学生更有利，在条件允许的前提下，要尽可能满足学生需求。另外，低年级所在的 A 楼离操场较远，有将近 150 米距离，这不利于他们出操。为此学校就沿着 A 楼四周设计了四道彩色跑道，并把一楼北侧的教室全部打通，改为室内运动场，保证低年级学生能够风雨无阻地就近开展训练。

运动场地建设一方面要充分考虑专业性、安全性和实用性，另一方面要从学生角度出发，想想可能产生的问题。所有工作，预先想得越充分，越周全，将来使用起来就越顺手。

2. 体育场馆布局

学校事先确定了 6 个室内区域作为运动场馆，分别用于羽毛球、网球、击剑、健美操、乒乓球、体能训练。如何能将这些场馆设置在相应年级附近，为学生日常训练带来便利？我们把击剑馆、健美操馆、乒乓球馆和体能训练馆安排在中小学教学楼之间居中的地下室，方便学生日常训练。网球场因对场地面积要求较高，就安排在操场旁，采用风雨操场顶层"加盖"的形式以保证全天候训练。由于室外已配备了四个篮球场，于是室内体育馆就兼具篮球馆与羽毛球馆的功能，平时作为羽毛球训练场馆，有需要时也可开展室内篮球比赛。场馆内伸缩式看台、篮球电子计分牌、大屏幕一应俱全。

为了避免体育场馆的"专馆专用"现象，学校在设计之初就要求实现以下运动项目的场馆整合：①健美操与艺术体操训练的整合；②体能训练与各运动项目的整合；③击剑与综合体育运动的整合。因此，学校实现了体育场馆的学训结合、综合利用。

3. 艺术场馆布局

在设计学校布局时，我们就考虑到美术是视觉艺术，应该放在靠近学校大门附近的区域，向来访者展示校园独具特色的雅文化。于是我们把综合楼一层的润雅堂兼做艺术作品展厅，让来访者沉浸在浓浓的视觉艺术氛围中。为了减少器乐、声乐带来的声音干扰，我们把音乐中心安排在综合楼五层，在这个建筑面积近 2000 平方米的区域内，舞蹈、声乐安排在相对靠近教学楼的一侧，而器乐安排在靠近操场的一侧，以最大限度减少对课堂教学的干扰。音乐中心中间区域的 66 间大小不等的琴房，供管弦乐、民乐、钢琴等课程使用；舞蹈室、器乐室都根据需要配备足够大的建筑面积，确保舞蹈、器乐排练的正常开展。上海音乐学院的教授到我校参观后大为赞赏，认为这里的艺术教育条件几乎可以与专业的音乐学院相媲美。

二、让体艺氛围"有心插柳柳成荫"

体育、艺术是落实学生全面发展、个性发展的重要基础性课程，在学校特色创建中占有十分重要的地位。体艺场馆建设，从某种意义上可以折射一所学校的体艺工作水平，为凸显学校体艺特色发挥着至关重要的作用。

（一）一环一廊

1. 环楼跑道

考虑到在 A 楼的小学低年级学生离学校大操场有近 150 米的距离，给低年级学生出操带来诸多不便，于是学校就因地制宜，围绕 A 楼设计了一个四道彩色环形跑道，借助一层的架空层，开辟风雨训练场，可供低年级的学生出操和活动锻炼。

2. 连廊跑道

学校建筑由四幢大楼组成，南侧 A、B 和北侧 C 三幢教学楼与 D 综合楼相互连接。设计师巧妙地把连廊"加宽加高"，在地面上设计蓝色的四道塑胶跑道，加上 D 楼两层楼高的近 1300 平方米的罗马柱广场，供学生在校期间全天候运动，充分保证学生每天有 1 小时运动时间，大大拓展了学校运动场地。三年使用下来，老师们对这个设计十分满意。华东师范大学专家称赞这是一个功能综合并且相当实用的连廊。

图 2-10 连廊跑道

图 2-11 罗马柱广场

只要多从学生角度换位思考，多听听学生的声音，尽最大可能保证学生在有限时间内充分开展运动，学校建设就会多几分"意外"的收获。

(二)六大场馆

在学校设计初期，我就与设计师协商，要用好地上地下的一切可以利用的面积，因地制宜开辟适合中小学生的运动场馆。于是，学校建成了具有两个短网场地、一个标网场地的风雨网球场，击剑馆、健美操馆、乒乓球馆、体能训练馆并非专门而建，而是巧妙利用了原地下室内一些大片的空余场地。体能训练馆让所有体育运动项目均能在此开展体能训练。

因为我们是"有心插柳"，事先已对能开发的区域做了充分考虑，所以学校室内体育场馆之多、使用面积之大，位居宁波市内同类学校前列。

(三)三大中心

为解决艺术功能区只是几个专用教室的物理拼凑，以及教师在艺术教学上"各自为政"等问题，我们对功能教室和日常教学进行了重新定位，以最大限度地发挥"团队作战"水平。艺术处下辖小学部"纸为媒"创课中心、中学部"艺创院"青少年艺术科技中心和中小学"雅之韵"音乐中心。每个中心都采用项目式设计布局，如"艺创院"是"想法＋做法"的地方，由初中部的艺术教室、创客教室、劳技教室、信息技术教室等组成，采用"市场调研、设计、制作、包装、销售"的生产流程，把各功能教室整合重组，根据项目要求把创意转化为作品，生产出具有市场价值的商品。学生通过参加市场调研等实践手段，把赚取的收入用来做社会公益。学生在校内实现学习和生产劳动并存，极大地锻炼了自己的综合实践能力。

体艺活动对提升学生素质发挥着不可替代的作用。学校的体艺设施建设不能仅仅停留在对标准的落实上。如何更有针对性、尽可能多地开辟体艺场所，在校园内让"运动""艺术"随处可见，这对每一所新学校而言都是全新的挑战。

三、让体艺成为学校文化的"代言"

艺术环境是由一个个"艺术元素"组成的，要在哪里造什么、放什么，都不能凭空信手拈来，而是需要把问题抛出来，组织老师和设计师共同来几场"头脑风暴"。有时，一时没有合适的方案，可以暂时搁置一下，过一段时间，或许就灵感忽现了。总之，做不到令人"怦然心动"，工程绝不可轻率上马。

当你进入华师艺实，学校环境建设给人印象最深刻的应该是扑面而来的艺术气息。既然艺术已然成为学校文化的"代言"，那么在环境建设时就要让这些想法看得见。走进华师艺实，你可以看到北大门的中国风设计——松石景观；学校的中央广场与下沉式广场连成一体，形成艺术广场；广场台阶上是一组形态各异的青少年艺术剪影；广场正前方耸立着"悉尼歌剧院"帆结构和"法国卢浮宫的玻璃金字塔"两大艺术建筑；前方的绿地上，长笛、吉他、异形琵琶、大小提琴(雕塑)"倾情演奏"，一群"鸽子"(雕塑)散布在周围"静静倾听"，它们与下沉式音乐广场浑然一体，成为"雅之韵"音乐广场的美妙的"音符"。艺术功能的整体布局，艺术元素的精心提炼，艺术造型的巧妙设计，让人有"艺术果然名不虚传"的内心感受。

"雅韵艺社"艺术家的进驻，给学校艺术教育带来了非同一般的影响。全校师生接触的是省市最好的录音棚、校园电视台、摄影棚，学校所有大型活动都有艺术专家亲自作全程指导；学校重大演出节目的音乐均由工作室原创制作；大家还享受名家们不间断推出的名家讲坛；华师艺实的学生还经常得到艺术家指点，接受令人羡慕的艺术熏陶。

图 2-12 音乐人王少鸿的录音棚

图 2-13 摄影师严龙摄影棚

图 2-14 俞丽拿工作室

有人说:"心有多大,舞台就有多大。"有人曾经问我是怎么想到这些的,其实很简单,认准想做的事,持续将其放在心上,保持自己的定力,不间断地学习、思考、倾听,直到内心满意、别人认可为止。

第三章

儒雅教师

2013 年 4 月担任华师艺实校长后，我开始思考华师艺实的教师应具有怎样的特质。梅贻琦校长曾说："所谓大学者，非谓有大楼之谓也，有大师之谓也。"正是因为有那么一群大师、学问大家，大学才有了立校之本！中小学又何尝不是如此呢？办好学校的关键是要有一批土生土长的受社会、同行认同的名师。也许你会问：为什么要强调"土生土长"？当学校培育出一批名师时，可以想象，他们在教师中的影响作用就如一束束光源，引导着周围教师茁壮成长，从而形成良好的人才培养环境和教育梯队。北京师范大学校园中，"学为人师，行为世范"校训碑巍然耸立。学为人师，就是"学"后能成为后学的师表；行是指应具有的品行，行为世范，就是要方方面面、时时刻刻都光明正大，能够成为社会中的模范。教育家陶行知先生提出的"学高为师，身正为范"与北京师范大学校训有异曲同工之妙，均强调了师表和示范是一名教师内外兼修的行为准则和努力方向。我校确立了教师的特征为"儒雅"，树立了"教师的价值在于成就学生"的理念，要求教师努力使自己在言行举止、德行学问等方面成为足以为学生表率的"人师"，让教师以品行端正示范人（品正），以博学远见影响人（学正），以乐享精业成就人（业正）。

第一节 "由内而外"的自我修炼

品是道德品质，行是行为表现。行为是品德的外在表现，品德指导行为价值取向。习近平总书记号召全国教师做"有理想信念、有道德情操、有扎实学识、有仁爱之心"的"四有"好教师，对教师职业提出了明确的要求。

一、人生需要精准"导航"

理想，是对未来事物的美好想象和希望，也指某事物臻于最完善境界的观念。理想，是人们在实践过程中形成的、有实现可能性的对未来社会和自身发展的向往与追求，是人们的世界观、人生观和奋斗目标的集中体现。理想不是对现实的简单描绘，而是经过人们预设，并与自身奋斗目标联系在一起的，它指示着人生方向。信念是支撑人们前行的能量，它通常与认知、情感、意志等连为一体，是人们在一定认识基础上对某种思想坚信不疑。① 信念决定着个人事业的成败。没有理想信念的坚强支撑，精神上就会"缺钙"，站立不起来。教师树立远大的教育理想，并在坚定信念支撑下，明确方向，振奋精神，为实现人生目标提供精神动力，克服艰难困苦，为人生导航，实现人生价值。

(一)职业理想

职业理想是人们根据社会的发展需求和个人的实际情况所确立的职业目标，是希望通过坚持不懈的努力能够获得预期的职业地位与职业声望，以获得社会认同和自我认同的理想。教师要想成为学生认同、同事认可、社会推崇的好教师，就需要有献身教育事业的职业理想。②

记得那年报考师范院校，自己也是当作多一次练兵机会，没想到居然被录取了。由于一开始就没有做教师的心理准备，于是我想放弃，后在初中校长的劝导下才去就读。刚开始工作的几年，我还是心存杂念。后来我担任了村小负责人，那是一所只有 7 名教师、85 名学生的小村校，原本村里的不少学生都舍近求远到点校就读。在教师们齐心协力苦干一年之后，村民的孩子都纷纷选择转入家门口的学校就读，学校人数迅速增加至 228 人，这让我第一次感受到人们对优质教育的渴求。后来做了校长，渐渐感受到肩上担子的分量，感受到教育的责任和使命，于是我对教育就有了一些自我追求，渐渐投入到每天的学习与反思当中。

---

① 参见杜朝举：《理想信念、道德情操、知识渊博和仁爱之心——当代好教师的四个维度》，载《教师教育论坛》，2015(4)。

② 参见杜朝举：《理想信念、道德情操、知识渊博和仁爱之心——当代好教师的四个维度》，载《教师教育论坛》，2015(4)。

令我没想到的是，越读书、思考，越感受到自己以前对教育理解的肤浅，于是更加用心地投入到学习中。后来在组织的培养下我有幸被评为宁波市名校长，这使我有了更强烈的使命感和责任感，促使自己不断去探索学生全面发展、个性发展的有效途径。再后来，我创办民办学校、成为宁波市教育管理名家培养对象，创办受宁波市市民瞩目的公办学校，怀揣教育梦想，憧憬着能探索一条遵循教育规律办学的轻负高质之路，努力打造基础教育的典范学校。从三十年前无意进入教育领域，到如今几乎达到痴迷、忘我的境地，我在不同时期对教育的理解发生着深刻的变化，感受到教育对一个人、一个民族、一个国家的深远影响，感受到自己在做着一项极其崇高而伟大的事业。校长如果能带领教师们一起投入教育事业的改革浪潮当中，每个人都为教育做出自己应有的努力，少一些埋怨、推卸，多一些主动作为和改革尝试，教育必将迎来百花齐放的春天。

我经常跟教师们讲，既然我们选择教师这一职业，那么首先就要热爱它，认清它的使命、价值，并不断努力地提升自我，这既是一个人自我成长的过程，也是自我蜕变的过程。因为热爱而有了对工作的不断探索、持之以恒的坚定信念；因为热爱而有了不知满足、勇攀高峰的理想追求。热爱，使教育开始有了温度；热爱，点燃了实现理想的激情火花。一个人，如果热爱一份事业，就会在事业发展中取得一些成绩；而成绩的取得，又将进一步激励对事业的理想追求。

(二)政治信念

习近平总书记在全国教育大会上指出，党的十八大以来，我们围绕培养什么人、怎样培养人、为谁培养人这一根本问题，全面加强党对教育工作的领导。古今中外，教育始终承担着宣传政治意识，培养符合一定社会、阶层所需要的政治人才的作用。教育是国之大计，党之大计。因此，教师要完成党和国家所赋予的政治使命，必须有坚定的政治信念，培养胸怀祖国、心系人民、作风过硬、素质全面的一代新人。

习近平总书记强调，培养什么人，是教育的首要问题。广大教育工作者要激励学生坚定理想信念，把自己的人生追求同国家发展进步、人民伟大实践紧密结合起来，努力成为德智体美劳全面发展的社会主义建设者和接班人。一是政治思想。我国是中国共产党领导下的社会主义国家，决定了我们的教育必须把培养社会主义建设者和接班人作为根本任务，教育学生树立共产主义远大理想，增强中国特色社会主义道路自信、理论自信、制度自信、文化自信，培养一代又一代拥护中国共产党领导和社会主义制度、立志为中国特色社会主义奋斗终身的有用人才。二是爱国情怀。无论在何时何地，心中都要装着祖国。我的外甥现在国外工作，当初他出国留学前我曾对他说："不管你在哪里，都要记住你是中国人，有损国家利益的事不能做！在哪里工作不重要，如果哪一天事业有成，如果你有技术或者想投资，就要首先想到中国。"要使爱国精神在学生心中牢牢扎根，教育学生立志扎根人民、奉献国家。三是夯实根基。人无德不立，育人先立德。要教育学生志存高远，奋发有为，勇于担当，自强不息。一台电脑没有操作系统等同空壳，有了操作系统没有杀病毒软件、防火墙等，电脑也将沦为"危险品"。要教育学生自觉抵制一些庸俗、低级、不健康思想的侵袭，使自己成为一个道德修养和思想品质过硬的人。四是真才实学。习总书记指出，发展是第一要务，人才是第一资源，创新是第一动力。学校育人目标要自觉以党的教育方针为指向，借助课程、师资、学生、资源等进行个性化实施，培养功底扎实、素质全面，带有显著特征的一代学子，才能呈现"大家不同，大家都好"的大好局面。

（三）人生价值

《钢铁是怎样炼成的》主人公保尔·柯察金有句名言："人最宝贵的是生命，每个人的生命只有一次。人的一生应当是这样度过的，当回首往事的时候，他不会因为虚度年华而悔恨，也不会因为碌碌无为而羞耻。在临死的时候，他能够说：我的整个生命和全部精力，都献给了世界上最壮丽的事业——为解放全人类而奋斗。"小学六年和初中三年，是人一生中最基础、最重要、最关键的阶段，是学生世界观、价值观、人生观逐渐由模糊到清晰的形成阶段。这九年看起来与学生以后考入大学、走向社会的距离还十分遥远，实际上却息息相关。在小学、初中阶段拥有扎实的基础知识，养成良好的学习习惯，掌握科学的学习方法，形成较好的意志、毅力、品格等，将对学生进入高中、大学乃至社会后的生活带来深远的影响。作为教师，当退休后，回首自己的教育往事，应该是这样的：你的学生在各个领域为社会做着应有的贡献；有不少学生在你的鼓励下实现了自己的人生梦想；有些曾经的"后进生"因你而拥有了学习自信，有了成就；有个别学生因你而"迷途知返"，走上正确的人生道路；有学生因你的"发现"而走上专业道路。作为教师，你可能一辈子都默默无闻，没有什么惊天动地的教育壮举，没有什么令人瞩目的教育伟业，但是你教过的学生，他们会时常念叨你的名字，记得你的教诲，你经常可以收到来自世界各地的祝福，一批批学生不约而同地来探望你，就如当年一样继续聆听你的教导，告知你他们现阶段所取得的成绩。一位教师，他用自己的独特魅力影响着、改变着、成就着一批批学生，他实现着一名人民教师平凡而又伟大的人生价值。

二、给自己安装上"防火墙"

道德情操是指生活在社会中的人有坚定而高尚的品德，其思想情感始终以社会的道德要求为准则。具体表现在个人在思想上，能做到不被权力所动、不被利益所惑，并始终坚守符合社会伦理道德规范的信念，在行动上始终以一定的道德原则做事。①

(一)去除浮躁之气

现在有一部分人做事盲目，没有明确的目的性、计划性，社会上流行什么，自己就做什么，却从没想过到底为什么而做；常常半途而废，导致最后好像做了很多，但什么也没做成；做事急于求成，刚刚才开始的教育实验，一年后就要匆匆结题，出教育成果，结果是字面上写得漂亮，实际上改变很少，自己也认为教育科研与实际工作是"两张皮"！我们学校的课题，很少有结题了就终止研究的，一般都是市级课题结题之后再继续深挖，申报省级课题，省级课题快结题时再邀请专家探讨，看是否有更大更深的研究价值。余应勇老师主持的美术课题"'以纸为媒'小学生创意素养培养的实践研究"，从当初作为市级课题立项到 2018 年获基础教育国家级教学成果奖，前后足足坚持了将近 12 年。教育不同于工业，不是今天设计图纸出来，明后天产品就可以立马被生产出来去经受

---

① 参见杜朝举：《理想信念、道德情操、知识渊博和仁爱之心——当代好教师的四个维度》，载《教师教育论坛》，2015(4)。

市场的检验。教育就如科学研究，屠呦呦倾注一生，从1972年成功提取青蒿素引起科学界关注，先后拯救了千百万疟疾患者的生命，到2015年才获得诺贝尔生理学或医学奖，前后43年时间就在做着一件事。对于教育实验，我们眼里不能盯着拿什么奖，而要静下心来教书，潜下心来育人，把关注点落到学生的改变上，能够通过教育改革大面积提高学生学习成绩，促进学生身心发展，这才是实验成功的标志。

(二)远离功利之风

现在各种"检查""评比""荣誉"很多，荣誉的追求要有选择性，与学校发展战略相符的、在工作中能够水到渠成的荣誉要极力争取；与学校战略不相符的荣誉，就不必刻意"走岔路"去争取，这样得不偿失。比如，当前"公开课""赛课"很多，有的教师不研究学生，而是一味在教材上深挖，学生成了教师展示演技的"道具"。我跟学校几位名师、教学骨干讲，公开课是相互交流的很好的平台，但最好请听课教师到自己班上来。上好一节课，不仅能让别人了解你的教学风格与魅力，更能了解在你的培育下学生所具备的能力、水平。上好一堂课，然后再跟大家讲讲自己平时是怎样培养学生的能力、素养的，让大家不仅能从你的一堂课中学习，还能在讲座中得到启发、借鉴。这样的公开课，因为关注点是学生发展，才是我们要极力倡导的。做教师要守住心灵的宁静，自觉把学生发展放在首位。

(三)抵制低俗之流

要谨慎交友，对于不法分子，要避而远之，绝不与之为伍；要紧绷一根弦，不该去的地方坚决不能去，切不可因人情难却最终半推半就、糊里糊涂地随波逐流；要守住底线，对酒后驾车、醉酒驾驶等违法的事情切不可心存侥幸；要约束自己的言行，切不可不顾场合、不顾身份，做有损自身形象之事。要坚决抵制社会上的低级趣味、歪风邪气，远离"黄、赌、毒"，筑牢"防火墙"，确保自己不受"病毒"侵害。现在是自媒体时代，你的一时冲动、糊涂，一传到网上，就可能立马成为焦点。要时刻谨记自己是一名人民教师，对于不能做、不该做、不该说的，要坚决予以杜绝。

三、关爱每一位学生

"仁爱"是一种博大而深邃的情怀，是人类的至高美德，也是儒家思想的核心内容。孔子认为，仁爱是最完美的、最善良的精神，是做人的根本。

爱生是教师职业道德的核心，也是教师仁爱之心的标志。教师只有内心充满对学生的爱和尊重，始终怀有仁爱之心，才会事事从学生的利益出发，处处为学生着想。[①] 教师的仁爱之心是以师生相互信赖为基础的，这种信赖主要体现在尊重学生、理解学生、宽容学生。

(一)尊重学生

尊重是相互的，教师要得到学生的尊重，就要学会尊重学生。要给学生创造适合成长的宽松自由环境，尊重并赏识学生，使学生感到被接纳和信任。[②] 不仅要尊重学生的成长规律，尊重学生的兴趣爱好，还要尊重学生的个性差异；尊师与爱生是一个互动过程，师生相互尊重就像物理学中的作用力与反作用力，两者必须都存在，教育才能和谐。

1. 遵循学生的认知规律

所谓规律是自然界和社会诸现象之间必然、本质、稳定和反复出现的关系。学生在不同阶段均有特定的年龄特征和不同的发展任务，故在进行教学时不能"一刀切""一锅煮"。比如，学生语言表达能力的黄金时期一般在十周岁以前，语文组把"会说"作为一至三年级学生的主要目标之一，从一年级开始请家长利用软件协助录制学生的儿歌、诗朗诵、讲故事等；在语文课上设立"小小演说家""绘本故事"等微课程，并提供一切机会让学生参与说、讲、唱、演等训练。再如对于学生的计算能力，大家都认为很重要。老子说："九层之台，起于累土。"小学生计算能力培养的关键是一至三年级，学生只有在十以内、百以内的计算中熟练过关，才能为后续的数学学习打下扎实的基础；当然对于口算、笔算训练，教

---

① 参见王枬：《论教师的仁爱之心》，载《教育研究》，2016(8)。
② 参见王枬：《论教师的仁爱之心》，载《教育研究》，2016(8)。

师要把握住分寸，学生计算能力的提高并非一蹴而就的，各年级虽各有侧重，但贵在平时，不能凭"恶补"应急，要坚持每天的"课前 3 分钟"练习，夯实学生口算、笔算基本功。学生的发展有其内在的发展规律，过了最佳学习期，通常这方面能力的培养就会迟缓一些、困难一些。所以，教师要了解学生各个年龄阶段的关键任务，在各个阶段有侧重点地予以实施。

2. 尊重学生的兴趣爱好

小学低年级学生的兴趣爱好是比较广泛的，且很不稳定。特别是在兴趣爱好的初选阶段，学生对各项活动的内容并不是很了解，不少都是凭着家长的喜好或判断选定的。因此这个阶段要给学生足够的时间和选择的机会，让学生在了解、感受、体验中逐渐找到自己的"兴奋点"。比如，小浩同学刚入学时学习二胡是由他的妈妈指定的，按他妈妈的说法，孩子说不清自己到底喜欢什么，她感觉二胡蛮好的，就替小浩选了二胡。兴趣课时，别人在认真练习，小浩总把二胡当玩具，或者就在一边呆坐着。其他同学已经能演奏比较像样的曲子时，他还是拉得五音不全。后来，艺术处主任徐波老师耐心地陪着他参观一个个社团，最终小浩在声乐班前停下了脚步，静静地听了一会儿，很肯定地跟徐老师说："我要学唱歌!"后来小浩成了声乐社团中的一名骨干。怎么让学生少走一些"冤枉路"? 现在，我们已把新生的项目选定时间调整到每年的九月底，让一年级新生入学后有近一个月时间的准备期，避免类似小浩的情况"重演"。很多原本在小学阶段体艺特长非常突出的学生，到了初中都纷纷选择了放弃，令业内专家扼腕叹息。初中是体艺学习承上启下的阶段，对具有体艺特长和天赋的学生来讲也是十分关键的时期。几乎每所高中都有一些特长生指标。为让学生小学阶段已有的特长能够保留住，又能兼顾高中特长生招生情况，教师们结合自己的学科，分别选取相关学科领域有特长的学生，利用社团课进行特长生辅导，希望为学生的升学多提供一条通道。兴趣爱好只是学生升学的"辅助"，更重要的是，学生从小有着较好的声乐、器乐、体育等技能基础，有一种雅好陪伴左右，这种心灵的滋养将使他们终生受益。

3. 尊重学生的个性差异

再均衡的班级学生也是存在差异的，这种现象在公办中小学中尤其明显。面对差异，是悲观哀叹，还是积极主动地把学生差异视作促进学生学习的有利因素，将直接决定一名教师的认识水平。教师应把差异当作一项教育资源，课堂上在学生独学基础上采取互助"议学"，课后让同学担任"小先生"进行生生辅导，布置作业时让学生在自我评估基础上进行自主练习。让学生在课堂内外的不同学习阶段担任"主角"，把学习的主动权交给学生，把"教"的权利更多地放给学生，差异就会显得美丽起来。学生学习方式、学习行为改变的背后是教师教育理念、价值观的转变。采取这种课堂组织方式，教师看起来似乎"轻松"了，实际上，教师不仅仅关注大部分学生的共性，而且关注每一位学生。或者说，教师在关注处于中间的大多数学生的同时，也更多地兼顾到了"两头"。

（二）理解学生

泰戈尔说过，爱是理解的别名。理解是爱学生的具体表现。"己所不欲，勿施于人"，每个人所见不同，不强人所难，不夺人之志，这是真正的理解者的心态与境界，为师者尤其如此。[1]

1. 知心

知心即善于沟通、愉悦接纳。教师要懂得学生的心，知道学生最需要什么；对于学生的"啰唆"，要不厌其烦，静静倾听；要善于观察，敏锐地发现学生行为背后的心理状态；面对学生的委屈、烦恼、困难，要做到善解人意；要善于捕捉学生的"闪光点"，及时鼓励和肯定。在校园里，一些教师的周围总是有一群学生围绕。教师懂学生，学生喜欢、信任教师。小潘同学最近学习科学特别勤奋，他对母亲说："我必须学好，否则对不起老王！""老王"是学校新分配的王雄杰老师，尽管才执教一年多，但是"老王"对学生的善解人意深深打动了学生们的心。作为新教师，尽管教学经验少，但却解决了许多教师、家长费尽心思想解决的希望学生刻苦努力的问题。学习成绩看起来似乎来自学生自己，却与教师密切相关。当学生打心底里喜欢、敬佩教师，把教师当作自己的"心灵契约者"时，学生就找到了好好学习的理由，这种学习的内驱力，是学好一门学科的"制胜秘诀"。

---

[1] 参见熊川武：《教育贵在理解》，载《教育科学论坛》，2009(7)。

2. 用心

用心即千方百计、集思广益。教师要一心想着学生，只要找准教育的发力点，循循善诱，学生就必然有所变化；教师要一心想着学生，只要找到学生的"兴奋点"，持续跟进，能力必然得到锻炼。世上无难事，只怕有心人。一个人的优秀与天赋有一定相关性，但与一个人的关注度、毅力、意志力有很大关联。做一件事，在没有达到自己预想的效果时，如果经常在茶余饭后、睡前梦中思考着、在心中惦记着、在脑中萦绕着，相信再难的事都能迎刃而解。比如，学校英语教研组长唐肖艳，作为项目负责人承担"畅游五大洲"国际文化节组织工作，先后数次组织教师、家长座谈，活动方案前前后后反复修改了五稿。用她的话说，她这段时间不论是家里闲谈还是外出办事，心中只有方案，想着怎么从学生的需要出发，办出学生心目中的国际文化节活动。活动效果远远超出学生和家长的预期，也迅速成为社会媒体关注的焦点。活动的成功令她感到无比满足，面对纷至沓来的赞誉声，她平静地说："今晚我终于可以美美睡一觉了！"下面分享唐肖艳老师策划的"国际文化节"活动。

当今社会，国家间的贸易交流和民间交往已经成为常态，社会需要更多懂得国际交流规则的公民。华师艺实的育人宗旨为：培育品学优、身心健、艺见长、素质全面、具有国际视野和可持续发展的未来社会英才。在21世纪的今天，拓展学生的国际视野，提升其国际理解力和文化认同感，帮助学生了解不同国家和民族的社会背景，学会交往礼节，提高学生的国际交往能力和自信心，切实培养出适应未来社会发展的高品质人才，成为学校教育的重要责任。

在2020年的最后一天，华师艺实的全体师生用特别的方式迎接2021年的到来，举行了首届校园世界博览会活动。活动以"Asia in My Eyes"（我眼中的亚洲）为主题，通过项目研究性学习、艺术类表演展示，并融合游园式活动策略去开展。

图 3-1　首届校园世界文化节从亚洲篇(Asia in My Eyes)拉开序幕

一、通过项目研究性学习，拓宽学生国际文化认识

拓宽国际文化认识是为了让学生在对本民族主体文化认同的基础上，尊重、了解其他国家、民族、地区文化的基本精神及风俗习惯，使学生成为在国际舞台上能竞争、能合作的 21 世纪的一代新人。

(一)分层级开展项目研究性学习

根据学生年龄特点、认知能力，学校分层级开展项目性研究学习。

图 3-2　古老的土耳其文化

一、二年级以班级为单位，开展说说我的"亚洲之旅"的主题活动，小朋友结合照片、视频讲述亚洲某个国家、地区的城市、景点。三至六年级在活动前期，按照班级所属的国家分组搜集资料，对这一国家的习俗、礼仪、饮食、服饰、旅游、艺术、体育等做综合性研究。

（二）多元化开展项目研究性学习

国际文化具有多元化特点，孩子们的项目研究必然也具有多元化的特点，我们倡导各年级、各班级多元化地进行学习成果的呈现。

活动当天同学们以 PPT 做主题汇报，并将资料呈现于教室门前的走廊上。中国、泰国、马尔代夫、日本、韩国……美食、风俗、语言、节日……这次项目式学习让孩子们感受到了亚洲各国的风土人情，开阔了眼界，让孩子们多角度感受亚洲文化，培养了他们的国际视野，也培养了他们主动、合作、责任等宝贵品格。

图 3-3　韩国的风土人情

二、通过艺术类表演展示，促进学生对国际文化的理解

活动当日，学校举行了隆重的开幕仪式。各年级按照自己的国家归属，准备了丰富多彩的文艺展演。一、二年级的《三只熊》舞蹈有着满满的韩国风，三年级的器乐演奏《天空之城》演绎得如诗如画，四年级的《咖喱咖喱》展现了独具特色的东南亚风情，五年级两位男高音小歌手带着大家重温了当年的《亚洲雄风》。饱含激情的舞步、特色鲜明的异国服装呈现在我们面前，师生们在看世界，世界也在看我们。

孩子们在参与表演展示之后是这样描述自己的感触的。

四年级某同学："虽然是冬天，但是表演了这首歌曲后，我觉得我已经来到了阳光普照的沙滩上，享用了美味的亚洲美食。"

五年级陈同学："我以前没有听过这首《亚洲雄风》，这回在老师的指导下学唱了这首歌，突然觉得我们亚洲真的很了不起呢！"

观看表演展示的孩子也对国际文化有了进一步理解。

六年级某同学："我看到一、二年级的弟弟妹妹表演韩国的《三只熊》，我觉得他们好可爱，看了他们的表演，我很想去韩国看看。"

三、通过游园式活动策略，培养学生的国际文化意识

学校通过项目研究性学习、艺术类表演展示开拓学生的国际视野，同时，以游园活动为载体，通过走班方式加强"文化交流"，进一步培养学生的国际文化意识。

图3-4 项目化学习评价

在本次世界文化节中，每个班级就是一个微型的亚洲国家。每个场馆布置精美，独具特色。中国馆浓浓的"年味"吸引众多"游客"驻足欣赏，大大的故宫城门气势恢宏，庄严肃穆；韩国馆布置精美，陈列各类韩国商品，琳琅满目；泰国馆是一座富丽堂皇的宫殿，流光溢彩；马尔代夫馆陈列着孩子们设计的"最美衬衫"和"神奇棒冰"，充满奇思妙想；缅甸馆展示了孩子们的画作，色彩明丽；土耳其馆外有许多富有特色的陈列品，与众不同；越南馆中陈列着具有民族特色的草编制品……在参观完后，我们不禁感叹孩子们的心里有着丰富的精神世界，只要给他们机会，他们会给你无限的惊喜。

唐肖艳老师（活动总策划）："每次为孩子们策划这样的一次活动，我心中都充满成就感和感恩，我累并快乐着。"

某学生家长："这虽然是孩子们过的国际文化节，但是家长们在帮忙一起布置的时候也感受了国际文化，这也是一次学习的经历。"

培养国际视野的关键就是提高文化意识，真正的国际文化教育是让

学生通过接触各种语言和风俗习惯，通过视觉和表演艺术来展示他们的创造力，从而提高文化意识。作为教育工作者，我们必须教育孩子们保持开放的思想，帮助他们理解不同的文化、行为和思维方式，理解为什么人们穿不同的衣服、吃不同的食物等。学生们应该明白这样一个道理：他们不一定要热爱其他国家的文化，但要学会尊重它们，并通过学习来理解它们。

3. 耐心

耐心即静静等待、循循善诱。每颗种子的生长都有自己的周期，学生的成长也是如此。我们无法企望学生毫无悬念地齐刷刷学会知识，也无法避免学生行为上的"过失""过当"。既然选择了教师这一职业，就要将自己的"心湖"修炼得足够平静，哪怕有再大的"石头"落入湖面，也能在微微荡漾之后恢复如初。教师心中要有一个预设：我们面对的是一群正在成长中的学生，犯错是他们的"权利"，学生就是在犯错中渐渐成长起来的。所以，面对学生的犯错，大可不必怒火中烧，疾言厉色。只要从学生视角出发，听听学生的想法，就会感到一切在情理之中！检验好教师的标准是当学生有过失时，教师的声音可以不温和，但从不大声呵斥，音量并不代表力量；目光可以不柔和，但绝不恼怒，怒火不代表威严。中国传统智慧讲求"以柔克刚""四两拨千斤"，教育何尝不是如此。柔风细雨，能润物无声，令万物复苏；轻声细语，能滋润心灵，感动铁石心肠。

小郭同学平时比较安静，有时会控制不住自己的情绪，在班上大声喊叫。班主任屠虞飞一边跟他讲清道理，让他注意控制自己，一边教育班上同学要有一颗温暖他人的心。面对其他家长的质疑，屠老师总是护着他。现在小郭进步十分明显，基本不再出现在班上大声喊叫的现象。屠老师的"一个都不落下"感动了小郭的父母，最终深深打动了全体家长的心。

(三)宽容学生

宽容即宽恕与容忍。它是以理解宽谅的心态和友善和平的方式来对待、容忍某些行为、观念、态度、品质。"宽"是一种令人叹为观止的个人魅力，"容"是一种海纳百川的个人度量。①

1. 给学生"犯错"的权利

中小学生思想不够成熟，处理事情比较简单，出错是在所难免的。如何对待学生的过错是衡量一名教师教育艺术水平的重要标志。我曾看到有些老师神情严肃地站在教室外，厉声批评学生；也见过不少教师，学生一犯错就请父母来校合力"批斗"学生。诚然有部分学生所犯错误比较严重，教师这么做也有合理性，但是教育的效果却不尽如人意。你会发现，通常只是固定的几位老师经常重复着上述的"教育场景"。小学生能不断地从自己或他人的错误中吸取经验并逐渐成熟，所以，小学应该成为允许学生犯错的地方。教师要对这个年龄段的学生可能发生的一切状况有心理预设，一旦学生犯错，既要让学生认识错误并树立改正错误的态度，也不能给学生造成心理压力，要给予其精神抚慰。每位教师，如果能从学生的角度思考问题，给予学生理解和期盼，用自己的博大胸怀包容学生的一切，让学生从心底认为老师是他们最值得信赖、最值得尊敬的人，那么教育就生效了！

2. 善待"特别"学生

学生性格各异，其中难免有几位特殊个例。教师要认识到每位学生都是独特的生命个体，每位学生的背后都有家庭的殷切期盼。

凯凯是我任校长的第二年入学的学生，尽管是个"特殊"儿童，曾遭到班上其他学生家长的极力反对，但却令我看到了"特殊"学生背后父母最伟大、无私的爱。在我和班主任童老师的坚持下，最后全班学生都把凯凯视作自己的弟弟一样关爱，该班学生也因此特别团结、有爱心。不少学生在毕业留言上写下了感谢凯凯的深情话语。

航航小学入学时，还未报到，其就读过的幼儿园园长友情提醒的电话已经打到我这里了，园长称航航是幼儿园的"头号人物"。在小学的前三年隔三岔五就会有家长因为他而找老师告状，校长、教师遇到这样的学生，都没有"特效药"，有的只是作为教育者的良心和想尽一切办法帮助他的耐心，还有对每一位学生公平接受教育的权利的捍卫。调到新学校后的一天中午，我在大街上遇见航航母亲，她欣喜地告诉我航航考入了宁波的一所知名民办初中，被安排在编程竞赛队，并深情地说，幸亏

① 参见王枬：《论教师的仁爱之心》，载《教育研究》，2016(8)。

当初遇到我，才有孩子的今天。我庆幸自己当初没有选择放弃，而是敦促学生父母从改变自己开始，并极力说服班上其他家长。有时校长的一念之差，就会葬送一个学生的一生。而排除阻力和干扰，学会坚持，或许事情会慢慢出现转机，让一个生命、一户家庭从此看到希望。

3. 允许学生暂时"掉队"

每位学生都是一个独特的个体，都有自己的长处和"短板"。学校常用"一把尺子"来"量"所有学生，只把关注点落在零星的几个方面，没有关注整体。学生当中有语文较弱但数学成绩优异的学生；有学科成绩总体不错，在体育、艺术项目上特别有天赋的；也有在写作、计算机、社交等方面表现特别突出的学生。全面发展是以各方面保底为前提的提高，个性发展则是指在优势领域持续扬长。我理想中的中小学应当呈现这样的教育场面：没有文化科、综合学科(音乐、体育、美术、计算机、综合实践)之分，学生在哪个领域没有达到合格要求，教师要尽最大努力保证其合格并提高其成绩，允许学生暂时落后并逐渐迎头赶上。要关注每一位学生在所有学科方面的表现，只要学生在某个领域天赋过人，在同学中出类拔萃，学校都能为其进一步提高提供合适课程。教育并非要求学生的各项能力都齐刷刷达到同一水平，而是希望每个学生各自发挥自己应有的水平。因此，教师不要对学生的学习求全责备，而是要善于发现学生的学科优势，采用"优点占领缺点"的策略，在扬长中鼓励学生克服缺点，从而达到整体提高的目的。

教师要不贪图名利，不计较得失，包容不同个性、不同行为、不同见解的学生，承认学生之间的差异，这是在平等基础上对个体生命的尊重，是对学生有更好未来的期待。只有宽容的教师才能培养宽容的学生，这样才会形成宽容的社会。对于教师来说，宽容是一种品质、修养，是一种大智慧，是必备的素质。

四、并非天然的自然美

通常来讲，人的仪表是指个人形体的基本外观，重点是人的容貌、服饰、言谈举止等内容。教师仪表美的基本原则是：整洁、端庄、文雅、大方。①具体而言，可以从以下三个方面进行理解。一是仪表的自然美。一些教师天生潇洒俊俏，与人交往时，这部分教师的仪表自然给自己加分不少。二是仪表的修饰美。正所谓"三分长相七分扮"，教师应根据自身的实际情况，结合社交目的、时间和场合，适当修饰仪容，突出自己的优势，在学生中树立一个干净清爽的教师形象。大方得体的仪表修饰能够帮助教师弥补先天的部分缺陷，凸显人的气质，这需要教师通过后天努力逐步培养。三是仪表的内在美。所谓"腹有诗书气自华"，书读得多了，人就会具有深厚的学识，其外表展现出来的气质自然就会不一样，这是一个潜移默化的过程。这里主要谈仪表的修饰美，主要包括容貌、服饰、言语、态势四方面内容。

(一) 容貌美

记得有人问一名非常著名的化妆师："化妆的最高境界是什么?"年华渐衰而仍不失魅力的化妆师微笑道："自然! 最高明的化妆术，是非常考究的化妆，让人看起来像没有化过妆一样，并且化出来的妆与主人的身份匹配，能自然体现人的个性气质。次级的化妆，是把人凸显出来，让其醒目，引人注目。拙劣的化妆是，一站出来别人就发现她化了浓妆，并且这层妆掩盖了她的缺点和年龄。最坏的化妆是扭曲了自己的个性，失去了五官的协调，如把小眼睛的人竟化成了浓眉。"②

自然并非就是天然，而是经过修饰，让人看上去匀称协调，使装扮接近于天然，令人感觉十分舒服。航空公司的空中乘务员在这方面做得卓越有效，在自身的天然条件之外，加上精心设计的服饰和比较专业考究的化妆。当前中小学女教师占全体教师的比例较大，她们略施些淡妆站在学生面前，学生看到的便是气质高雅、装扮得体、严肃而充满活力的教师形象，这就会给学生留下美好的印象，也为学生注意个人卫生和着装整齐树立了很好的榜样，有利于学生卫生习惯的养成，为树立高雅学生的外表形象奠定基础。学校工会利用在机场工作的家长资源，邀请空中乘务员对教师们进行专门的化妆培训，从挑选化妆品到口红、眼影、粉底的化妆技巧和注意事项方面，让教师们有了相对专业的化妆水平。

---

① 参见符永：《基于素质教育背景下的师范生教师仪表美研究》，载《价值工程》，2013(24)。

② 张道明：《教师要学会"生命的化妆"》，载《教书育人(教师新概念)》，2013(4)。

这方面培训的效果是显而易见的，女教师们经过培训后，显得更美，更自信，更有精气神了。当然，化妆修饰必须得体，任何过度的修饰都会有损自身形象，如教师在身上喷洒气味过浓的香水，或者做奇形异色的头发，或者不注意自身形象，蓬头垢面，这些都会对学生的审美观造成错误的引导，也会影响学生的听课效果。

（二）服饰美

一个人的人文素养和审美情趣可以通过其着装反映出来。孔子曰："见人不可以不饰，不饰无貌，无貌不敬，不敬无礼，无礼不立。"得体的服装、清新的款式、明快的色调，能给学生以亲切、轻松和愉悦感。教师的服饰不应追求猎奇和斗艳，也不应赶时髦、显摩登，更不应衣冠不整、鞋袜不净、体气袭人，这些实质上都是对学生的不负责，是对教师形象的不尊重，会在一定程度上分散学生的注意力，影响学生听课的情绪和效果，降低上课质量。教师的服装款式要以大方庄重为基调，有时可别致而不奇特，明快而不妖艳，稍深沉而不老气。教师衣着整洁、朴素、端庄，会透露出一股朴实美，会使学生产生可敬可亲和安宁的感觉。① 对于教师的穿着，我校要求女教师"裙长靠膝、衣长及腰，不过短"，"色彩适中、款式适度，不夸张"，要求男教师遵循"三色原则"，即全身上下的衣着保持在三种颜色之内，这些在教师衣着方面起到了较好的指导作用。

（三）言语美

良好的语言表达能力是教师应具备的基本从业能力之一。② 作为一名教师，在与学生的日常交往中，尤其是在课堂教学中应该注意修饰自己的语言，力求表达准确，不失礼节。

1. 激励

教师与学生交流，以不伤害学生为准则。比如，有一名后进生在教师那里接受好几遍辅导后终于学会了，然后疑虑地问："老师，我是不是

---

① 参见王彩冰、何显教、赵善民等：《教师仪表对课堂教学的影响研究》，载《右江民族医学院学报》，2012(1)。

② 参见于明波、闫俊玲：《论教学中的教师语言艺术》，载《赤峰学院学报(自然科学版)》，2016(12)。

很笨?"言下之意是人家上课一听就会了，可自己听了那么多遍才有些搞懂。老师爱抚他的头，轻轻地说："在我眼里，没有笨和不笨的学生，只有用功与不用功的学生。"学生若有所悟地点点头。教师在言语修饰、激励学生方面只要用心下功夫，学生一定能学好。

2. 节奏

节奏指教学过程中，由教师内心情感引起口头语言快慢、强弱、断续有致的变化，它与语言的语速、音量、停顿有关。语速快慢受说话场合和人的情绪影响。一般教师在需要引起学生注意时，会突然地加快或者放慢语速。比如，当发现个别学生注意力不集中，教师的语速突然慢了下来，问："你知道这是怎么回事吗?"教师故意把"这"拉长、放慢、停顿，是提醒开小差同学的方法。一般学生听到这里，大多会醒过神来投入到思考交流当中。音量是指声音的大小。教师上课时，音量过高会形成一定程度的噪声，音量过低会影响学生的收听效果，两种情况都会引起学生的听觉疲劳。教学语言不宜声音过平。有的教师讲课，虽然音量适中，但是平铺直叙，四平八稳，缺少变化，语言缺乏吸引力和穿透力。重音是教师强调重点的有效手段。教师为了突出表述重点，往往运用重音或反复的方法。当然，轻音的恰当使用也能达到突出重点，渲染气氛的作用。比如，在讲故事时，为了渲染紧张、恐怖、神秘的气氛，一般把声音压低，就会引起学生的注意。

3. 幽默

幽默的教学语言是教师聪明才智的表现。使用幽默的语言可以引得学生会心地大笑，激发学生的学习兴趣，加深和拓宽学生对教学内容的理解，达到寓教于乐的境界。比如，陈舒恩老师正在上作文课，突然，一只小鸟飞来，停在教室的窗台上，一边好奇地向教室里张望，一边叽叽喳喳叫个不停。陈老师幽默地说："难得小鸟这么认真看我们上课，我们也听听它在说些什么吧!"于是，学生在倾听鸟叫声中默默度过了好几分钟。事后，有学生说，因为陈老师的课上得太生动了，连小鸟也想来听课了。教师的机智和幽默造就了一幅人与自然和谐相处的美好景象。

4. 情感

教师的语言，也是情感的艺术表达，它向学生传递爱，传递智慧，同时也彰显着教师的高尚人格和宽广胸怀。教师通过诚恳亲切的教学语言，用自己的情感激发学生的情感，用自己的生命之火去点亮学生的心灵之火，和学生共同步入一个情感相容的教学境界。反之，一名态度冷漠、言语冰冷的教师是不会受到学生欢迎的。有一天，我在巡视时路过五年级的一个班，看到卢宁老师正在批阅日记，我被日记本的精心别致和图文并茂的内容所吸引，于是我随意翻阅了几本，不禁暗叹：这哪里是日记啊！这里有散文、议论文、记叙文、诗歌，体裁丰富，思考深邃，文笔颇有一番韵味，哪里还是五年级学生的文笔啊！卢老师说，这真的只是"无心插柳"，当初自己只是发现部分学生有写日记的习惯，所以大加赞赏，并鼓励大家有感而发，记录真实的事，想写就写，不做硬性要求。她坚持做到只要学生自愿交日记，她就认真批阅，部分精彩的文章还在班上朗读或传阅。没想到学生的写作激情被点燃了，写日记渐渐成了这个班学生的习惯。当卢老师问每天写会不会感觉有压力，很多学生说五六百字的文章"小菜一碟"，因为坚持每天写，现在写作业的效率也更高了。日记也渐渐成为班级的一道亮丽风景，不少学生不仅写文章，还配上与内容相关的插图，颇有"杂志"的韵味。教师不作强制要求，给学生宽松的心境，每天不时用深情的语言赞美学生的文章言之有情、言之有物，使得学生对写作欲罢不能。可见教师的情感足以改变学生的心境。

(四)态势美

态势包括眼神、表情、手势和体态。眼睛能够传神、传情，教师用柔和的目光关注每一位学生，在学生成功时投以赞赏的目光，在学生走神时悄悄地眨眼提醒，在学生遇到困难时默默地注视鼓励，唤起学生主动学习的热情。上课铃声响起，课堂内同学们还在各自高谈阔论着，此刻，教师安静的目光就是最好的提醒，一切尽在不言中，此时无声胜有声。教师的表情中，最重要的是时刻保持真诚的微笑。让学生感受教师的亲切、亲近，也感受到教师的理解和支持。当学生回答问题感到紧张时，教师微笑着等待，可以帮助他渐渐恢复内心的平静。学生无意间犯错时，教师宽容的微笑反而令他自责不已。学生胆怯时，教师的微笑是对他最大的鼓励，如夏日雨后的彩虹，令世界变得灿烂明媚。手是会说话的肢体，教师可以在课堂上适当使用手势与学生进行交流，如在学生游戏开始前，教师紧握拳头瞬间伸开手掌，此时学生犹如听到百米冲刺起点的发令枪声似的迅速行动起来；上课时教师讲到教学难点时都会不经意地举起拳头提示学生是否有问题，鼓励学生质疑。总之教师适时运用手势，可以优化课堂教学效果。教师体态轻盈挺拔，或适当地移动身体，走到学生当中去，或者蹲下身子同学生进行个别交流，这样一来，教师与学生之间的距离会缩短，亲切感会相应地增加。

第二节 "志在千里"的远见卓识

2002 年 4 月，我担任江东第二实验小学校长，这是一所新老小区参半的普通社区配套学校。响应区教育局提出的"办一所，亮一所"的号召，真正办一所令老百姓满意的家门口的学校，这对一名新校长来说是一项巨大的挑战。尽管有着几年教导主任的管理经历，但这不可与管理一所学校相提并论。我深知自身内在储备的浅薄和不足，为不辜负组织和领导的信任，我暗暗下决心，一定要办好这所学校。于是我开始改变自己，"逼迫"自己每天努力做到"在家两小时"学习，即一小时写管理日记，一小时阅读。其间，我阅读了许多教育管理类的报刊文章和中外教育名家的专著。《中国教育报》《中小学管理》《人民教育》几乎成为我每天翻阅的必修材料。为撰写管理日记，我通常在临下班时就思考当天学校管理中最重要的事，有成功的、失败的、喜悦的、痛苦的，我一般会先把事情的经过做一个简要描述，包括自己在管理上的做法和想法，在此基础上进行反思，主要对成功之处、不足之处、值得改进之处、可以扬长之处等进行剖析和再思考。这样思考的益处是不断积累好的经验，减少重复犯错的次数，让自己的管理渐渐成熟起来。

人的成长常常都是在不知不觉中进行的，当你一直坚持学习的时候，某一天，你和原来的校长朋友们一起交流时，你会发现你的观点、思考似乎与众不同，思想似乎已经悄悄"跑"到他们前面去了。叶澜教授说，一个教师写一辈子的教案，不可能成为名师，如果能认认真真地坚持写三年教育教学日记和反思，就有可能成为名师。我深有同感！记得 2005 年，我有幸参加教育部全国小学骨干校长高级研修班，由北京师范大学承办，培训规格高、要求严，一般都是上午、下午各一场专家报告，或偶尔安排学校考察和名校长讲座，晚上就要求写一份 1200 字以上的学习心得体会。在培训即将过半的一个晚上，班主任周老师来电唤我到北京师范大学的小茶室去一下，到了那里我看到原先给我上课的教授基本都在。周老师微笑着对我说："知道为什么叫你吗？因为今天教授们在聊天时，都共同提到了你的名字。这么多学员的作业中，教授们认为你的是最有思想的！"在教授们了解到我的"在家两小时"学习经历后，他们都纷纷说："找到原因了，找到原因了！"

我的成长，与宁波市教育局、宁波市教育学院，以及江东区、鄞州区教育局的培养是分不开的。从骨干校长、宁波市名校长、宁波市教育名家培养对象，从担任骨干校长异校蹲点实践导师，再到连续三届成为宁波市名校长工作室首席导师，一路走来，我深受这种校长培训机制的滋养。特别是我作为导师在帮助校长们的同时，自己也受益颇丰，学员们敢于创新，积极向上，盼望办好学校的急切心情深深地影响着我，感动着我，也鞭策着我。我一直感慨，自己个人的成长背后是教师们的支持和市、区教育局的关怀与帮助，为此，我一直心怀感激，立志加倍努力工作，办出一所心目中理想的学校，不辜负组织的厚爱和嘱托。

一路走来，我深知学习对教师成长的重要。

一、教师的差异在"业余"

一位教育界前辈曾说："教师的差异在'业余'。"是的，我经常听到教师感叹工作太忙了，连看书的时间都没有。的确，作为一名中小学教师，每天的工作任务十分繁重，上几节课，改作业、辅导，参加一些学校会议、活动等，一天的时间就这么匆匆地过去了，并且越对学生负责的教师，他为学生考虑就越多，工作自然也就更忙。2006年，我曾有幸邀请魏书生老师来我区讲学，晚上聊到如何解决工学矛盾时，他说自己也偶尔有让学生忙学生的，自己忙自己的，在教室一角笔耕的经历，但是绝大部分阅读、写作都是在家里或者出差途中完成的，在家时一般的外出应酬基本都推掉了。临别时，他在我笔记本扉页题字"守住心灵的宁静"。现在新教师都是受过高等教育的，尽管能力会有一些差异，但这种差异并不大。在工作之余，有人忙中偷闲阅读、写作，勤于思考；有人则认为忙累了一天应该好好放松自己，在游戏玩乐中度过。渐渐地，相互之间就产生了差距。这种状况时间越长，维持越久，彼此之间就越有遥不可及之感。

　　不少人是到了真正有需求的时候才想到学习的，因为心中有强烈的责任感和使命感，因为深深感受到了自己的不足，我就属于这样的人。刚上任校长时，我对学校管理也只是略懂些皮毛，当初《中小学管理》《人民教育》等杂志几乎每本都通读，只是分精读、略读而已。开始的时候写的管理日记也是一摊流水账，只是把当天经历的事情记下来而已。渐渐地，我发现在阅读中学到的内容开始在自己管理中得以应用。在写日记时，我开始学着聚焦一两个问题，其间会不断重现曾经的学习所得，慢慢就对问题有了更加深邃的思考，渐渐发现自己已经不满足于散点式的杂志阅读，于是中外教育名著、全国著名校长的管理类专著开始走进我的视野。《爱弥儿》《理想国》《爱的教育》《民主主义与教育》《陶行知教育文集》等一系列教育名著都是在那时阅读的。前几年，在继续阅读世界教育名著的同时，我也开始关注佐藤学、李希贵等中外教育专家的系列专著，如李希贵的《学生第二》《面向个体的教育》《为了自由呼吸的教育》《学校转型》《学校如何运转》等，只要他的专著一出来，我就马上网购来阅读。学习时间久了，就要慢慢物色1～2个自己比较崇拜的教育家作为"标杆"，学着从思想上慢慢靠近他们。向教育家学习，切忌照搬照抄、全盘接收，教育管理如课堂教学，管理有法，管无定法，要明白"淮南的柑橘到了淮北就成了枳"的道理。不但要学习教育名家的管理思想，更要学习他们这么做的现实背景、思维方式和思想精髓，不仅要"知其然"，更要"知其所以然"。管理中要学会具体问题具体分析，结合实际举一反三，要有自己的理念系统和价值判断，这样自己的教育管理思想也就渐渐形成了。

　　陶行知先生的《教师自动进修》，提到"有些人一做了教师，便专门教人而忘记自己也是一个永久不会毕业的学生。因此很容易停止长进，甚而至于未老先衰"。他认为，出现这种倦怠现象的主要原因是教师不好学。教师不去接受新观念和新知识，学生就不可能有创新意识和创新思维，教师上课没有了激情，学生也就失去了学习的兴趣。[①]

（一）"点面式"阅读

　　阅读教材、教学参考书是教师正确把握编者意图的有效途径，对于

---

　　①　参见刘永明：《教师好学，自学的重要意义》，载《华夏教师》，2017(18)。

指导课堂教学有着十分重要的意义。但是教师不能只局限于读透教材、教学参考书，因为这样很容易把自己的知识视野固化、狭隘化，陷入到"教教材"之中。教师要以课程标准为依据，以教材为起点，有意识地通过一篇、一单元推动学生开展"篇、本、组"等的专题阅读。现在有些教师存在一个认识的误区，认为学生阅读是语文教师的事情，其实不然，现在小学数学、英语、科学等绘本数不胜数。教师要善于"举一反三"，通过教某一方面知识，努力引领学生开展多角度、多领域的学习，让学生不仅仅学会一个知识点，而且以点带面，让学生"窥一斑而见全豹"，让学生所学知识更加立体、全面。下面分享应混娇老师的阅读教学心得。

阅读是语文学习的重要途径，是学生学习的源头活水。老师如何通过教和导，引领学生主动开展广泛深入的阅读？笔者(应混娇)在十几年的探索中，通过"国学、教材、小课题"三线并进的方式，取得了一定的成效。

一、国学带动经典阅读

笔者坚信经典是阅读中的黄金选择。那么，老师该如何激起学生对经典的兴趣，拉近学生和经典的距离，使学生感受到阅读经典的快乐呢？

(一)低年级：唱诗带动诗词阅读

把诗唱出来有助于低年级学生的接受；音乐的循环复现有助于学生的记忆。从一年级开始，我们班级就采用唱诗的方式，通过"内容上的自主选择、方式上的玩唱相融、运用上的对景唱诗"三大途径，运用"时间——张弛有道""方式——边玩边唱""环境——诗词萦绕""规律——花样复现"四大策略，成功实现人均两年唱诗 200 首左右，并能积极运用。在唱诗的同时，我们班级的学生带动全家人一起观看《中国诗词大会》第一、第二季，在游戏中挑战诗词。这被家长称为"玩中学、学中玩"的语文教学。

(二)高年级：讲诗带动历史阅读

学生有了低年级的诗词积累，进入高年级后，笔者利用"语言与人文课"开设"历史中的诗词"大课。

三百多首经典诗词顺着墙体被布置，学生置身教室就如同穿梭在诗词组成的历史长河之中。教师用诗词背后的历史增进学生对祖国山水、家国情怀、仁义礼智信的理解。随着对历史事件了解的加深，学生对历史类书籍产生了浓厚兴趣，进而自主阅读了大量相关的历史作品。疫情时期线上教学期间，笔者开展了"影响中国的100个重大历史事件"听书活动，学生由此梳理了上下五千年的历史脉络，阅读范围进一步扩大。

(三)《笠翁对韵》《论语》《孟子》带动古文阅读

利用弹性到校、课前五分钟、暮省等碎片化时间，笔者带领全班同学讲解、诵读《笠翁对韵》《论语》《孟子》等。在诗词和历史的助力下，学生逐渐建立起古文阅读的语感和信心，部分学生开始挑战阅读半白话文的名著。

二、教材带动主题阅读

统编教材非常注重以一篇带动多篇的阅读，有专门的阅读策略单元，有"读书吧"推荐等。

(一)跟着"读书吧"开展主题阅读

以四年级的中外神话阅读为例，笔者跟着课文《盘古开天地》和《女娲补天》开展了"读书吧"中国古代神话故事的共读活动，同时对比阅读古希腊神话故事。学生们通过画思维导图、制作阅读单、写读后感等进行主题阅读的交流。

(二)跟着作者开展作家阅读

被编入教材的名家名篇总能使师生心中荡起涟漪，激发他们的阅读兴趣。笔者组织年级组的班级一起开展《小学生名家读本》的批注阅读活动。一套书中包含十二位中国著名作家的作品，学生们在每节语文课前五分钟阅读批注，每天读一篇，通过批注、摘抄、仿写、阅读单和年级组小竞赛等方式深入开展作家阅读。

三、小课题带动深入阅读

小学生相对缺少思考性阅读、时事阅读、非连续性文本阅读等训练。笔者认为最好的方式就是组织学生开展小课题活动。

(一)自主小课题，深入个人特长领域阅读

小课题对学生和家长都有较高的要求，刚开始老师可以从学生擅长或喜欢的领域开始。笔者让学生自主申报，男生的"古代兵器""乐高"，女生的"芭比娃娃""猫咪"，诗词爱好者的"李白其人"等课题都完美地结合了学生的兴趣和阅读整合需求。前三年，笔者班级的学生每学年完成一个小课题，学会了搜索资料、合作学习、思考求证等，特长领域的深入阅读能力得到了培养。

(二)时事小课题,深入公众敏感领域阅读

学生进入小学高年级后,恰逢新冠疫情。线上学习期间,笔者动员全班学生和家长一起开展相关主题研究。学生由此展开大量的时事阅读、非连续性文本阅读、思辨性阅读,在人类共同面临的灾难面前,看见危机,看见人性,看见使命。

(二)专业阅读

教师每天与有不同爱好、习惯、个性的学生在一起,如何让学生喜爱上自己、喜爱上这门学科是一门"技术活"。教师要选择几本在国内具有一定权威性的学科类杂志,通过全本通读、精读、略读或者翻阅目录选择性阅读的方式,学习他人的教学经验、教学思想;稍成熟的教师不妨系统阅读一下自己比较崇拜的教育名家的专著。如果说阅读杂志是让自己对学科教学的理解以散点布阵方式渐渐完善,那么阅读教育名家专著则是通过模仿让自己的教学思想逐渐清晰,渐渐形成体系。

(三)"读"懂学生

教师要学会读懂学生,关注学生的喜怒哀乐,了解学生的脾气个性,记录与学生在一起的一些典型事例。如果说阅读是一种输入的过程,那么这里的"读"实际上就是教师自我的内心对话,是一次内心独白的"输出"经历。教师要善于把发生在教育教学中稍纵即逝的精彩故事记录下来,分析功过利弊,总结经验教训。这种朴实无华的思考和体会,与阅读的结合,将对教师自身成长产生潜移默化的深远影响。

二、在互助共赢中让自己成长

2007 年,我曾到香港培训考察。在走访学校过程中了解到香港教师每周的课时量多到令人感觉不可思议,基本都在 30 节左右。当我们问起教师是否有教研活动时,他们对此很好奇。由于每周超负荷工作,教师们鲜有同事间相互学习的时间和机会,教师通常的业务进修都是在政府规定的寒暑假培训期间进行的。这一点,跟西方国家的学校类似,在教师们的认识当中,教师培训一般是高校或者教师协会承担的,教师在学校的任务基本以教学为主。其实教师发展,最直接、最有效的资源还是身边同事。校本培训作为我国教师专业成长特有的优良传统，正被世界上越来越多的国家、地区的教育同行所认同、效仿。

(一)师徒学习

师徒(新老教师)结对作为团队学习中最常见的学习方式之一，以其简便、直接、高效等优点赢得教师们的青睐。它已成为当前教师专业成长过程中较为普遍的一个教师培训方式。师徒结对注重经验丰富教师的"传、帮、带"作用及其权威影响，注重资深教师的榜样、传授作用，在青年教师成长路上发挥了不可替代的作用。但这种近似"嫁接"的培训方式也在一定程度上阻碍了青年教师的主动性和创造性的发挥。师徒结对，一般都是以对徒弟的单向要求为主，较难唤起师傅持续发展的意识。新课程改革背景下，所有教师都面临新的挑战和困惑，以师徒双赢为出发点和最终目标已成为越来越多人的共识。因此要充分发挥新老教师各自的优势，达到优势互补、共同发展的效果。

1. 双向选择

师徒结对以自愿为前提，以感情为纽带。这就需要学校给师徒各自自主选择权，尽可能让性格相投、风格相近、相互欣赏的师徒进行结对，拉近彼此的心理距离。这样有利于师徒间的友好相处、愉快合作和平等交流。在这样友好的气氛中，师傅才有可能把自己的教学经验、方法、体会毫无保留地教给徒弟，徒弟也更容易接受师傅的批评和教诲，大胆地说出自己的困惑、观点或见解，从而达到师徒相互促进，共同提高的目的。[①]

2. 合作共赢

师徒结对被公认是培养新教师的一种有效培训途径，这原本无可厚非。人们通常都会把关注点聚焦到新教师身上，单纯关注新教师的发展，而在一定程度上忽视了师傅的持续发展和提高。殊不知发展贯穿教师职业生涯的整个过程，师傅在不同阶段也有着自己的发展任务。因此师徒结对必须以师徒共同发展为目的，充分考虑师徒的不同发展需求，让师傅不只是教徒弟，也可以在发展期间让徒弟做好自己的助手，让徒弟亲

---

① 参见范蔚、廖青：《基于教师专业发展的"师徒结对"的内涵及特征》，载《教育导刊(上半月)》，2012(9)。

身经历师傅发展的整个过程。比如，我校的宁波市名师陈舒恩参加全国语文课堂教学比赛，在试教、参赛期间，徒弟周兰一直陪伴左右，给师傅当好助手，同时也主动报名参加大会组织的教师基本功现场朗诵比赛，结果师徒分别获得全国课堂教学和教师基本功朗诵比赛的特等奖。徒弟在师傅专业发展中伴随左右，师徒之间在耳濡目染中实现共同提高、内外兼修的目的。

3. 综合发展

教师专业发展的内涵十分丰富，包括教师专业知识、专业能力、教育智慧、专业理想、专业品格等各方面，师徒结对不仅是教学技能的传授，更是职业理想、教师素养和教育情怀的全面提升。每位徒弟身上或多或少都有师傅的影子，师傅的示范、陪伴、指导、鼓励、督促、影响作用，对每位青年教师成长的帮助是显而易见的。师傅的举手投足，对学生、同事、家长的态度，对教学的一丝不苟，都将在徒弟的成长生涯中留下深深的烙印。这也是我国教育一贯重视师德的原因，只有一批批师德高尚、业务精湛的良师，才能培育出一代代富有奉献精神和专业素养的教师。下面是青年教师余一伟谈自己的成长故事。

在 2016 年 10 月学校开展的师徒结对活动中，我第一次与姜全林老师结成师徒。在这一年的时间里，我并不理解师徒结对的真正意义，以为这是学校的正常工作安排，也没有特别往心里去。我平时忙于教学工作，或许是自己有点脑胀，没有经常向师傅请教问题或听师傅的课，师傅虽时有提醒，但我的回应并不是很积极。

在 2017 年的时候，我第一次参加区优质课比赛，在参加比赛的前几天里，与师傅进行多次备课，最后获得二等奖的成绩。我对于这次比赛中自己取得的成绩并不满意，从而进行自我反思。与师傅交流后，他明确地指出我对教材教法的理解不够深入，并要求我在日常教学中思考、探讨如何上好一节体育课，不能临时抱佛脚，要加强平时的积累。自此之后，我们师徒俩之间的探讨就多了许多。

在常规教学中，除了师傅会过来听我的课、提出建议外，我还会尝试在听完师傅的课后，再去上一节相同的课，看看能否达到师傅上课时的氛围和锻炼效果。除了教学，师傅还关注我体育的基本功，尤其是我的弱项足球和篮球。在他的指导下，我的足球和篮球水平得到了很大的进步，终于在 2019 年鄞州区中小学体育教师基本功比赛中获得一等奖。

姜老师的关心和帮助让我有种如沐春风的感觉。2020 年 9 月，在得知我将代表鄞州区参加宁波市中小学体育与健康教学活动评比的时候，他一直陪伴我并关注我的备赛。最后在区团队和他的帮助下，我获得了小学组一等奖，并获得代表宁波市参加浙江省中小学体育与健康教学活动评比的机会，这令我很开心，但也使我感到压力重重，总担心会辜负了众人的期待。师傅为了缓解我的压力，在这次备赛中扮演着老黄牛的角色，默默地为我做了很多事情。在我们学校作为宁波市直播点的时候，姜老师一方面承担接待工作，另一方面还要负责三位参赛队员的足球指导，以及我个人的所有比赛项目和上课的辅导。那一段时间的经历让我深深感受到师傅对我尽心尽力。尤其是在我比赛结束后的第二天，我们都松了一口气，他的嗓子也哑了。最后我获得了浙江省中小学体育与健康教学评比一等奖，这也是我从教 5 年以来在教师专业发展方面获得的最高奖项。

在科研和论文上，师傅也扮演着引领者的角色。在师傅的指导和帮助下，我获得过 4 次区级、市级课题成果奖，1 篇文章发表在国家级期刊上。在师傅的帮助下，我学会了如何写课题、如何对课题的研究进行分工。在 2019 年延边支教期间，姜老师还在继续关注这个课题的进度并及时和我进行线上沟通。那篇发表在《体育教学》上的文章《疫情之后第一节体育课这样上》也让我学习到了体育教师要对时事的改变及时做出反应，并有相应的留底和输出。师傅一直和我说："你平时多写写反思，多回顾你做过的事情并写下来，那就是你的文章。"

在生活中，师傅是良师益友，他不仅是品茶大师，还是位"五星大厨"。对于他的厨艺，我们都垂涎已久。平时我们会在下班后一起吃饭，在饭桌上他会将自己的经验和经历与我们分享，在交流中我们一直在成长，而且我们也会针对某件事或课题进行激烈的辩论。

在与姜全林老师结成师徒以后，我一直是受益的一方，他的付出让我十分感动，我的成长离不开他一次次的督促和教导，我也感谢学校能给予这样的平台，让青年教师有成长的沃土。

(二)教研学习

教研活动是以学生年龄特征为逻辑起点，以课程标准为指导纲要，以课堂教学为主要研讨内容的教学研究活动。教研学习一般以备课组、教研组和年级组为单位开展。

1. 备课组

备课组通常由同一年级相同学科的教师组成，主要开展集体备课任务。过去，学校集体备课都是由备课组教师分工进行的，特别是有些教师认为，青年教师一开始必须经历自行备课。然而，在工作的起始阶段，青年教师下了一番苦功得来的备课"成果"往往得不到应有的认可，因而在基本环节的指导上花了较多的时间，导致集体备课效率低下。每位教师在专业成长阶段，一般都经历了从师范生的见习、实习，到一线岗位上的新手，再到成长、成熟的过程。青年教师一到工作岗位上就与老教师依照同等要求独立备课，这种"逼"出来的课对青年教师本身而言或许会有一定的帮助，但出于经验学识等原因，开始阶段的备课质量可想而知，这使得他们往往在集体备课中需要对这些课"大动干戈"，集体备课往往成为个别青年教师的专人备课指导会，偏离了原先所要达成的目标。集体备课任务是，在规定时间内，备课组教师在研讨的基础上，在 $1\sim2$ 周教学内容的目标、内容、重难点、教法(问题设计)、难易程度、作业评价等方面达成共识，在"为什么教、教什么、怎么教"上基本达成一致，不至于因教师水平不同造成教学结果上的过大差异，实现学科教学质量共同提升基础上的基本均衡。备课组教师一般考虑老中青搭配，通常由经验相对丰富的教师承担备课任务，以此作为集体备课的研讨母本并集体共享，在集体备课过程中讲解备课意图，讨论确定教学主要环节和所要达成的目标任务。这种备课共享方式让刚开始工作的新教师知道备学生与备目标、内容、方法、习题、评价之间的内在逻辑，在"模仿"中领悟到备课的要点和关键，然后要求新教师结合自己的理解和班级实际进行"二次备课"，融入自己的想法和思考，在老教师的指导下慢慢"进门"。现在部分区域有"工作未满五年青年教师手工备课"的要求，甚至有管理者坦言，"哪怕是抄一遍也是好的"。太多的事实证明，管理者比较愿意看到青年教师在手工上投入时间，忽视了怎样的备课对教学质量的提高和青年教师自身成长是最有利的。我曾有一段到镇海中学蹲点学习的经历，镇海中学的"不查备课"和"备课共享"的做法令我记忆犹新。这种管理并不是纠结教师"做没做"的低层次管理，而是引领教师真正指向教学管理的实质——有效、高效，用宁波人的话说是哪个最"划算"。那么是不是新教师就不需要独立备课了？不是。新教师更多地要在研讨课、公开课、汇报课、师徒听课上下功夫，在刚开始工作的几年，每年磨出几堂像样的课来。等新教师渐渐成熟了，也有自己的一些教学想法了，这时候应该要求他们独立、系统地备课，把他们的智慧分享给备课组的其他成员，这样可以使新教师在成长过程中减少一些折腾，促使团队的高效运作和快速成长。

2. 教研组

教研组是学校最重要的学习组织，通常开展公开课、研讨课、示范课、观点报告、专家讲座等活动，这些都是学校教师专业成长中普遍的、受欢迎的学习活动形式。听课、评课、研课一向是教研活动的"标配"。这里的"研"，指的是研讨，课后一般都由执教教师谈教学意图及得失，教师们再各抒己见，谈论各自的听后感。如果有教研员、学科名师、专家参与，那么研讨就会更加深入些。这种集思广益式的讨论，给执教者带来更多的参考建议，也使听课者从中受到启发。我认为教研活动中的"研"，除了研讨，还应有研究。教师文化、课程文化、课堂文化是学校文化的重要组成部分，但不难发现，课堂教学通常是游离于学校文化之外的。因为所有的好课，一般都是由学科专家、评课教师说了算的，尽管也有区域、学校发布"好课"的标准，但一般都基于新课程标准和普适育人理念，鲜有提出学校价值认识的，即让学校的价值观、育人目标与教学理念、课堂教学之间形成内在逻辑关系。比如，我校的"雅教学课堂价值观"，以"积极学习、深度学习、享受学习"为目标，以"生教生"的"小先生制"为抓手，开展课堂教学研究。各教研组通过对上述共识的研究，试图形成既具有不同学科特征，又富有鲜明学校文化特征的"有魂课堂"。目前，我们通过专家引领下"一师多课"的循环实证方式，让一位教师在一天内利用同一内容开2～3节课，通过传统课与雅教学课堂的对比研究，引领教研组全体成员共同开展基于价值观引领下的一课研究。这种将课堂置于学校文化引领下，将研讨与研究有机地融合在一起的方式，已成为我校当前教研的主要方向。

3. 年级组

年级组由年级各学科任课教师组成，每位教师除了承担各自的学科教学之外，还须遵循学校的育人理念，满足学生发展需求，在促进每一位学生的最优发展上共同施力。如何打破以往年级组教师自我封闭、单兵作战的工作方式，促进教师个体自我诊断和年级组教师集体诊断的深度融合，建立对话合作机制，是推动年级组学习共同体建设的组织保证。

(1)确定主题

好的学习本质上都是问题驱动的。面对遭遇的问题，学习者本能地会感到恐慌，认识到自己的浅薄，这正是专业学习的开始。在每个教师的教育现场，问题可谓俯拾即是。但什么问题最需要解决，而且通过努力能够解决，这是一个教师专业学习过程中的最大挑战。其实问题的发现与聚焦过程本身就是一种学习，一般通过座谈、观察、个别交流、问卷等方式，发现并梳理出教师所普遍关注的、当前急需解决的问题。研究主题可以针对年级段①全体学生，也可以针对某一类学生或某几个学生。

(2)年级研讨

可以分为班任课教师、年级班主任和年级组教师研讨等多种形式，根据具体问题，组织相应的研讨人员。研讨建立在主题学习的基础上，参与者围绕主题亮明观点，提出最有效的解决方法及措施。这种基于主题的学习研讨，犹如一场主题式的学习交流会，大家都有备而来，在经验的相互学习交流和思想的相互碰撞中，探讨哪几项策略最符合学校实际，最适合学生本身，最有助于问题解决，从而自然而然地寻找到"答案"。每一次研讨，教师们从中得到借鉴、启发，形成一些共识，这种基于问题解决的交流研讨本身就是最好的学习，是一次共同成长的经历。

(3)实践改进

学习不是目的，教师们结合学习交流，能够在日常教学中予以实践才是关键。就教育而言，任何学习都要付诸行动，在实践中发现学生真正"看得见"的成长，总结出一些有助于学生发展的举措和规律，从中发现一些实际问题和困难，并进行适度调整，持续改进。

---

① 本书的"年级段"是指小学低年级(一、二、三年级)、小学高年级(四、五、六年级)和初中(七、八、九年级)。

（4）总结提升

教师在研究和实践中前行本身就是一种自我修炼。教师通常很敬业、肯干，但不善于总结提炼。我们不仅要关注自己为什么而做、做的过程及效果如何，还要特别重视及时提炼和总结。每个人的行走都会留下轨迹，适时回头看看定会给自己带来很多有益的启示。善于总结，就会少犯一些重复的错误，多一些基于原有经验基础上的稳健前行。

学习、实践、思考、改进、总结，是学习共同体的主要学习方式和工作步骤，会促进教学工作的持续改进与提高。教研组、备课组、年级组定期或不定期开展活动，推动学校和师生不停地向前发展。近一二十年，我市涌现出了一批在当地有一定影响力的学科名师，如果细细追溯他们的成长经历，除了个人因素之外，很大程度上跟这些教师所在学校的群组学习有着密切的联系。

另外还有课题组，它不能成为游离于其他群组之外的一个孤立研究群体，而应自然地融入其中，让科研、教研成为密不可分的有机体。要追求建立学校总课题引领下的教研组、备课组联动的教研机制，或建立年级组教师的互动机制，形成以立德树人为出发点，以理论学习为切入点，以集体备课为着力点，以课堂研究为生长点，以年级组研讨为突破点，以教育反思为提升点的工作"链环"，树立科研即教研的意识，打破科研、教研与德育的界限，让群组学习形成"研"的氛围，让研究成为教育教学工作的常态。

教研并非要整出一些似懂非懂的、深奥枯涩的理论，也并非学校中一小部分人的专利。要努力让所有的教师都投入教研中，在共同明确所要达到的目标，可以采取的方法、策略、手段的基础上，倡导大家"八仙过海，各显神通"，共同投入到课堂教学"微方法、微理论"的摸索、尝试、研究、提炼过程中去，让教师以学习者、实践者、研究者的身份去实施课堂教学，这样，课堂必将焕发出新的生命和活力，也必将呈现具有学校典型特征的"有魂课堂"。

三、"为未来而教"的眼界格局

校长的眼界、境界决定着一所学校和教师的未来发展；教师的眼光、格局则决定着一批批学生的可持续发展。校长、教师看得有多远，学生就走得有多远。

（一）一体一艺

通常学校会把体艺工作视作丰富校园生活，培养学生一技之长，在各类体育、艺术比赛中为学校争得荣誉的途径。这种想法显得有些功利。我校体艺工作的目标体现在面向全体、面向个体塑造品格上。

1．"体艺1.0"：面向全体

面向全体的体艺素养是一所学校体艺质量的真实写照，也是一所学校体艺工作的坚实根基，应成为学校体艺工作的方向。全面提高学生体艺素养，让每位学生的国家体质测试和艺术素养测评均能达标成为我校的基本要求。我校向全体体艺老师提出了"教好几个班，带好一个队"目标，每学期期末组织"背靠背"体艺素质测试，召开体艺质量分析会，为全面提高学生的体艺素养提供坚实保障。

2．"体艺2.0"：面向个性

让每一位学生有一项体育特长去强健身体，让每一位学生有一项艺术特长去陶冶情操，使他们气质高雅，眼睛会"说话"，这是我校从培养学生体质、气质的角度提出的。体育与体质的关联自不用多说，艺术的作用却会被很多人曲解。艺术与心灵相通，与审美相关，其最终能带给人的到底是什么？我们的理解是陶冶情操、提升气质修养。无数的艺术家具有超凡脱俗的气质，令我们不得不感叹艺术的神奇魅力。尽管目前我们还没法破解其中的奥秘，但是艺术在其中所起到的作用却是无可非议的。我们可以肯定地说，艺术教育的确可以由内而外地改变一个人，使人的气质高雅，使人的眼睛会"说话"。

3．"体艺3.0"：塑造品格

我校要求学生在体艺方面有所侧重的基础上，提出"精通一项、坚持一项"。"精通一项"是指通过长期坚持练习，学习一项技能特长，形成优秀品格，最终实现从体艺学习到文化学习的迁移；"坚持一项"是指通过不间断地保持练习，对优秀品格的养成起到促进作用，让学生在学习体艺项目的同时，达到增强体质、修炼气质和提升修养的目的。

我在近20年的学校管理中，发现一个现象：体育和艺术学得很好的学生，有很多在文化学科的表现也很优秀。就以乒乓球项目为例，学生通常从周一到周六，每天下午 15:00—17:30 训练，按说这些学生比一般学生学习的时间要减少至少四分之一，但毕业时，乒乓球队却有一半以上的学生考入较好的初中，其余绝大多数在班上都能评上三好学生。这也引起了我对这个现象的关注。乒乓球队的学生每天目不转睛地盯着一个球，这本身不就是最好的注意力训练吗？长达六年的乒乓球训练，其中的甜酸苦辣只有自己知道。这种训练对学生的意志力培养是很好的考验。乒乓球运动绝不是单凭技巧技能取胜这么简单，学生在乒乓球技能势均力敌的情况下，如何充分运用好战略战术十分关键，这无疑培养了学生的观察力、思维力。乒乓球除了单项比赛，还有双打、团体赛等，这就需要学生有较强的团队合作能力，认识到团队中的每一位球员都很重要，以及自己如何在团队中发挥应有的作用。另外，只要有比赛就会有输赢，小学六年的坚持训练，几乎天天都在培养抗挫折能力和自信心，特别是市比赛、省积分赛等大赛对学生来讲都是最好的历练，同时也能训练学生临场发挥、处事不惊的心理素质，以及团队合作力、抗挫折力、自信心、意志力等。一项体育项目带给学生智力因素和非智力因素的全方面培养。这让我想到电影《放牛班的春天》里，音乐教师马修通过班级合唱令一群放荡不羁的"顽劣"儿童最后"摇身一变"，成为拥有天籁般童声的天使。这就是体育和艺术的魅力。

近些年，我发现很多学生到六年级或初中时，就放弃了原本坚持了六七年的体艺学习，原因是这些学生的家长看到的只是学生身上的技能和所付出的时间，没有意识到这些项目给学生的文化课学习所带来的巨大促进作用，更没有意识到学生在体艺学习中所感受到的身心愉悦，这何尝不是一种自我放松和调节呢？学校最早的几届乒乓球队、羽毛球队的学生现在已经读大学了，他们有的在大学里重新发挥自己的一技之长，成为体艺社团的领军人物；有的一到暑期就活跃在各大俱乐部和艺术圈，定期与很多体艺爱好者交流切磋。一种雅好、一项特长，伴随学生终生，改变着他们的生活方式，扩大社会交际圈，让他们的业余生活更加健康、积极、阳光。在基础教育阶段，让学生从小经历相对系统、专业的体艺学习，让体艺伴随学生一生，提升学生的生活、工作品质，这难道不是在为学生的一生幸福奠基吗？

(二)公益心

宁波是一座温暖的城市,几十年如一日热心公益事业的人和群体,已然成为城市的一张"名片"。"造桥女孩"严意娜,自愿捐肝的林萍妈妈,"爱心奶奶"周秀芳,许许多多的爱心故事温暖着宁波这座古老而美丽的城市,感动着这座城市的每个人。

1. 社会小义工

一座城市,它的温度很大程度上来自公益。一座城市的文明很大程度上来自居民投身公益的公民意识和社会氛围。2007年,我曾到香港考察学习,无意间了解到香港居民每年都有做社会义工的义务。义工服务已成为香港居民的公众意识。于是我在想,香港城市经济发展的今天就是宁波的明天,宁波是我国沿海开放城市,为了让宁波在城市经济高速发展的同时在文明程度、公民素养、公益意识方面也能紧跟上城市前进的步伐,教育工作者应义不容辞地肩负起责任。我们应给学生的内心播下一颗公益的种子,让公益成为学生生活中的一部分,这样,学生成人后就会自觉行动。当这些学生长大成人的时候,相信宁波的经济也一定更加繁荣,那时社会就会实现经济与文明齐头并进的良好局面。

2007年,学校推出了"社会小义工"制度,改革了学生综合素质评价标准,把"社会小义工"作为三好学生评比的必需条件。要求每位学生利用节假日在本班家长委员会的组织下每年开展10学时的社会义工服务活动。一群一年级的学生为了给素不相识的白血病患者献爱心,在爸爸妈妈的帮助下,清晨来到天一广场,戴上义工帽,拉起横幅,开展"卖报"义捐活动。学生的行为深深打动了行人,其中有一位老爷爷接过报纸后掏出50元钱,连声说:"你们太棒了!太棒了!"六年来,学生们走进颐养院、康复院慰问老人、病人,帮助社区到商场、菜场分发健康宣传资料,在旅游景点、公园分拣垃圾,踊跃参加社区组织的各项公益活动。每年学校都会联合社会有关部门组织十几场义演、义卖活动,华师艺实的学生足迹遍布宁波市的各个角落。"社会小义工"刚开始的几年,各班家长委员会是很忙碌的,大家经常为这个月到哪里去参加公益活动而犯愁,我也听到部分家长对"社会小义工"这项制度有不同声音。但渐渐地,反对声、埋怨声少了,家长们也从自己孩子身上发现了与其他学校学生不同的特质,如会交往、有胆识、有爱心、富有同情心、会关心人。

2. 校园义工岗

"社会小义工"因受时间、场地、人员、环境等诸多因素的限制，每一次组织都倾注着各班家长委员会成员的许多心血。"小义工"活动是不是只有在社会上才能开展呢？不是的。杜威的"学校即社会"给我们很好的启示。学校不仅是学生学习的场所，也是生活的地方。如果能对社会的诸多职能进行科学合理的筛选，因需而设，有机地把社会职能融入学校的学习生活之中，把学校模拟成一个小社会，让学生足不出户就能得到各种角色、岗位的锻炼，让学生在校园里就可以实践并体验义工服务，这才是教育智慧。学校有"失物招领岗""丫丫乐乐超市""丫丫乐乐银行""光盘行动榜""晒雅榜"等自主管理岗位。每次学校有大型活动，如校运动会上，检录、裁判、安保、纪律、颁奖、通信、卫生等岗位均由学生自主报名，竞选上岗。学生在各自的岗位上忙碌着，老师、家长志愿者直夸这样的场面不一般。在校运动会闭幕式上，当我说我期待在明年的校运动会上学生能成为真正的"主角"时，全场师生及家长报以热烈的掌声，有的同学还情不自禁地大声喝彩起来。学生发展中心推出的诸多义工实践岗位，不仅培养了学生的实践能力，更重要的是增强了学生的服务意识，让学生在义工服务中感悟"服务他人、快乐自己"的真谛。

3. 艺术公益基金

学生的公益意识不是靠做一两次公益活动就可以建立起来的。如果能构建起一座连接校园和社会的桥梁，让学生的艺术、科技类作品的价值更充分地体现出来，让学生的学习与帮助他人成长、改变他人命运紧密联系在一起，让学习赋予其社会价值，那么学生的学习又将会是怎样的一种境况呢？学生能够感受到自己的学习原来可以改变他人的生活甚至命运，也能为社会和谐发展做出自己应有贡献。感受到学习和知识的这种力量，学生的公益心必将伴随着强大的责任感、使命感油然而生。

在华师艺实的九年学习中，很多学生的美术作品已不仅是放在走廊上供人参观的"小玩意儿"，不少作品受到前来学校参观的众多同行的啧啧称赞，于是我们就想把它们转化为"衍生品"，让它们走向社会，产生更大的经济价值和社会价值。学校组织各项演出，特别是大型"雅之韵"文艺演出和每年的声乐、器乐、舞蹈等专场演出，令不少同行、家长赞叹不已。渐渐地我们就萌生了成立宁波市青少年艺术基金的想法，这个想法得到爱心企业家和宁波市音乐家协会音乐教育艺委会的大力支持。

如今，"宁波市青少年艺术公益基金"已正式成立，截止到2021年底，已为全市有艺术天赋的贫困学生提供专项资助20人次。华师艺实学生们的美术、音乐作品正准备在该基金公益网站上通过有偿义卖的形式进行慈善捐款，今后我校的各项演出也将以公益的名义向观众提供有偿服务，所得款项将全部纳入该基金账户。学生在学校就读期间，通过自己努力付出帮助贫困学生在同一片蓝天下接受公平的教育，这对学生而言将是多么自豪而有意义的事。

试问这样的学生对艺术的理解还会是一些简单的技能吗？他们对艺术学习的自我鞭策还会仅是为了考试加分或成为艺术特长生、艺考生吗？他们今后步入社会，我们还需要再顾虑他们是否有公益心和服务社会的意识吗？

(三)自我领导力

我心中理想的校园风貌是，学生是学校的主人。学习主要是学生在独立学习、互助学习基础上，在教师的帮助下自主完成的；学校日常的卫生、纪律、两操等都由学生自主管理；学校的各项重大活动由学生负责完成；校园呈现"事事有人、人人有事、各司其职、各尽其责"的局面。

学校教育的最终目的到底是什么？升学？找到理想工作？这些的确是检验一个学生学业成功的重要标志，但不是全部，更不是教育的最终目的。学校教育首先要满足家长需求，一所得不到家长认可的学校肯定不是好学校，但学校又不能把家长的眼前需求当作学校教育的全部。任何学校，都必须遵照党的教育方针，思考如何因地制宜、因校而异地进行校本化的解读和实施。爱因斯坦认为，教育就是当一个人把在学校所学的东西全部忘光之后所剩下的东西。我不止一次地问自己这"剩下的东西"到底是指什么。它一定不全是知识，它还包括能够影响人一生的因素，如习惯、态度、意志、品格……

鉴于我校实际，我把学校的育人目标确定为培养品学优、身心健、艺见长、素质全面，具有国际视野和可持续发展力的未来社会的英才。如何达成？受IB课程[国际文凭组织(International Baccalaureate Organization, IBO)为全球学生开设的从幼儿园到大学预科的课程]和斯蒂芬·柯维《高效能人士的七个习惯》一书影响，我对习惯有了新的认识。我认为人的习惯有上位和下位之分，正如斯蒂芬·柯维对世界几百名成功人士进行研究后总结提炼出来的"七个习惯"（积极主动、以终为始、要事第一、双赢思维、知彼解己、统合综效、不断更新），近二三十年无数国际知名企业家，以及军界、金融界、教育界人士的实践检验证明，它们改变着人的思维方式和行为意识，对成为优秀员工、优秀学生、社会成功人士产生着深远的影响，这才是我们要努力追求的！

我们试图从办学理念出发，让全校教师达成共同的价值取向，形成一种共识，提炼出符合我校核心价值观的学生品格。在借鉴 IB 课程的基础上，结合中国学生的核心素养、四大关键能力和高雅学生的特征，在发动全体教师、家长共同参与的基础上，最终确定了高雅学生的十大品格：主动、诚信、自律、责任、坚毅、悦纳、感恩、合作、创造、善思。学校不能简单地采取"拿来主义"，把一些好的管理思想、方法搬到学校管理的"箩筐"中，这势必形成学校办学理念与行为的"两张皮"，最终导致管理语言、管理思维混乱。能实现"自我领导力"（七个习惯）与学校育人目标的有机融合，引进"自我领导力"的相关策略指导每一位师生、家长的思维和行为方式，为达成高雅学生"十大品格"施力，将国际先进教育理念通过校本化实施方式予以落地，让它真正为学校的育人目标服务，这才是我们所要努力追求的。

教育的目的是为未来社会培养优秀人才和合格公民。我预想，如果今后有一家教育评估机构，每隔几年对全市各所中小学毕业生在社会上的贡献度进行一次综合排名，这必将促进学校管理者、教师对未来社会人才需求的深度思考。我校"着眼未来、关注当下"的战略观，就着眼于谋求学生的可持续发展、长远发展和未来发展，无论学生处于哪个阶段，只要他们具有良好的习惯和品格，就必将精力充沛、才识过人、信心十足，体现出应有的能力、素质、修养和水平，得到社会的广泛认可和称赞。

第三节 "瞄准准星"的乐享精业

2014 年秋，我有幸到镇海中学蹲点一个月，镇海中学教师给我留下了深刻的印象。在那里，我时常会听到教师们这样谦虚地说："我们当中的任何一位都不一定是最强的，但是我们的团队一定是最强的。"在镇海中学，大家普遍都有一个共识：镇海中学的教师基本还保留着20世纪八九十年代的工作作风。几乎每天晚上，办公室灯火通明，教师们都在认真地办公或在给学生做个别辅导。这让我回想起当年毕业刚工作时在姜山中学夜里办公的情景。镇海中学有一项特殊的制度，就是不检查备课，备课组内由资深教师分享教案，任课教师在共享备课的基础上再结合班级实际进行修改。学校领导、年级组十分重视日常听课，如给刚工作的教师只安排一个班的课，鼓励青年教师先到平行班的师傅那里听课，等请教完师傅并修改好教案后第二天再去上课。

镇海中学的不查备课、注重听课给了我很大的启示。一直以来，学校教导部门都会在期中、期末开展对教师的备课、改作业的检查，并将此作为教导部门开展教学质量管理的主要措施之一。我认为，凡是课上得好的教师必定是精心准备的，但换一个角度，教案看起来备得认真的教师，课就一定上得好，这个假设是否依然成立呢？不尽然！教学管理，不应只从可查、能查的形式上入手，而要从提高教学质量的核心工作上，如加强家常课管理上进行深层次的思考，拿出狙击手的本领，瞄准抓教学质量的"准星"，这才是学校质量管理的关键。

一、"我行即我思"的知识分享

学校教学管理中，经常会出现这种现象，就是在平行的几个班级中，教学经验丰富的教师教的班级，学生养成的习惯、形成的能力都会相对理想。反观经验不足的教师，也不可谓不努力，但教学效果就会相差甚远。这引发了我的思考，有什么办法缩小因教学经验差异造成的班与班之间的差距，让平行班的教学质量总体趋于均衡？经过几年的实践探索，我们认为这种设想不是没有可能。

主题教研、主题研讨、主题论坛在很多学校已成为常态，也得到教师的普遍欢迎。我校教师分享的经验，常常令我惊喜不已。但我在观察中发现，教师们所讨论的主题仅限于大家普遍关注的、感兴趣的问题，没有上升到学校战略的高度；讨论时只考虑老师们是否关注，至于是不是学校所要到达的方向，对学校而言是不是重点需要突破等问题却鲜有人去考虑。如果学校行政部门、教师都能形成"以终为始"的思维方式，把日常工作的主要关注点、精力落在学校战略的关键指标、主要措施上，教师的分享目的是提升、加强、优化、改进，这会让教师的每一项工作具有更清晰的目的性和指向性，从而实现学校和个体层面的"我行即我思"。

(一)循环实证

循环实证是我校近几年公开课教研的一种主要活动方式。循环实证的主要目的是围绕学校价值观提出的"等待式教学"，努力实现"学生自己能学会的教师不教，教学生自己学不会的"。在循环实证过程中，第一节公开课一般都是由教师根据自己经验独立准备的，教研组教师在听课前通常都会先组织学生进行前测，以掌握学生对本课学习的现有水平；教研组教师事先分工布置好课堂观察任务，课上按照要求负责对部分学生的学习进行观察，尽可能做到让观察覆盖全体学生。通过观察学生的学习过程，确定"能学会""学不会"与"教""不教"策略应用的有效性。这种以"等待式教学"为指导，发现学生学习中存在的问题，帮助学生更有效地开展学习的研讨方式，使得教师相互之间的分享具有了共同的价值认识，指向课堂教学的转型。教师的研讨分析交流为教学改进提供了很好的事实依据，最终形成有集体共识的第二堂课的教学方案。实践是检验真理的唯一标准，这套方案尽管以学生实际为依据，但是不是真的有效还需要在课堂教学中去检验。同时为了有利于实验对比，减少变量，由同一位教师在班情相近的平行班继续执教，听课教师各就各位继续进行课堂观察，以此对比分析前后两节课学生的学习变化，再次组织研讨，并在此基础上完成第三堂课的教学方案，再到另一平行班的课堂上进行教学。这种循环实证的研讨方式，把教学高度聚焦于学生的学习和提高教学效能上，每一位听课教师与执教教师一样，既是研究者，又是分享者，最终为实现更符合"等待式教学"的课堂教学形态而努力。

(二)名家进校园

"不忘初心，方得始终。"学校要清楚自己最需要什么，名家可以为学校提供哪些针对性的帮助，如何为实现学校战略服务。

1. 体艺名家驻校

"雅韵艺社"是我校的艺术家工作区，涵盖了导演、作曲家、篆刻家、主持人、画家、摄影家、语言专家、体育专家等；他们入驻学校，使得教师、学生可以随时得到他们的指点。专家们为家长、教师、学生开设课程，为学校的各项大型活动提供方案和技术上的指导和帮助。比如，学校每一项大型活动都离不开陈云其导演的悉心指导；学校大小演出的音乐制作全部在王少鸿老师的工作室内完成；每一次大型活动都是由严龙老师拍摄下一个个精彩瞬间的；刘群老师组织学校入职三年内的新教师开展普通话过关培训，并对小学一年级语文教师开展拼音正音培训，大大提高了教师的专业水准。

2. 全国知名专家进校园

学校在雅教学价值观指导下，施行循环实证的教研方式，这样的课堂教学是否具有生本性、科学性、时代性还需要得到知名专家的论证。2019 年 4 月语文组的"名家进校园"活动，由学科骨干阎晓洁，教坛新秀方晓燕、吴炯三位教师承担教学任务，聘请上海市特级教师朱煜来校指导。朱煜老师长期进行单元整组教学研究，在单元整组教学上积累了丰富的教学经验。教师们的对外展示课既是一次阶段成果汇报交流，又是名家结合自己研究成果对我校教学研究实践的一次指导。这次活动清晰地告诉专家我们正在做什么，以及在展现自己方面做得怎么样。专家点评、讲座富有指导性和引领性，教师们在专家的肯定中受到鼓舞，在专家的建议中得到改进，这就为后续研究明确了方向，奠定了扎实的基础。

3. 成立区市教育名家工作室

我校每周设立专门的教研活动、集体备课时间，一般都由经验丰富的骨干教师、名师主持研讨。学校成立区市教育名家工作室，每月都请教学专家来校指导。比如，语文部编新教材刚刚投入使用之际，学校聘请浙江省语文特级教师每周对东西校区一年级组进行指导，要求全体一年级组教师每人分担一定的备课任务。集体备课时先由主备教师汇报教学思路，边展现 PPT 边说明教学意图和思路，再由其他教师提出自己的观点想法和修改建议，最后请专家点评并提出指导意见。这样一课一课地指导，对教师来讲任务无疑是艰巨的，但是相互的研讨、交流过程为大家上好每一课奠定了扎实的基础。

(三)雅育学堂

一所学校，如果想要引导教师在课堂教学中形成学校特有的特征，就需要有理念、价值的引领，需要给全体教师提供一个聚雅的"磁场"。

课程发展中心在日常的听课、巡课当中做好"星探"，鼓励教师对日常教学中实践雅教学价值观的一些经典做法进行提炼和总结。学校通过教师雅育学堂，请这些教师讲自己的教学故事，分享自己的教学经验，每月一次，将交流的内容聚焦到雅教学价值观的有效实施上。教师研训中心也专门请部分新教师搜集符合雅教学价值观的经验材料，在大会上分享学习。雅育学堂的目的是发现和交流符合雅教育价值观的经验做法，让全体教师在交流学习中得到启发，同时也进一步增强教师聚焦课堂教学价值观的意识，形成聚雅、行雅的浓厚氛围，让雅教学深入人心。

1. 微方法（技术）分享

教学微方法是针对某教学情境、教学环节、教学内容、教学对象，结合教育理念创造性地解决教学细节问题的方法。雅教学的实施载体是"小先生制"教学，是指在教师的帮助下，学生参与到学习的各个环节，充当教师角色，带领或者帮助同学学习的教学活动。学校要努力把教学当中符合雅教学理念的一些公认的好方法予以提炼总结，实现从个体或备课组的"小众"实践到全校性的"大众"借鉴学习的过程。

黄伟健老师在宁波市初中数学教学研究上有较高知名度。在班上尝试开展"课前五分钟计算"练习，通过近一学年的坚持训练，全班学生数学平均成绩上升显著，全班不合格学生从原本的 5 名减少到现在的 1 名。接着，黄老师又实施了学生间的"师徒结对"计划，试图通过激发学生的自主学习和同伴合作学习以达到共同提升的目的。英语学科的蒋小峰老师开展的"故事接龙"训练方式让英语作文课笑声不断，高潮迭起，改变了学生怕英语写作的状况，学生的英语写作水平在一个阶段后得到较明显提升。

两位教师的教学微方法可能看起来很普通，甚至你会觉得这不算什么，自己也有很多好方法。但是很多教师的微方法都只是自己的教学经验，或者只在少数人当中传播，鲜有把它上升到学校层面进行推广的，更不用说成为一种学校文化了。对此我深感惋惜，我们都在不经意间失去可以大面积提高教学质量的宝贵机会。如何分享优秀教师的教学微方法，缩小因教师间教学水平差异造成的班级之间的教学质量差距；如何提高学校的整体教学质量，这应该成为每一所学校校本教研的"着力点"。

"挖掘"微方法的一个基本判断方式就是看该方法是否得到组内教师和家长、学生的充分认可，且在实施中取得一定成效，具有较大推广价值。"挖掘"微方法主要有以下两种途径：一是从校长室、课程发展中心的日常听课、巡课，以及师生和家长的问卷座谈中去发现；二是每学期期末教研组集体推荐出一个最优秀的教学微方法。这些微方法已经过时间的检验，且取得了较好的实践效果，具有较扎实的基础。

2. 知识分享

2003 年，OECD(Organization for Economic Co-operation and Development，国际经济合作与发展组织)成立教育知识管理研究所。OECD指出，知识管理是指组织间收集、贮存、管理、评价和传播知识的能力。学校知识管理的重点是促进组织成员彼此分享个人经验与知识，促使知识得以不断在组织中交融与扩展。因此，知识分享机制的建立，是组织知识管理的关键。①

一位有着丰富教学经验的教师，他在日常教学过程中所积累的精品教案、课件、案例、讲座、公开课视频等教学资源都是很丰富的。就如我校的正高级数学教师黄伟建，他在个人博客上的自编习题、课例、专题讲座等素材有数百件之多，这是他一生教学之积累，可以说是他一生数学教学探索的精华所在。不少学校都有一个规模不小的业务骨干群体，如何充分发挥这群教师的作用，让团队中更多的教师受益是校本研修中需要研究的关键。对教师个人知识进行有效管理，能够使教师自身所具备的知识结构化和系统化，便于知识的长期存储和迅速提取，能够极大提高知识的利用率，提升团队教师专业素养和综合实力，有效促进教师的专业发展和成熟。在实际工作中，有不少学校曾经试图建立教师知识库，但为了确保知识库内容的丰富性，规定每个教师必须要上传多少资料，最终知识库内容积累了不少，却鲜有教师问津，这样的资料积累忽视了最重要的因素，即信息的实用性、便捷性和关注度。我认为，学校的知识库建设需要解决以下几个关键问题。

(1)知识采集。对教师的知识采集设置门槛，制定一定的标准是至关重要的。首先，知识的采集要搞明白教师们最需要哪些信息资源，怎样层次的信息资源能够吸引教师，哪些信息资源可以让教师工作"站在前人的肩膀上"。这里实际上是解决两方面的问题：一是满足教师个人需求；

---

① 参见刘霞：《激励理论视野下教师知识分享意愿低落的成因分析》，载《新一代》，2011(5)。

二是传承学校的专业智慧。其次，在知识采集中，要让教师明确，需要采集哪些方面的信息，规定可以入选资源的条件等，使得知识的采集实现"因需而集"。最后，学校行政部门、德育部门要清楚把握教学、德育工作中的"核心技术"，要有意识地把这方面的资源作为信息采集的重点之一，采集这方面知识的目的不仅仅在于供当前使用，而且在于供一届又一届后任教师长期使用。比如，校级以上公开课资料、区级以上讲座资料，教师、学生制作的优秀的微课视频，各年级中队活动课的教案和课件，英语节、体育节、毕业典礼等活动方案、过程资料、信息报道及活动反思，学校文化类、管理类的专题讲座视频，等等。一所学校为今后储存的有用信息资源越多，教师使用频次就越高，教师的工作效率和质量必定也越高，文化传承就会做得越好，学校也更富有核心竞争力。

(2)知识分类。分析收集到的知识，研究各知识的本质及其相互之间的关系，对知识进行分类构建和重新组合，采用多层级的分类方法对知识进行分类，从而构建本系统的教师知识库。[1]

(3)知识检索。知识检索是知识库建设中最重要的环节。让教师知道知识库中有什么，可以轻易取到所需要的知识，并让教师感觉知识库的信息对自己的工作、学习有实实在在的帮助，让知识库中的信息"活起来"。知识库系统首页可以提供站内检索功能，用户输入关键词并提交检索请求，后台通过读取数据库中所有知识查找出用户所检索的信息，并按信息的使用频率由高到低显示。用户也可以通过首页的知识库导航进行检索，首页知识库导航采用下拉列表形式显示了此知识库中所包含的知识类别名称，点击可以跳转到具体的知识目录页面，这种检索可以将某一类知识库下所有教师的此类知识全部显示出来，方便用户对某一类知识的整体把握和快速浏览，让教师可以花较少时间迅速找到自己所需要的信息。[2]

---

① 参见牛雅琴、杨威：《一种用于中青年教师能力提升的知识管理系统》，载《中国教育信息化·高教职教》，2013(7)。

② 参见牛雅琴、杨威：《一种用于中青年教师能力提升的知识管理系统》，载《中国教育信息化·高教职教》，2013(7)。

二、"鱼与熊掌兼得"的专题研究

有教师一听到"研究"就头大，认为是搞一些文字游戏，对提高教学质量帮助不大。为什么会这样？这跟有些研究"假大空"和急功近利有关，这让教师们渐渐有了研究是一项"做不好、不好做、不想做"的多余工作的错觉。我认为学校教科室、教导处分离是导致上述问题的主要原因。我们教育中有一个现象：课题研究重要，就设立教科室；学生综合实践能力重要，就设综合实践课程。道理都对，有专人负责就有针对性落实。但是我们却忽视了一点，教育作为一项综合工程正在被众多学科分解得支离破碎，学生学东西已经不知道到底是为了什么，以致最终只简单地指向考试。教科室也是因重视科研而存在，教科与德育、教学部门之间相互独立，导致德育、教学与教科三者被人为地"割裂"。不少教师认为，在承担德育、教学任务同时，还要承担"额外"的科研任务，这的确让人有些应接不暇。有教师甚至认为，教育教学与课题研究，就如"鱼与熊掌"不可兼得。如何增强教师的研究意识，让教师的研究伴随着日常教育教学工作随时发生？如何发挥课堂教学作为教育主阵地的作用，更好地体现学校文化？这些都需要把研究融在日常工作、学习中探索前行。

（一）雅教学价值观

我走访过许多学校，听过不少教师的课，发现教师们上课要么充分保留各自的风格，任由自己发挥，与学校办学理念几乎没多大关联；要么学校提出某种教学模式，所有学科教师都套用这个模式进行教学，颇有大工业生产的意味。能不能改变"一统就死，一放就乱"的现状，能不能借助专家和教师的智慧提出教学价值观，做到既符合学校办学理念和育人目标，又充分发挥每一位教师的主观能动性，在共同价值观指引下，实现"大家不同，大家都好"呢？

"雅教学"价值观就是基于这样的思考提出的，它旨在让全体教师都能了解雅教学"是什么""怎么样""怎么做"，引导全体教师结合"雅教学"价值观具体要求充分发挥个人智慧，展现每一位教师的教学风采。只要价值观是正确的、经得起推敲的，大家都朝着同一方向前行，就会增添更多的共同语言和可供借鉴的经验，给所有人前进的勇气和动力，激励教师们讲符合"雅教学"价值观的教育故事，相互传授教学上的"微技术"，这种"三人行，必有我师"式的教育智慧分享是学校所期待的。它是一所学校建成学习共同体的显著标志，也是形成雅教学"有魂课堂"的必由之路。

1."雅教学"是什么？

"雅教学"是指学生通过自学、互学，在教师帮助下学会自主学习。

"雅教学"主要通过教师的"教之雅"和学生的"学之雅"两方面实现。

(1)教之雅。①等待教学：学生自己能学会的教师不教，教师只教学生自己学不会的。②选择作业：基础作业、提高作业、荣誉作业。③分层辅导：目标分层、人员分层、方式分层。

(2)学之雅。①独立学习：试学、试练、自评、自纠、思维导图。②同伴学习：流动的"小先生制"。③挑战学习：自我挑战、同伴挑战、项目挑战。

2."雅教学"怎么做？

课堂教学从来不缺好的经验和方法。首先，"雅教学"的主要措施是"小先生制"，旨在于通过学生的"教"，促进学生的"学"；主要载体是线上的"快微课"和线下的"小先生"研究，引导学生针对学习中遇到的疑点、难点、易错点，开展微课制作竞选或者竞聘上岗担任"小先生"，引导学生通过讲解把具有一定挑战性的题目的思路梳理清楚。其次，通过面向全体师生的教学微技术(微方法)征集，组织师生开展优秀教学微技术(微方法)学习推介会。这种围绕"雅教学"价值观的学习分享会，可以让一些好方法、经验在师生当中产生共鸣，从而促进其他教师和学生的进一步实践与探索。最后，通过备课组、教研组、年级组和课题组的主题研讨不断深化研究，通过教师教研课、名师(骨干教师)展示课、青年教师汇报课、家长开放日等教学实例呈现形式，不断加深教师对教学价值观的认识，把教学结果落在学生的学会、会学和雅教育十大品格的形成上。

"世上本没有路，走的人多了就自然成了路。""雅教学"引领全体教师在共同的教学意识形态上做凝气聚神的事情。在雅教学的路上，走的时间久了，自然也就会走出一条属于自己的路了！

(二)雅教学研究

基于陶行知"即知即传"的"小先生制"的理论内涵与实践意义，学校以学生的"教"促进学生的"学"，经过几年的探索，形成了教与学"三三互动"的"小先生制"教学模式。"小先生"教学方法，改变了学生的学习方式，推动教师在"主动学习、深度学习、享受学习"等方面开展研究。

1."三三互动"教学模式

"小先生制"通过"学生能教—教师让学""学生会教—教师辅学""学生乐教—教师领学"的"三三互动"教学模式，促进学生积极学习、深度学习和享受学习。教师"让学"，即让出课堂的时空权、检测权、评价权，使学生有机会暴露问题，能够有充足的条件借助"小先生制"发现问题、分析讲解、评价反思；教师则有更多时间，更好地观察学生的学习，组织、指导教学活动。教师"辅学"，即指导学习方法，让学生在"一对一""一对多""多对多"的学习体验中，学会发现问题、寻找资源、组织学习。教师"领学"，即在学生学习有困难时，在学生学力不及之处，从"知识之渔""过程之法""学习之道"三个领域，帮助学生突破自身学习局限，形成正确的学习思维，体验到掌握知识所带来的乐趣。

2."小先生"教学指南

当代"小先生制"教学是指在老师的帮助下，学生参与到学习的各个环节中，充当教师的角色，带领或帮助同学学习的教学活动，包括"伺机而教、因人制宜、因需而定"等学习方式与策略，以及"以评促教"的评价方法。学校从"习惯培养、教法指导、价值引导"三个方面为"小先生"提出了指导同伴的策略。习惯培养有"五法"：口齿清楚，言语雅；勤思考，常交流；先倾听，后提问；想明白，讲清楚；若不懂，巧换法。教法指导有"五法"：精准备，明要点；会分析，方法易；勿直答，授方法；多举例，找规律；多讨论，客观评。价值引导也有"五法"：尽善美，勇尝试；乐包容，耐心引；善感激，乐分享；心意诚，互鼓励；勤质疑，善反思。

3."形态各异"的教学微技术

针对学生在"问题发现、内容选择、方法应用、评价反馈"方面的各类问题，教师团队研发出103项"微技术"，促进学生主动学习，为培养优秀"小先生"提供脚手架，在不同学科中形成形态各异的教学微技术成果集。

五年级张同学谈"小先生"感受

我觉得小组合作的"小先生团",可以发挥团队的最佳合力。比如,在一次语文综合性学习小组合作中,我们获得了成功的体验。我们是这样分工的:我们小组的小余很擅长搜集资料,所以她就负责资料搜集;宣宣语言功底好,而且家里有打印机,所以她就负责资料的修改和打印;我自己收藏了很多 PPT 模板,而且很熟悉操作,所以就担任起了制作 PPT 这项任务;小颖擅长画画,所以她就负责制作书签奖品。就这样,我们各自都发挥自己的特长,展示成果得到了全体教师和同学的表扬。我们小组的完美呈现,使其他小组也从中获得了经验,我们班级的小组合作能力也得到了很大的提高。我们都喜欢这样的模式。

课堂教学就是学校工作的中心。尽管学校开展雅教学研究至今不到三年,但对课堂教学的研究会长期持续。一所把课堂教学作为主干研究内容的学校,会在建设名校的道路上一直走下去。把办学理念落实到课堂,才有可能实现学校文化的"形神合一"。

三、"自我实现"的专业自觉

教师认同、接受并能够积极主动地参与专业活动,能够创造性地开展教育活动,这就是教师的专业自觉。实现教师专业自觉,是一个逐渐发展的过程,可简单地概括成三个阶段:专业认同、专业反思、专业自觉。[1]

(一)专业认同

一名教师如果能够感受到经过自身努力给学生、自己和学校带来的进步,感受到家长、同事和社会的认可,这位教师就会认识到自身在教育工作中的价值所在,树立专业自信,拥有职业幸福感。这样的教师自然会树立专业理想,形成专业信念和专业情操。简言之,教师专业认同是对教师专业的肯定和认可。[2]

---

[1] 参见罗蕾:《"专业荒芜"到"专业自觉"——从丈八丘联小看农村学校变革的未来之路》,硕士学位论文,曲阜师范大学,2010。

[2] 参见任亚方:《中小学教师专业自觉的形成》,载《北京教育学院学报》,2012(4)。

认识专业价值，感受职业的崇高感。如果只是把教师工作认识为教好一门学科，能让学生取得好成绩，而不做其他更多的考虑，这很容易引起误导，这种教育认识害人不浅。育人，只认识到学习成绩对学生的重要性是远远不够的，更重要的是认识到在学习成绩背后学生应具备的良好素养，如注意力、意志力、毅力、抗挫折能力、体力等智力因素和非智力因素的培养。通过科学、有效的方法取得优异成绩的学生，一般都具备上述品质，而让学生慢慢形成这些优秀品质的过程才称得上真正的育人过程。所以，让学生通过努力取得好成绩，习得一项好技能，形成良好的品质、素养，教师能"以小见大"，把自己所教学科与培育学生优秀品质、素养联系起来，让他们成为未来社会优秀的公民，如此，教师就会由衷地感觉到自己职业的伟大与崇高。

锤炼专业能力，感受职业的愉悦感。能让学生取得好成绩的教师是不是好教师？是！但有时又不是！教学工作需要师生付出艰辛的努力，但学习时间和强度的投入均要有度。其实，学习时间与成绩之间有一定的必然联系，但并非一直是正相关的。一般学习时间与学习成绩之间呈二次函数关系，当学生处在适合学习的时间区间内，学习投入时间越多，效果相对就越好；当超出适合的区间则学习投入的时间越多，效果反而降低。这说明教师一方面要研究学生学习投入时间的合理性，另一方面也要研究如何在有限的时间内提高学生学习成绩的方法、策略和手段，通过提高自身的专业能力，使自己在提高学生学业成绩上做到不紧不松，胸有成竹，游刃有余。

树立专业自信，感受到职业的幸福感。学校建立了分化发展的评价机制，以"合格＋专长"为目标，提出"分化发展，人人即才"的思想，让教师在学科教学上人人过关，在站稳讲台的前提下，引导教师在学校管理、班主任、科研、社团、学科教学等领域选定努力方向。学校要求每位教师无论在教育工作的哪个岗位，都能够预先选定目标，力求成为某个领域的专家，努力能在该领域"独当一面"。成功是自信的"催产士"，一个经常沐浴在成功喜悦之中的教师，必定对自己的专业充满自信，也会更加具有职业幸福感。

(二) 专业反思

教师职业之所以成为专业，除了其身份外，还有一个重要的因素就是教师本身对自己和所从事职业一种正确的认识，这种正确的认识在很大程度上来自专业反思。教师通过专业反思，思得失，促发展。①

2006年起，我就着手开展"校本发展性教师评价研究"，该研究最大的亮点是引导教师根据学校教师评价方案，结合自身发展需求制订教师三年发展规划和年度计划。学校通过组织中层以上干部、高级教师进行"评价面谈"，帮助教师开展专业反思。面谈导师与面谈对象都是经过双向选择的，确保彼此之间可以敞开心扉、相互信任、无话不谈。每位导师负责5～6名教师，一般每学期面谈一次。评价面谈由导师和面谈对象一对一进行，一般要求每次面谈的时间不少于60分钟。导师可以与面谈对象事先确定面谈提纲，确保评价面谈时能把握主体内容，但又不单刀直入，腾出一定的"闲聊"时间。因为"闲聊"时更容易听到教师的心声，过于严肃的氛围容易导致机械式地走过场。通过评价面谈，可以更加全面地了解、肯定教师为集体所做的点滴贡献，同时真实地了解教师内心的期望与困惑，进而为教师提供及时、有针对性的帮助。这种面谈交流的评价方式帮助我们掌握教师工作的最新信息，及时展现教师的贡献，认可并感谢教师的辛勤劳动，发现教师的才干，同时还帮助我们及时发现问题、解决问题。对于教师本人，评价面谈通过回顾使教师明确自己的成绩和不足，使教师的情感得到宣泄。在面谈中教师一旦感悟到自己的个人发展目标与学校总体发展目标之间是相辅相成的关系，就会发现自身的优势和不足，更进一步激发自身的参与意识和积极性，激发自我成长。这种评价面谈的评价、诊断、激励、反馈功能不是单向的，而是相互的，作为导师，每一次评价面谈也是一次自我反思、诊断和激励的过程。下面是导师孙老师和评价面谈对象小陈在面谈后的反思片段。

导师孙老师：面谈后我有一种冲动，我要做得更好，无论在哪一方面，我都应该尽力去做。我要为同办公室的青年教师们做榜样。在评价面谈中，我们总是一次次地讨论到现在我自己的工作表现。小陈总是很敬佩地说我上语文课有风格，她很欣赏，很想学，尤其是想学习培养学生的语文能力和习惯方面的那一套做法，如朗读课文，她每次走过我班教室总要停留片刻，就是想多听听好听的读书声。听到这些赞美的话我

---

① 参见任亚方：《中小学教师专业自觉的形成》，载《北京教育学院学报》，2012(4)。

真的很开心，特别是亲耳听到这么真诚的话，我还是平生第一次。

……

我再一次回头看自己做的工作，真的做得不够，做得太少，毕竟自己在讲台前已站了十几个春夏秋冬。那天与小陈交谈，虽说她是面谈对象，但是我在交谈中提出的一个个问题同样引起自己的反思。"今年的目标实现了吗？""你已取得哪些成绩？"面谈回来后我心情很不平静，我作为一个面谈者首先就很难回答这些问题。

真的很感谢学校提供评价面谈的机会，无论是我还是小陈，还有我们全校的教师，它让我们每一个人受益，它将重新激发我们每一个人的工作动力，提高教学教育的效果，改善教师之间、教师与领导之间的关系，取得共识，共同成长！

评价对象小陈：这次评价面谈让我收获很多。

首先，面谈让我重新审视自己一年来的教育教学实践工作。

刚开始孙老师问我："小陈，工作快一年了，你做了些什么？有什么心得啊？"面对这样的问题，我还真愣了好久。我做了些什么呢？不管怎么回想，大脑还是一片空白，好像根本无法用语言来表达。平时，也总觉得事情做了就做了，真的不会抽空坐下来想我做了什么。只有当一件事情做得不是那么顺利，不是那么有成效时，才会去反思，去想"为什么"。但仔细想想，不管什么事情，不管完成得怎样，在做的过程中都有许多值得我去想、去积累的经验与教训。这次评价面谈，就给了我重新回顾自己工作的机会，让我在回顾的过程中思考了很多，积累了很多平时工作中忽略了的经验与教训。

其次，面谈让我重新反思自己的教育教学行为与效果。

作为一名初上讲台的新教师，如何让自己的教学行为更有效，是我一直以来思考的一个问题。一节课下来，总会有这样或是那样的问题，有的自己想通了，却没有再次验证的机会，也不知道对不对；有的想不通，课上了，想过了，也就淡忘了，只是，下一节课或者下下节课又出现了类似的问题。孙老师是一个有着自己的教学风格，有着丰富的教学经验的优秀教师，这次面谈给了我重新反思教学效果的机会，我提出了很多教学时的困惑，她耐心地帮着我一一分析，经她这么一点拨，我豁然开朗。我想，对于某些教学行为，我需要重新定位思考了。同时我也与孙老师说好，今后请她和其他前辈一起抽空多来听听我的课，评评我的课，我有了什么困惑也一定要更主动、更及时地向各位前辈请教。

最后，面谈使我更清楚自己要努力的方向。

经过这次面谈，我好像一下子长大了，更明确地感觉到了自己在教学、担任班主任以及其他工作上的不足，认清了努力的方向。

非常感谢学校给了我们这样面对面谈话的机会，让我们在这样轻松自在的氛围中思考自己的工作、学习，让我能通过反思，不断改进工作方法，重新审视自己、定位自己，这次评价面谈真是让我受益匪浅。

评价面谈是一种与教师评优、考评完全脱钩的低利害关系的评价，它旨在通过面谈促进教师自评、反思，肯定优点和成绩，及时发现问题、诊断问题、改进问题，充分调动教师的积极性、主动性和创造性。学校评价，要给教师一个宽松的人文环境，要摈弃教师年度考核是为了绩效奖励，以及评先评优的功利思想。学校只有通过柔性的评价手段，引发教师的专业反思，激发教师的专业内驱力，教师在学习、工作上才会自然地由他律走向自律。

(三)专业自觉

教师的专业自觉不是自然而发的偶然产物，而是教师在教育教学实践中能够用理性的态度审视自身专业水平和教育实践活动，并不断自我要求、自我完善、自我实现的过程。它是教师专业发展的理想境界。

1. 教育价值觉醒

"白天做(题)、晚上做(题)，想进重点就必须得做(题)。"这种牺牲师生生命质量的极端做法，令教师深陷其中，不禁发出"教育到底怎么了?!"的感叹。要通过对教育功能的深刻理解及日常专业生活与实践，使教师在教育活动中体验和感悟教育的价值，让教师认识到教育的个体价值，认识到教育的根本目的不仅仅是成绩，还有成绩背后的那些根植于人的可贵的品质。我们开展创新教育教学活动不是为了标新立异、博人眼球，而是为了让学生不断完善品格修养，让学生真正成为一个合格的社会人。让教师认识到教育的社会价值，认识到教育对社会、国家建设和发展的重大意义，自觉担负起社会责任。

2. 校长专业自觉

校长是一所学校的精神领袖，校长的思想境界、价值认识和专业水准，直接影响教师的精神世界和专业追求。俗话说"火车跑得快，全靠车头带"。教师一个人的专业自觉，可能与个人的独特经历和感悟有关。一所学校教师群体的专业自觉，需要校长发挥自己独特的魅力和影响力去造就。校长对教育观、人才观的独特理解会影响到教师的教育价值追求；校长对质量的独到认识会影响教师的教育教学行为；校长对学校教育的理想追求和对教育真谛的孜孜探索，将影响教师对教育的深刻理解，指引教师着眼未来，关注当下，以终为始。如果在校长的指引下，教师能成为同事和家长、学生心中的良师益友，能够实实在在地看到学生的茁壮成长，那么教师必将从中感悟到教育的强大力量和无限魅力，进而自我要求，自我加压，唤醒和激发自身的专业自觉。

3. 文化自觉

"文化自觉"是我国著名社会学家费孝通先生的观点，它指生活在一定文化历史圈子的人对其文化有自知之明，并对其发展历程和未来有充分的认识。换言之，"文化自觉"是文化的自我觉醒、自我反省、自我创建。就如，当一群人走出泥泞路时，大家的鞋子都脏得不堪入目，这时有一个人的鞋子如果格外干净，那时所有人都会感觉诧异。学校也是如此，当所有人都做一天和尚撞一天钟，这时有一个人坚持自己的专业理想，独善其身时，他的行为会让很多人不理解，甚至会被视为异类。不让有志者空悲切的最佳办法，就是引领全体教师走向文化自觉。每学期初，我都会围绕雅教育向全体教师做一场如何开展新学期工作的专题讲座，旨在让全体教师清楚"为什么做、怎么做、做成什么样"；每周的校务会议，各学部部长研讨本周主要工作，确保雅教育在落实当中不走样；备课组、年级组、教研组、课题组和青雅堂活动(每周四下午五年内教龄教师的学堂)则"抓铁有痕"，是落实雅文化理念的过程；而每月的"我的感激与感动"，每学期的班主任论坛、教学微技术发布会则是教师在雅文化的熏陶下自我创生"子文化"的过程。学校文化的设计者一般是校长等校领导，而不断丰富学校文化内涵，让学校文化充满温情与感动的首先是教师，他们是学校文化的实践者、传播者、创造者，他们无限深化与拓展着学校文化的内涵与外延，让自己不由自主地走向文化自觉。

第四章

高雅学生

一直以来，我十分关注每届小学毕业生在初中、高中的表现，用他们的发展数据分析、判断我校的办学方向是否正确以及哪些方面还需要完善，以此进一步改进学校管理。可以这么说，正是因为这些毕业生在初中、高中乃至大学后续发展中的出色表现，我校才在家长和社会中赢得了较好的口碑，这奠定了一所刚开办不到十年的公办学校在宁波基础教育界中的较高声誉。如今，最早的几届毕业生即将步入社会，这份"看得见"的意义，我将继续分析和跟踪下去。我想，这样做不正是在实践着"教学生六年，看学生十六年，想学生六十年"吗？

我校树立了"为学生未来而教"的理念，关注学生的全面发展、个性发展、可持续发展，让每位学生带上华师艺实的特质——"高雅"，做一个温文尔雅的人（雅礼），做一个乐学善问的人（雅识），做一个素质全面的人（雅能）；让学生树立"学习成长贵在自我体验"的理念，努力让学生成为品学优、身心健、艺见长，素质全面，具有国际视野和可持续发展能力的未来社会英才。

第一节　在校园里自我修炼

小学阶段是一个人成长的关键时期，学生在此期间形成的个性、习惯、品格往往会影响其一生。教师要从启蒙阶段起关注学生的行为习惯、文明礼仪教育，使学生在认知、习惯、情感、品格等方面得到健康发展，养成良好的行为习惯，形成高雅的道德情操。①

---

① 参见吴莲芳：《中职学校教育教学优化改善路径分析》，载《江西教育》，2017(18)。

一、搭建校园"学习场"

礼仪是一个国家社会文明秩序、道德风尚和生活习惯的反映，也是一个人思想道德水平、文化修养、交际能力的外在表现。不要小看一个眼神、一个微笑、一个举动，以及走路的姿势、说话的语调、得体的穿着等，这些都是一个人文明素养的外在体现。一个有教养的人，必定是一个举止文明、谈吐高雅、彬彬有礼的人，这样的人更受他人尊重和欢迎。[①]

(一)环境熏陶

当前学校环境文化建设有较普遍的装饰化倾向。不少学校颇费了一阵功夫，动了一番脑筋，呈现出来的效果也的确很"养眼"，墙上、顶上、地上的标语令人目不暇接，努力做到了"让每一堵墙都说话"。但是，你是否想过要让它们说一些什么话？它们与学校的愿景、使命、价值观匹配吗？搜集一些名人画像、名人名言、警世名句等，搞几条路、几道廊出来，喊出一些好听的名字就是环境文化了吗？如果没有想过学校文化与草木山石、厅馆楼舍之间的内在联系，没有想过环境建设能发挥怎样的育人功能，没有想过这些话是不是与学校文化处在同一个频道上的话，那么人们看了之后很可能会有言不达意、不知所云之感。

1. 区域"暗示"

孙武曰："静如处子，动如脱兔。"引申到学生那里可理解为"静的时候要静得下来，动的时候能动得起来"。环境的暗示作用很重要，如学校小学低年级、小学高年级、初中教学楼呈"品"字形布局，根据低年级小学生活泼好动的特点，在环境设计上小学低年级一楼区域色彩明快亮丽，周边配有玩具、运动场地，让学生在这里释放天性，尽情玩耍；小学高年级区域则设计了绿地、花园、台阶和座椅，引导学生三五成群地轻声讨论交流，或安静地一人阅览图书，让人有舒适恬静之感；初中部有类似露天咖啡吧的遮阳伞与桌椅，休闲舒适的阅览长凳，有供几人讨论的神秘小屋，给人以自由、自主、开放之感。走进每一个区域，都能自然

---

① 参见吴莲芳：《中职学校教育教学优化改善路径分析》，载《江西教育》，2017(18)。

感受到明显的年龄特征，每个区域、每个景物都在默默"暗示"学生该怎么做。规范并非墨守成规、循规蹈矩，而是要让人在相应场合表现出符合自己年龄特征和身份的言行姿态。这种区域环境的"暗示"，很自然地让人呈现与自己年龄相符的言行举止。

2. 氛围"引领"

学校一层连廊是一条宽阔的蓝色跑道，从教学楼一直通向音乐广场、罗马柱广场和操场，一到那里学生就会感受到运动和艺术的气息，会情不自禁地"动"起来。小学部走廊宽 2.7 米，每个楼层靠窗一侧均是为学生设计的供他们自由阅读使用的柜橱凳椅，各年级的图书开放式地放在那里，让学生一出教室就随处可坐，随手可得。整幢教学楼就是一个天然的阅览室，让学生在浓厚的阅读氛围中慢慢学会阅读，教学楼渐渐也成了学校的"在职教师"。低年级学生的 120 平方米大教室中设有阅览、辅导、益智、游戏、学习等功能区域，学生慢慢熟悉在什么区域该怎么做之后，会渐渐"习惯成自然"，积极主动地到要去的区域做自己喜欢的事情。教室里，教师们精心规划、设计和布局，令学生自然沉浸其中。下面分享张兆飞老师精心营造的"有温度""有生活味"的教室。

工作应感到愉悦，学习应充满激情，生活就该绚烂！换句话说：在教室里营造精致的生活环境，让教室充满温度！

一、"悦读吧"

沏杯花茶，阅读我爱的书籍；

邀位好友，分享你爱的篇章。

(一)布置环境、营造氛围

我在网上淘了两个书架，是两个树状的架子，很好地利用了教室里并不大的空间，还买了两个立式的台灯，组装并摆放好后，立显家的味道。学生坐在学校闲置的沙发和长凳上，靠着半人高的毛绒狗熊，拿本书在斜阳下就可以坐一下午。这就是我们教室里的"悦读吧"！阅读本就美好，有了精致的阅读环境岂不是更美好？再配上一张"开卷有益"的阅读记录纸，学生们就甭提有多爱这块区域了。瞧，运动会休息时间，学生脱去鞋子，放松一下紧张的腿脚，就这么坐下安静地看会儿书。回想刚刚还在赛场上的他们，真是动静皆宜啊！

图 4-1　让阅读留痕

(二)坚持阅读，充实自我

午饭后，我们相约，"悦读吧"里不见不散；

一进门，递过书籍，默契的我们相视而笑。

师，不批作业，

生，不愁学习，

相偎于沙发上，相靠在"狗熊"旁。

进入安静的教室，闻，这里有淡淡的书卷味；

翻开心仪的书本，读，常有忍俊不禁的笑声，

沉浸书海，享受这份幸福的惬意。

不忍，怎能忍心打断！

午饭后，教室里少了打闹和追逐的学生，少了来告状的学生，孩子们挑一本书，占了自己中意的位置，沉浸在书海里。"悦读吧"充满魔力，老师进门也不敢出大动静，反而悄悄融入孩子们中间，也找个惬意的角落看会儿书。

那是最好的阅读时光！阅读让孩子洗去身上的浮躁。读书修身养性，学礼修德立身。闻着浓浓的书卷味，孩子们的心静了；读着历史悠久的方块字，孩子们的心也净了。"我们聊聊《西游记》，如来佛祖说的四猴，你知道吗？""观音菩萨的金箍圈、紧箍圈还有禁箍圈，分别用来对付谁？"课间站在阳台上，边远望校园里的那抹绿色，边出题考考同学。哪有工夫打闹，哪有工夫拌嘴？一位学生的妈妈发来微信说："最近，孩子做完作业就会看书。说是不看的话，到了学校就和同学没有共同话题了呢！"真好，难道不是吗？

图 4-2　悦读吧，让阅读有味

二、"花圃园"

晒着太阳，种些我爱的花草；

摸着叶片，感受生命的力量。

（一）种风信子，让每一个日子成为怀念

天冷了就种些风信子吧！有黄、有紫、有蓝色，在萧瑟的冬天必然是一道亮眼的风景线。经历了"消毒—沥干—遮光"，从叽叽喳喳地每天追问"老师，根怎么还没长出来？"到"老师，惨了，我的风信子早发育了——根须太茂盛了！"，这几天学生就直围着我嚷嚷："哎呀，老师，你看，你快看呢！我的花头上冒尖——长芽了。"虽然这一切都不比培养豆

芽来得快，都一个多月了还不见花的影子，却也不需要考虑太多。可以想象花开那一刻的美好。让我们全心全意地收获生活的每一天，在平凡的日子里感受生命的美好，在耕耘里感受劳动的快乐和收获的期待。

图 4-3　种风信子，感受生命

(二)摆上绿萝，让每一片叶子成为希望

这些绿萝是家长给买的，本没寄予太多希望，以往也有家长会自觉买来，可时间一长叶就枯了，枝也倒了，再不理会整株绿萝就蔫了。这回学生在花盆上写上学号，每盆花就都有了主人，两周浇一次水。孩子们瞧见有了阳光，便互相提醒着把绿萝放到教室外晒晒太阳。"看呢，老师，您来看呢！"一位孩子的一惊一乍的举止倒是吓着我了。"怎么了？""看呢！这嫩叶蜷缩着，储备足了力量就等着与我们来个热情的会面。它一尘不染，嫩得像要流出汁来！"是啊，孩子们对花草疼惜极了，小心翼翼地抚摸着嫩叶，连说话的声音也柔和了许多——这帮叽叽喳喳的孩子们，真是难得细声细语。

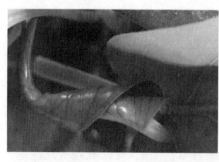

图 4-4　摆上绿萝，感受生命

拒绝题海，不要浮躁，让我们在阅读中沉下心绪。

接受阳光，感悟生命，让我们在浇灌中懂得感恩。

王乐芬老师曾说过："让教室有温度，有心跳，有色彩，有记忆。"让我们的学生也拥有"生活味儿"吧！

(三)墙壁"说话"

墙壁上的"话"一般都在主要道口或关键部位，可以是几句话，如"雅礼"的三字经"闻国歌，肃敬礼，逢集会，快静齐；见同学，互问安，遇师长，躬身好"；也可以是一些温馨提示，如楼梯口的"轻轻地、静静地"，教室外阅览区域由各年级学生自行设计的风格各异的"静"，提醒大家轻轻地行走，静静地上下楼梯，安静地阅览；也可以是一个动作、一副表情、一幅画，如楼梯地面上的脚印，食堂墙壁的光盘宣传画；甚至可以是一道风景，如北大厅的天然"松石景观"，让人进入校园瞬间就感受到雅致静怡的氛围。部分班主任匠心独具地把班级特色布置在墙上，令学生兴趣倍增。当然，墙壁上的话并非越多越好，建议能不说的尽量不说，非说不可的再放上。另外墙壁上的话不可"说"得太满，"留白"也是必要的，要懂得"少就是多"的道理，有些话，等今后想明白了再说也为时不晚。学校环境文化中最重要的内容应该由师生逐渐添加、完善，它体现学校师生的所学、所思、所行、所悟、所得，这才是学校文化中最生动、最具感染力和生命力的一道风景。

(二)榜样示范

榜样示范在社会风尚引领上一直起着十分重要的作用。"榜样的力量是无穷的！"我们小时候是听着雷锋、王进喜、董存瑞、黄继光等模范英雄人物的故事长大的。如今的国家最高科学技术奖、全国道德模范、中国好人等奖项，都是希望大家通过学习优秀模范人物先进事迹，使全社会涌现出更多拥有类似价值取向和行为规范的先进模范人物。社会教育尚需如此，学校教育更需要借鉴学习。学生是天生的"魔术师"，他们的模仿学习能力是最强的。一所学校有好的校风、班风，一定与榜样示范教育密切相关。

1. 教师榜样

"亲其师，信其道；尊其师，奉其教；敬其师，效其行。"从某种意义上讲，学校的校风、班风是教师榜样示范作用的结果。比如：学校要求在学生主动问好时，教师们要向学生微笑着还礼问好；有时学生没有问好，教师也要主动向学生问好，相信学生会立马意识到自己忘了问好。

这样，校园内相互问好的风气就会渐渐形成。学校要求学生守时，教师上课要提前 2 分钟候课，安静地等候在门口，这是最好的示范和提示，学生们的课前准备、安静候课的习惯也会慢慢养成；在课堂教学上，教师温文尔雅的教态、严谨治学的态度、扎实过硬的基本功、充满温情的言语、慈祥的笑容、一手漂亮的板书，犹如一缕缕春风，吹拂着学生的心田，令学生渐渐对教师产生崇敬之情。一位好教师，如果想要求学生做到，不需要一遍遍"苦口婆心"地去劝说，只需要自己坚持身体力行，因为示范就是最好的教育。教师不要奢望自己的坚持能立马见效，要相信学生，要允许一部分学生暂时"落后"。校园是一个"学习场"，当班上绝大多数学生渐渐跟着教师做到了，最后的几位学生离"规正"也就不远了。

2. 身边榜样

同班学生之间年龄相近，知识、能力水平相仿，对事物的认识基本在同一水准上，因此教师要有意识地发现身边在某些方面做得比较好的学生，有意识地加以鼓励，引导、规范其他学生，直至他们达到规范要求。这时，教师不需要多讲什么，只要在班上多对这位学生的行为予以肯定并说明行为标准即可。比如，小昕同学遇到客人十分有礼貌，会主动跑上前去敬礼问好，于是教师有意识地抓拍了她跟客人主动打招呼时的情景，引导学生讨论自己要怎么做。进餐时，教师发现小芬的就餐礼仪十分规范，就倡导其他同学向她看齐。在她的示范引领下，其他同学的言行举止也就逐渐规范了起来。再如，任爱芬老师，在上活动课或体育课前，会要求每一个学生把红领巾取下来，端端正正地平铺在自己的桌面上。这样不仅表示了对红领巾的尊重，而且形成了一项非常好的行为准则。现在只要经过教室，若看到哪一个班里端端正正地平铺着红领巾，我就会知道这个班去上体育课和活动课了。学生们有了这种爱护红领巾的意识，学习也更加认真，更积极向上了。

下面分享刘静姣老师的案例片段。

涵涵和小泽是好朋友，他们总是一起玩耍、一起学习，免不了也会相互比较。一年级的时候，古诗背诵打卡在班里兴起，小泽是我们班的"古诗大王"，一年级上学期，他就将小学阶段所有的古诗词背诵完了。涵涵当然是羡慕不已。

一年级下学期，我给孩子们推荐了某个小程序。当第一首《江南》从涵涵的口中随着音乐吟唱而出的时候，涵涵妈妈惊喜地发现，原来我们小时候觉得单调无趣、望而生畏的古诗词还能这么玩儿——用音乐去感知、去体会、去发现，跟随悠扬旋律，品出其中之味。于是涵涵妈妈就尝试让涵涵在一周内背诵2～3首古诗，涵涵居然轻松完成了，并且只是利用上下学的碎片化时间在车上随意地放着音乐完成的。

为了让孩子更有兴趣、更高效地吟唱古诗，我和涵涵妈妈为他选择了一个榜样——小泽，希望他能够超越小泽，成为班级里的"古诗大王"。于是，当"中国诗词大会"这档节目走红大江南北的时候，我让涵涵妈妈带着涵涵看了几期，他竟能回答出好几个问题，那一刻，他浑身散发着自信。当涵涵发微信告诉我他的"成就"时，得到表扬和鼓励后的小家伙学习古诗的劲头更足了！有时候，涵涵一天就能学会吟唱一首古诗，这些点点滴滴的成就让我和涵涵妈妈在感到万分惊讶的同时，也感触颇多：原来，只要用对了方法，孩子们的学习可以变得如此简单、如此快乐！

3. 学科渗透

在教育中有一种方法一直被忽视，那就是整合班上所有任课教师的资源。它重在让所有学科教师转变观念，认识到在教育方面人人都是责任人。学校提出了雅教育十大品格，分别是"主动、诚信、自律、责任、坚毅、悦纳、感恩、合作、创造、善思"，重在让教师在原有三维目标——情感、态度、价值观的基础上，把培育十大品格作为"第四维目标"。各年级师生围绕十大品格共同参与制定年级共识和班级公约，全体任课教师就挖掘学科"教育点"开展"二次备课"。在教师备课本中，每课时的首页都有十片银杏叶，分别代表"十大品格"（银杏树是我校校树），供教师在备课中勾选，以期教师在学科教学中把国家意志、学校培养目标紧密地结合起来。滴水穿石，非一日之功，当全体任课教师朝着同一目标共同施力时，学生们就会渐渐形成一些共同的行为、气质、修养、品格特质。如今，华师艺实学生学习、生活都十分主动积极，能够做到教师在与不在一个样，非常自律，交给他们的任务都能很好完成，都很有责任心，这就是所谓的"华师艺实学生特质"。

(三)举止规范

规范是指明文规定或约定俗成的标准。小学生尚处在行为习惯的养成阶段，因此在养成行为习惯方面，教师对学生的要求要细，讲解要清，过程要实，并且要做到长期抓，抓长期，抓反复，这样，学生的行为规范就渐渐养成了。

1. 规范表里

礼仪教育讲究"三正"：正衣冠、正言行、正心神。正衣冠方面，要求学生服装整洁，搭配合理，如校徽一律佩戴在衣服左胸规定粘贴处；正言行方面，要求学使用礼貌用语，讲话得体，如听他人说话时要谦虚认真听完并做出合理回应；正心神方面，要求学生从入校开始就调整心态，上课时要凝心、专注、投入。规范表里旨在借助衣冠、言行、心神三个层次的规范与调试，帮助学生内外结合，达到"雅礼"的标准。下面分享崔怡琼老师的案例。

刚开学的那段时间，我（崔怡琼）常常发现这样一个现象：地面上有一张大大的纸片，孩子们来来往往，却始终没有人主动弯下腰将它捡起来。我有些纳闷，这么大的一张纸片，怎么就没有人看到并把它捡起来呢？于是我忍不住提醒："你看到地面上的纸片了吗？"小朋友立马说："不是我扔的。"

听了他的话，我恍然大悟。是的，一年级孩子们的想法总是这样简单，当老师询问的时候，他们下意识认为这是责任人的问题，而不会去思考自己可以怎么做。所以他们会有这样的想法：这不是我扔的，我不用捡。于是，我笑了笑，把它捡起来，并跟孩子们进行了一次谈话。

师："小朋友们，刚才地上有一张纸片，你们看到了吗？"

生："看到了，我没有扔过。"小朋友们七嘴八舌地澄清。

师："好！没有扔过的小朋友，老师表扬你，你做得很好，说明你有不随地扔垃圾的好习惯，要继续保持哦。以前有扔过的小朋友，请你记住，要把垃圾扔到垃圾桶里，好吗？"

生："好。"

师："真棒，老师相信你们能做到！但是今天老师在这里还要告诉你们另外一件事。你们看，刚刚地上的纸片，老师把它捡起来了，你们觉得这是老师扔的吗?"

生(沉默一会儿):"不是。"

师:"对了,它不是我扔的,但是我还是把它捡起来了,对不对?所以地上的垃圾是不是只有扔的人才应该捡呢?你们可不可以把它捡起来?"

生:"可以!"

师:"很好,小朋友们,为什么我们要主动把垃圾捡起来呢?你们想想看,如果地上的垃圾没有人捡,那么我们的教室会变成什么样?"

生:"很脏、很乱,都是垃圾。"

师:"是的,你们想要在这样的环境中学习吗?"

生:"不想!"学生露出嫌弃的表情。

师:"老师也不想。小朋友们,教室、学校就像我们自己的家一样,我们每一个人都有责任保持它的干净整洁。所以,不管在哪里,不管是不是我们造成的,像老师一样,弯下腰,捡起来,一个小小的动作,让我们处于一个美好的环境中,非常简单,对吗?"

生:"对!"

师:"老师相信你们能够做到。当然,如果我们每个人都能够主动把垃圾扔进垃圾桶里,那是最好的了。现在我们一起把周围的垃圾捡起来吧!"

我跟孩子们一起把地上的碎纸片捡起来。

经过这次的谈话,孩子们意识到地上的垃圾是应该要捡起来的,但并不是每个孩子都能够很快地养成随手捡起身边垃圾的习惯。值得欣喜的是,每一次当我提醒他们的时候,他们不会再说"不是我扔的",而是羞涩地笑一笑随后立刻把垃圾捡起来扔进垃圾桶。有些孩子甚至能将这种环保的责任意识带到公共场合,做得比大人都好。

2. 规范姿态

礼仪教育旨在从细微处指导学生塑造自己良好的形象。学校制定出关于"站、坐、走、书、食"这"五相"标准细则,给出正确的姿势示范。比如,明洲校区的班主任组织学生开展"挑战不可能"活动,比一比下课后全体学生到教室外整队最短可以在多长时间内完成。通过标准班的录像视频中的动作示范,有的班级由开始的 3 分钟,减少到后来的 2 分 30

秒、2 分 10 秒，有的班级甚至只用时 1 分 30 秒。这样的挑战自我的训练，不仅让学生养成听到铃声迅速外出整队的良好习惯，也让各班形成了你争我赶、不甘落后的劲头，学生集合整队慢慢成为校园的一道独特的风景。日常养成则通过教师的言传身教、每月的"雅礼之星"的榜样示范、雅礼检查组的周检查反馈实现，促使学生完成"模仿—自控—内化"的过程，然后借助一星、二星、三星的评价梯度，帮助学生不断提升对自我的要求，向着高雅不断前进。下面是一年级组周琦娜老师起草落实的《学生一日常规训练重点及注意点》。

小学教育就是习惯的培养。一个人能否养成良好的行为习惯和思想品德，关键在于小学阶段的教育。

我们以学生日常在校学习、生活为主线，加强对学生课堂纪律、常规、礼貌、卫生、劳动等基本行为准则的教育，培养学生的自学、自理、自控能力，使学生养成良好的日常行为习惯。

一、按时到校

(1)早上 7:45～8:00 按时到校，路上遵守交通规则。

(2)周一穿正装校服，周二至周五穿运动校服，衣着整洁大方。

(3)进校门口时立定、鞠躬，并向老师和值周同学说："老师、同学早上好！"

(4)到教室后，按照课表准备好今天上课要用的书本，把书包放到自己的小柜子里。

(5)坐到自己的位子上进行早读活动，"日有所诵"，早读时间为 8:00～8:13。

二、课间活动

(1)8:55 听到运动员乐曲后，带上跳绳，迅速排队(注意把椅子推进课桌里)，做到"快静齐"。

(2)在领队和正副班主任的带领下整齐地走到操场做操，注意安静和队伍整齐，前后不掉队。

(3)认真做广播操，动作整齐到位，精神饱满。

(4)课间走路脚步轻，不吵嚷不打闹，不做危险游戏。

三、安静午餐

(1)11:40 下课洗手排队领餐盒，就餐做到"静"和"净"，安静地吃，不能边吃边聊，脚放地上，不要悬在半空晃来晃去，防止踢到别人。

（2）吃饭时间一般控制在 20 分钟，学生不要吃得太快，也不能太慢，12:00 前一定要吃完。

（3）饭要全部吃完，"二荤二素"四个菜中必须要吃完两个菜及以上，班主任负责检查和发放"光盘卡"。

四、午间休息

（1）午饭后，休息到 12:20 左右，之后，语文、数学老师进行作业的布置和批改。

（2）值日生 12:06～12:10 进行卫生清理（擦桌子）。

（3）周一至周四，教室后面的阅览室向学生开放，学生阅读可至 12：35。

（4）周五图书管理员对图书进行整理、修补，不对外借书。

五、开心放学

（1）14:55 下课，学生整理书包，并把书包整齐地放置在教室外面，排队领取下午茶。下午茶学生应全部吃完。

（2）吃完下午茶后，清理课桌，将书本摆放整齐，确保附近的地面没有垃圾。

（3）15:25 带领学生排队下楼回家，带上班牌。

（4）确保排队整齐，沿着跑道线走路。到放学时，学生要和老师道别后再回家。

3. 规范交往

优雅的礼仪不仅是对自身行为的规范，更可以缩短人与人之间的距离，赢得别人对自己的尊重。在培养学生交际能力方面，我校推出了"七礼"教育，从餐饮、仪态、言谈、待人、行走、观赏、游览七个方面入手，和学生一起制定了礼仪公约。为了培养学生的餐饮之礼，学校专门邀请五星级宾馆的餐饮部经理前来给学生做餐饮礼仪培训，如喝汤时用汤匙从后向前舀汤，然后身体上半部分稍稍前倾，把汤匙底部置于下唇处送汤入口，且汤匙与唇部呈 45 度角为宜；关于仪态之礼，学生要做到微笑时嘴角上扬 15 度，眼睛聚精会神地注视说话的人，这样就能从内在散发出一种自信；在与人交往中，要不卑不亢、有礼有节；等等。社会交往本身就是孕育雅的最佳途径，学生学习和掌握社交礼仪的基本知识和规范后，就能借其去顺利开启各种交际活动的大门，建立和谐融洽的人际关系。下面分享魏敏敏老师培养一年级孩子的午餐规范的案例。

音乐声响起。"吃饭喽！"孩子们鱼贯而出，有序地走向洗手台。站在教室门口等一会儿，孩子们陆陆续续回来了。一个个站在午餐箱子的旁边，自觉地排成了一列直队。"午餐领导人"小樱和璐璐两个人分工合作，小樱先把汤勺盒子拿出来放在箱盖上，并把老师的饭盒拿到教室，璐璐把箱子中的餐盒和汤碗分左右两边摆放。一切准备就绪，孩子们就可以开始领取餐盒了。只见璐璐在餐箱边看着，时不时提醒同学们拿汤勺。而小樱呢，她在长长的队伍边来回巡视提醒，引导同学们要把队伍排直。再看看队伍中孩子们的脚下，一个个都踩在瓷砖线的两边，这队伍还会不直吗？在两位"午餐领导人"的紧密配合下，排队领餐这件事情有序、安静地进行着。

吃完饭，我们来看看能干的孩子们是怎么做的。吃完的孩子已经来放餐盒了。他们把汤碗和勺子放在餐盒上，汤碗在左，汤勺在右，每一样东西都用大拇指扣住，就算被别人不小心碰了一下，也不会出现掉落现象。因为进餐有快慢，所以第二阶段的"午餐领导人"是竞争上岗的。两人分站箱子两侧，一人管理餐盒，一人管理汤碗，每个学生都是先放餐盒，接着放汤碗，最后放汤勺。两位领导人会时刻关注箱中物品的摆放情况，一发现不整齐，他们会进行劝导并动手整理。随着就餐完毕的人越来越多，箱中的盒子也会越来越多，但是我们的孩子能永远让箱中的盒子保持干净、整齐。等所有人都吃完午餐，两位领导人把老师的餐盒、汤勺都放进箱子里，最后盖箱。愉快的就餐时间至此结束了！

二、每一次学校活动都是最好的"实战演习"

每一次学校活动都是全面展现学生文明礼仪、行为习惯的"试金石"，是学生从学校、家庭走向社会前全面检验养成教育效果的"中间环节"，也是最好的"练兵场"。借助一次次学校活动的检验、评价、反馈，可实现改进、巩固和提高的目的。

(一)日常演练

每一次学校大型活动都可以算作文明礼仪习惯的实践体验和主题演练。举办过程中，休息区域的卫生、纪律、秩序，场边观众的文明言行，场上学生表现出来的精神风貌皆是文明礼仪、行为规范；比如，在世界文化节举办的过程中，跨年级组合的游园活动中，高年级学生照顾好低年级学生，学生在活动场地有序排队，都时时体现了文明礼仪。学生外出参加集体活动(如春游)通常表现得异常兴奋，到了游乐场地，学生是否能够遵守当地参观、游玩的规则，正确听从工作人员的安排，这是对学生组织性、纪律性的最好考验。每学期学校都组织学生观看中外文艺戏剧演出，如何成为一名文明小观众，学会遵守剧场规定和演出欣赏规则，这也是对学生组织性、纪律性的考验。学校还从卫生、纪律、两操、用餐四方面，每周开展"雅礼班级"评比，在全校师生的通力协作下，学生出操踏步铿锵、自信阳光，就餐站有序、坐有形、食无言、盘箸归篮、光盘记心间。学生文明有礼，班级秩序井然，校园片纸不留。这就是文明礼仪活动为学校带来的新气象。日常演练贯穿学生教育的整个过程，从不同侧面反映了学生对文明礼仪的实践能力。下面分享徐倩梦老师的案例："家政小能手"。

我们经常会有这样的感受：不少孩子校内一个样，校外一个样。有什么办法可以改善这种现象呢？

我(徐倩梦)给孩子们布置了一个特别的周末作业："雅能小家政"，要求孩子给父母做一份爱心早餐，并把整个过程用文字、照片或者视频的形式记录下来。

星期日的早上，一般要赖到太阳晒屁股才肯起床的可可小朋友，难得起了个大早，因为今天她有个特殊任务——做一碗青菜面。可可让奶奶帮她穿上围裙，兴冲冲地奔向厨房。奶奶在一旁忧心忡忡，一个劲儿地在妈妈耳旁说："这么小的孩子，她哪里会拿菜刀呀，哎哟，切到手指怎么办啦，会不会被油溅到啦？"奶奶的眉毛因为担忧已经皱成了两条"毛毛虫"。妈妈急忙安抚奶奶，其实妈妈心里也有点担心。妈妈悄悄来到厨房，只见可可因为个子不够高，自己搬了把小凳子站在上面，把手机放在一旁拍视频。可可一边操作一边对着手机讲话："今天我要做一碗青菜面，第一步就是洗青菜。现在我要开始洗了。"还别说，真像个美食博主。在妈妈的帮助下，青菜面大功告成。可可连忙端了一碗给奶奶，说："奶奶，快尝尝我的手艺！你吃不了鸡蛋，我特地给你煎了鸭蛋。"奶奶看着碗里的面条，笑开了花。

在我的引导下，每个孩子都为自己设计了一张"家政岗位记录表"，用照片、视频等形式记录自己家务劳动的过程。每次劳动后，先进行自我评估，再请家长评价。每个月班里还会有互评、展览。慢慢地，可可在学校里的表现也有所改观，以前总是乱糟糟的课桌，也逐渐变得整洁。班里不少孩子的自理能力都得到了不同程度的提高。

家务劳动不是救火式、临时性的，而要通过长期、常态的劳动，培养孩子的义务感和责任心。希望"雅能小家政"能让每个孩子从小养成热爱劳动的习惯，让他们的自理能力得到锻炼，并真正形成受用一生的"生活素质"。

(二)实战检阅

如果说日常演练是"养兵千日"，那么"实战检阅"就是"用兵一时"了。学校有一个不成文的规定：不管有多重要的客人来，都不会通知年级组"装样子、做准备"。教育不是拔苗助长，要自然而然地向下扎根，向上生长。去年，我校接待了近百批客人来校参观学习，一批批客人的来访就是对班级管理、学生文明礼仪的最好检阅。特别是全国百名文联主席来校参观时，由学生当导游，每位学生带着十位来自全国各地的领导参观校园，落落大方地向客人介绍学校情况，客人们无不交口称赞。每学期有十几场外出公益活动，学生们在演出之余，三五成群静静地在休息场地看书已是常态，照片被家长传到朋友圈，获得无数点赞。2019年年底，新西兰辛加亚半岛小学的师生来校访学，三天的在校学习令该校校长对我校留下了深刻的印象，她离开时感叹地说："我到过中国很多学校，这所学校是我印象最深刻的，这里的学生太棒了！"

"实战检阅"不仅增强了师生的主人翁意识，也进一步强化了师生的礼仪意识，促使学生把文明礼仪内化为自觉行为。下面是陈蔚老师分享的舞蹈队孩子在演出间隙的案例片段。

每一次外出演出，除了演出要用到的必需品，老师都会建议学生带一本书，在后台等待的时间里进行阅读。刚开始时，学生很难在嘈杂的环境中静下心来。随着雅教育的深入开展，行为习惯在日积月累中逐渐形成，奔跑、玩耍的学生越来越少，静心阅读的学生越来越多，甚至有些学生能利用碎片时间进行自主学习。演出结束后，学生在整理携带物品的同时，主动承担桌面、地面的垃圾清理工作，并将椅子排放整齐，保持化妆间干净整洁。虽然这些事情看起来是微不足道的，但正是这些细节体现了学校雅文化对学生潜移默化的影响力。

（三）全员互动

　　学生良好的行为习惯，出于父母，成于家校，固于社会。文明礼仪也是同样道理，只有家校社合力，学生的礼仪规范才能养成、巩固，直至成为自然。比如，对于学生上学、放学乘电动自行车必须佩戴头盔这一规定，家长护苗队主动承担了检查、劝导和纠正的任务，校门边摆放着十几只备用的头盔，供一时疏忽的家长借用，时间一久，借用头盔的现象越来越少了，学生基本都会在出门前不忘自我提醒一句"要戴好头盔"。学校举办大型活动期间，家长志愿者是我校的一道亮丽风景，家长在活动的各个岗位上忙碌，学生在一旁充当得力小助手。学校推出"社会小义工"服务，一有学校服务社区的义工服务活动就会在小区居民微信群里发布，吸引不少学生踊跃报名。除了活动本身，社区通常也会对义工提出礼仪规范要求，并在活动结束后进行评价。学校的文明礼仪、行为规范和"社会小义工"活动，促成校园礼仪进家庭、进社区，使得家庭和社区成为校园礼仪创建的巨大支持和推动力量，促使学生的文明礼仪常态化、习惯化。下面是任爱芬老师带领班上孩子与贫困山区学校孩子结对的故事。

　　孩子的心灵像一张雪白的纸，最纯洁、最美好，犹如天山上那朵朵盛开的雪莲花。这就需要我们教育者用爱来熏陶，激起他们爱的涟漪。在平时的教育中，我始终用包容的心态、赏识的目光去看待他们，更重要的是用一件件小事去引导他们。

　　我们和贫困山区的孩子结对，把爱心献给同龄人。我们把自己看过的书籍捐献给江西省上饶市广丰区铜钹山镇家潭村的明德书院，由我们的家长亲自驾车将孩子们送到那边的学校，让那边的孩子和我们同看一本书。我们还利用假期飞赴贵州，深入贵州省铜仁市印江土家族苗族自治县板溪镇勤丰村，为那边的学校捐赠图书架一个、图书200多套，并结对留守儿童11人。我们不仅在物质上帮助他们，同时还完成了他们的微心愿。每当逢年过节，我们总会寄去礼物和最美好的祝福。我们的爱心事迹先后在《浙江日报》《铜仁日报》上被报道。

班级同学在这样一系列的活动中，渐渐懂得了爱，懂得了分享，懂得了包容，懂得了谦让，懂得了感恩，班级团结向上的氛围也不断浓郁起来，孩子的集体观念也不断增强。

三、让评价成为指向学校文化的好玩游戏

传统学生评价在内容上通常指向结果，更多以"报告单"形式呈现；在评价方式上一般以检查、扣分为主要手段，令学生有较强的受挫感，不是很受师生欢迎。好玩是每位学生的天性，如何将评价内容与学校培养目标紧密联系，在评价功能上更好地发挥激励、诊断和改进作用，用学生喜闻乐见、喜爱的方式进行评价，让学生评价成为与学校文化具有较高契合度的好玩"游戏"，是近几年我校一直努力的方向。

（一）建立评价机制

学生评价重点在于抓日常，抓细节、抓过程、抓长期。高雅学生的评价内容围绕雅教育培养目标，由"雅礼""雅识""雅能"三部分组成，把学生日常的学习、生活中的具体细节要求串联起来。为此，学生发展中心制定了"华师艺实'高雅学生'评价方案"。

该方案明确了每一条具体操作细则的要求，让学生一看就明白怎么做。除了借助教师或优秀学生日常的榜样示范以外，学校还把班级事务通过责任分工落实到每一位学生，如黑板负责人、投影负责人、电灯负责人、桌面整洁负责人等，把班级内外需要学生承担的事务全部罗列出来，一项项明确和落实具体要求。学生可以根据实际情况选择具体的岗位，紧俏岗位采取竞聘上岗，这样班内就形成了"人人有事做，事事有人做"的局面。每一个岗位对应一项管理，如茶杯放置区，每个茶杯摆放得整整齐齐、错落有致就是一种规范；出操时，课桌负责人温馨提示"桌面

洁、桌子齐、领巾放"等规范，引领所有学生迅速检查落实到位。同时，学校也对学生的文化课和音乐、体育、美术、劳动等科目，以及品格养成提出了具体的行为要求。每天放学前15分钟是暮省课，要求班上同学反思一天中有哪些值得肯定的人和事，哪些地方还做得不够；每位学生回顾自己的一天，发现自己的优点，接受别人意见、建议。学生的行为习惯、文明礼仪、综合能力、品格素养在这样的日思暮省中渐渐得以养成。

华师艺实"高雅学生"评价方案

一、评价目标

面向全体学生，全面落实立德树人，强化学生的日常行为规范、学习规范和学科能力、素养等管理，关注学生的健康快乐成长，促进学生的品格养成；通过高雅学生"由评到争"的方式，注重评价的过程、激励性和纠正功能，促使每位学生实现最优发展。

二、评价内容

(1)雅礼：主要针对学生行为习惯的培养和雅教育"十大品格"的养成进行评价，即德育评价。

(2)雅识：主要针对学生的学科学习进行评价，即智育评价。

(3)雅能：主要针对学生的体育、美术、音乐、综合实践等课程的学习和社会实践活动等进行评价，即体育、美育、劳育评价。

三、评价标准

表 4-1　华师艺实"高雅学生"评价标准

评价维度	评价内容	评价分值	评价周期	评价人员
雅礼	精神风貌：按时到校，按要求着装，佩戴红领巾(体育课时将红领巾统一放置在桌面上)，不戴首饰。	5	月	班主任
	文明有礼：课间文明活动，排队行进静齐快，能主动问好。	5	月	
	个人管理：桌面、桌洞、书包柜干净整洁、物品摆放整齐(人离教室椅子归位、桌面清空)，个人学习区无垃圾。	5	月	
	健康生活：文明用餐，吃完饭，至少吃完"两荤两素"中的两个菜，一周至少三次做到光盘。认真完成两操，不无故请假。	5	月	
	品格养成：每月品格评价得分(5分制)。	累计得分	学期	

评价维度	评价内容	评价分值	评价周期	评价人员
雅识	学习态度：热爱学习，态度端正，肯吃苦，不畏难。	5	月	学科教师
	学习习惯：做好课前准备；上课认真听讲，积极发言，注意力集中，争当"小先生"。	5	月	
	作业管理：合理安排时间，每日及时完成各项作业和任务，认真对待，不马虎。	5	月	
	学科素养：勤学好问，面对问题有质疑精神，能主动分析、提出并解决问题；能自信地用所学的英语与他人交流；计算水平达到该年龄段课标要求；养成阅读的好习惯，达到该年龄段阅读标准。	5	月	
	学业评价：语文、数学、英语、科学四门学科期末达到优秀水平。	20	学期	
雅能	美术素养：能认真准备好美术课的相关工具，对美术学习的过程保持专注，对美术作品能展开一定的赏析，尽自己最大的能力，完成最佳作品。	20	学期	学科教师
	音乐素养：能用身体表现音乐律动，用有感情的歌声表现歌曲风格与情绪。小学中高年级学生能演奏音乐课上布置的课堂乐器作品。	20	学期	
	体育素养：能认真完成体育打卡作业，体质健康测试结果能达到良好及以上。	20	学期	
	劳动素养：按本年级本月指定劳动项目，进行家务劳动打卡。认真完成值周任务。积极申请领导人岗位，认真完成班级领导人职责。	20	学期	家长、班主任
	社会实践：一学期完成校内外的五次义工活动，要求家长上传证明材料，班主任审核。	20	学期	

四、评价形式

1. 达标争章

每月底学科教师、班主任按评价内容对学生的表现进行打分，在雅能项目中家长可以实时提交材料，审核相应项目的班主任或学科教师实时进行审核，审核通过后方可获得积分。

每月获得积分按百分制折算后，每个项目积分 60～69，学生可以获得该项目的铜章；每个项目积分 70～79，学生可以获得该项目的银章；每个项目积分 80～100，学生可以获得该项目的金章。

2. 学期争星

一学期为一周期，每个项目得到1铜3金、1铜1银2金、2银2金、1银3金、4金，并且完成义工任务、学科成绩达标，学生就可以获得该项目的"项目之星"称号。班级在期末按照各个学生所获得的荣誉称号评选"高雅学生"。

五、评价应用

1积分=1丫丫乐乐币(学校设立的虚拟货币)，老师在手机端或电脑端打分后，学生账户里的余额会及时发生变化。

丫丫乐乐币可用于"丫丫乐乐超市"中的购物，也可以换取"校园电影票""篮球场包场券""足球场包场券""免作业券""免批评券""和校长共进午餐券"等校园通用券，还可在学校"年中庆"和"年终庆"大型活动中消费使用。

鼓励以班级为单位承包学校电影院、篮球场、足球场等场地，进行自主营业，所获得的营业额部分上交学校作为场地租赁费，部分作为学生劳务费、班级管理费，班主任对其享有支配权。

华师艺实学生发展中心

华礼联、胡萌洁

(二)完善人格

教育的终极目标是什么？相信大家都有一个基本的共识：完善人格。但学生的健全人格到底包括什么，至今仍缺乏深究。尽管凭我的一己之力没有办法提出中国学生人格素养的定义，但是我可以结合学校雅教育理念提出我校学生的健全人格的定义。在专家的指导下，我校提出了雅教育的三个方面、十大品格。第一方面"独立期"人格，包括"主动、诚信、自律、责任、坚毅"五大品格，注重个体的自我修炼；第二方面"互赖期"人格，包括"悦纳、感恩、合作、创造"四大品格，关注与他人和谐相处；第三方面"不断更新"，即"善思"品格，要求在反思、内省中不断改进不足，实现人格的自我完善。具体实施主要有：通过"学校""家庭"两大阵地，以每月重点推行一大品格的"品格月"为点，让师生、家长深入实践这一品格，在学科教学、日常学习、生活中将其落实；又以学校的大型活动为面，将其作为十大品格的"演练场"，通过评价，促进各项品格的全面规范与综合展示。

表 4-2　华师艺实雅教育十大品格细则

独立	主动	解读：自愿参与健康、公益、个性的实践体验，能自主完成有价值的任务，能自主发现问题、发起活动、解决问题、发展能力。
		1. 我能主动与人微笑着打招呼。
		2. 我自己能做的事情自己做。
		3. 我会积极思考，主动参加讨论、提出意见。
		4. 我能主动参加劳动、社会实践和公益活动。
	诚信	解读：真诚待人讲信用，诚实处事求信誉，竭诚接物养信义。
		1. 我能真诚地对待同学、老师、家人和其他人，为他们提供力所能及的帮助。
		2. 我能说到做到，兑现自己的承诺。
		3. 我能真实地表达自己的想法，说真话。
		4. 我能在学校、家庭和社会上树立守信的形象。
	自律	解读：自我规范言行，自我约束情态，自我追求善良意志。
		1. 我无论何时都会做到让自己言行举止保持得体。
		2. 我能自觉完成作业，合理安排学习活动。
		3. 我能做到不挑食，践行"光盘"行动，积极锻炼，保持身心平衡。
		4. 我做任何事前都进行正确的判断，并能坚持说到做到。
	责任	解读：自己的事情自己解决，自己的责任自己担当，能对他人、大自然、国家负责。
		1. 我能认真履行好领导人的岗位职责。
		2. 我会认真、独立完成作业，自觉检查并订正好作业。
		3. 我自己能做的事情自己负责做好。
		4. 我会参与或发起服务他人、服务社会的活动，做有益于他人和社会的事。
	坚毅	解读：坚持理想，不断增强自己的勇气和胆魄；不惧困难，不怕挫折，不断磨炼自己的韧性，使自己变得刚毅。
		1. 我有长期目标，并愿意为此坚持努力、克服困难，直至达成。
		2. 我有体艺特长，并能长期坚持，直到实现精通一项、坚持一项。
		3. 我对自己认准的一件事能坚持做到最好。
		4. 我在遇到困难时不气馁，总会想方设法，直到解决为止。

互赖	悦纳	解读：发现自己人格中的优点、长处，正视自己的缺点与不足，努力改进自己、完善自己；善待同伴、师长、社会和大自然。
		1. 我会定期整理自己的情感"账户"，增强自我效能感。
		2. 我能较好地感受、理解和消化自己的情绪，能在自省中保持优点，改进不足。
		3. 我善于发现他人的优点，听取他人的合理建议并改进，学会真诚赞美他人。
		4. 我能像对待朋友一样善待大自然中的动植物，学会与它们和谐相处，用积极的态度看待社会，并对社会做出力所能及的贡献。
	感恩	解读：感恩父母（长辈），学会反哺；感恩老师的教诲，学会尊敬；感恩他人的帮助，学会尊重；感恩大自然和社会的馈赠，学会珍惜；感恩祖国，学会忠诚。
		1. 我能主动帮助家人做力所能及的事，真切表达心中的感谢之情。
		2. 我会对他人的帮助用真诚的言行表达感激之情。
		3. 我能珍惜粮食，做到"光盘"；不浪费资源，爱护大自然。
		4. 我能讲好关于党和国家的伟大和对我们关爱的故事，心中充满自豪和感恩。
	合作	解读：乐于分享共勉，学会取长补短，学会求同存异，合力建好集体。
		1. 我能做小组合作的"黏合剂"，积极分享自己的智慧，鼓励同伴共同进步。
		2. 我乐于做"小先生"，为同学学习、生活及时提供帮助，并积极向他人学习。
		3. 我能发现他人的好并由衷地发出赞美。
		4. 我能发挥自我领导力，为使学校、家庭、社会变得更美好而贡献自己的一份力量。
	创造	解读：乐于培养与发展自己的好奇心和求知欲；敢于捕捉与验证自己的灵感和猜想；敢于设计与呈现自己的新创意和新价值。
		1. 我对知识和生活中的现象充满好奇心，并能主动研究和探索。
		2. 我会对身边的问题充满好奇心，并能通过自己的大胆猜想、设计、描述，让问题得到理想的解决。

互赖	创造	3. 我会主动采纳好的学习方法，并加以选择、适度改变，最终形成适合自己的学习方法，让学习更加有效率，做到劳逸结合。
		4. 我热衷于将自己的想法和创意转变为各类作品(包括设计图纸)，并努力造出模型，或是成品、商品。
不断更新	善思	解读：运用辩证思维，让思考更科学、更缜密；运用发散思维，让思考更多元、更广阔；培养反思思维，让思考更有批判性和创新性。
		1. 我能在学习中不断思考，提出自己的见解。
		2. 我在遇到问题时能多角度思考，提出不同的解决方案。
		3. 我在参与学校、家庭事务的商讨时，能有理有据地提出自己的观点。
		4. 我能坚持暮省，发现自己的进步和不足，每日精进一点点。

　　学生品格的形成需要以相关具体活动事例作为载体，如 2019 年 9 月，东西两个学部刚融入新校区，因操场离教学楼较远，学生出操往往需要花 10 分钟以上才能全部到达操场。经体育组共同商讨对策，最终决定让学生采用小跑的方式进入场地，体育教师各自在体育课上做好训练，出操时，班主任在队前领跑，副班主任殿后，经过近半个月的训练，学生能够踩着整齐的节奏小跑前进，英姿卓立、意气风发，颇有部队行军的飒爽，时间也缩短到 5 分 40 秒，并且师生还在继续接受挑战。

　　品格教育就是在这样有侧重点地发现、引导、组织、持续坚持中将原本的一个个问题"转危为机"，使之成为学校教育中新的"增长点"的。

　　下面分享陈巧女老师的案例"厕所革命"。

　　班队课伊始，在我提出今日的议题之后，由六七个孩子组成的小组就开始借助脑力激荡和鱼骨图等方式探讨当下的厕所尚存在哪些不雅的面貌。一个小组的孩子，有负责引导讨论的组长、负责绘图的制图员、负责登记发言次数的记录员，还有七嘴八舌的讨论者们。仅仅五分钟的时间，二年级的孩子们就在讨论中进行着头脑风暴，分别从气味、卫生、不良行为、硬件设施、制度等方面提出了厕所目前存在的问题。发现了问题自然要想办法解决问题，小小的孩子们在小组讨论的过程中纷纷踊跃发言，献计献策，逐渐完善改进措施，包括：通过领导力工具——"停步思考图"自省己身，改变不雅习惯；设置领导小组监督不雅行为；通过厕所门口的实时反馈记录互相提醒；最后通过"表彰大会"嘉奖学生。孩子们在积极主动中，提出了厕所革命的思想。

孩子们在课堂中的主动积极性延续到了课后，随着其他班级陆陆续续开展"厕所革命"活动，每班也都推选出了"保持环境卫生领导者"，给一个个"小小领导者"颁发委任证书，正式的仪式提高了他们的责任感。各班的"保护环境卫生领导者"轮流值班，监督厕所卫生情况，并将得分结果实时反馈在厕所外墙的积分图中。与此同时，每天的暮省课上，班级领导人还带着领导力工具——"优缺点分析图""停步思考图"进行反思总结。就这样，仅仅一周下来，一直难以改变的厕所问题就有了明显的改善，第2周、第3周、第4周过去了，孩子们的表现完全超出老师们的预期。原来，根本不需要老师三令五申，也不需要更加严格的规定，只要让孩子们换一种身份参与其中，他们就能通过积极主动、自发自主的行动，让厕所焕然一新。就这样，不雅的行为和环境都不见了，孩子们将高雅带进了厕所！

(三)"游戏"童年

最理想的教育评价对学生而言是一场游戏，让他们"沉迷"其中，"欲罢不能"。学生发展中心创立了丫丫乐乐评价体系，设计出了丫丫乐乐币，学生平时通过积聚的学科卡、纪律卡、艺术卡可以换取丫丫乐乐币，达到一定标准方可成为月雅礼之星。每学期至少两次成为月雅礼之星是评选学期三星级学生的必备条件。这样就使"日省、月结、期评"形成了一条环环相扣的评价链，通过积分、兑币等形式引导学生积攒丫丫乐乐币。"让丫丫乐乐币成为学生的宝贝"是我们活动设计的初衷，为此学校创办了丫丫乐乐银行，引导学生学会合理理财。学校成立了丫丫乐乐小卖部，每月开放一次，学生可以用丫丫乐乐币在那里购买各种各样的学习用品和玩具等。为了让丫丫乐乐币更具有吸引力，学校在每年的世界文化节和"六一"国际儿童节，都会举行隆重的校园主题派对，如"六一"的"中国的六大菜系"主题研究活动、世界文化节的"魔幻童话城"。学生可以在"魔幻童话城"，如游览迪士尼乐园一样尽情玩耍、购物。为了实践"犯错是学生的权利"的理念，学校设计了迟到券、免作业券、下午餐券、同桌券等，允许学生使用丫丫乐乐币进行购买。我们有意提高了这些券的虚拟价格，旨在让学生认识到犯错的"代价"。

教育就是要把学生当作学生，评价也是如此。如果以批评、惩罚为主要手段，就会发现教育是那么苍白乏力。当我们以鼓励为主要手段，以"游戏"为主要形式，以学生喜闻乐见的方式开展活动时，学生就会在兴奋中、快乐中、自省中不知不觉地主动成长。

下面展示李琦老师分享的"开发校园丫丫乐乐币，提升学生'责任担当'的实践研究"案例。

小到个人的成长，大到社会的和谐与发展，责任心在其中都起到了至关重要的作用。丫丫乐乐币的使用中就蕴含着不少培养学生责任心的良好契机，这一受学生欢迎的校园货币的流通，有利于提升学生的"责任担当"素养。

一、"丫丫乐乐币"币面的开发

(一)币面卡通形象设计

"丫丫和乐乐"是我校的吉祥物——小海豚，女生"丫丫"，男生"乐乐"，是践行学校德育"雅礼""雅能""雅识"的形象代言。

(二)货币面值开发

整套的丫丫乐乐币外观类似人民币，分为6种面值，分别为1元、5元、10元、20元、50元、100元，每种币值币面大小相等，颜色有所区分，图案设计活泼。

(三)币面的"高雅学生三字经"

不同币值的丫丫乐乐币上都印有雅礼、雅识、雅能三字经，学生可以对照上面的内容，审视自己的行为是否与之相符，从而践行"雅"。

二、"丫丫乐乐币"的流通途径

在孩子们眼里"丫丫乐乐币"是荣誉的象征。为获取此币，每个孩子在校每天都会和"雅礼""雅识""雅能"的要求相对照，力争早日拿到"丫丫乐乐币"。另外学校开设了各种义工岗位，提供了更多获取渠道。各班主任、任课教师也结合雅礼卡、雅识卡、雅能卡的班级日常管理评价，来进行丫丫乐乐币的发放。

图 4-5　丫丫乐乐币

(一)赚取"丫丫乐乐币"渠道的开发

1. 渠道一：班集体

学校结合日常规范检查的达标情况，以及班级综合表现评出"周文明班级""就餐礼仪示范班""行走礼仪示范班""问好示范班"等，给予相应班级丫丫乐乐币奖励。

2. 渠道二：个人

(1)班主任、任课老师：日常发放的雅礼卡、雅识卡、雅能卡均可用于兑换。

(2)大队部：对于被评为月雅礼、雅识、雅能之星者，大队部向每人发放100元丫丫乐乐币。

(3)校长室：对于通过好人好事、突出事迹为班级、学校增光者，校长室特批予以发放，根据事情的具体情况酌情发放。

(二)丫丫乐乐银行

学生获得丫丫乐乐币后需要建立一家模拟金融机构——"丫丫乐乐银行"。它既负责存取，又可让已有的财富增值。银行工作人员全部由学生担任，这提供了职业体验。

1. 银行办理活期存折

办理存取款业务前，学校为每个同学办理一张活期存折，日后存取款均需要本人凭该存折前来办理业务。

图4-6 丫丫乐乐银行存折

2. 银行存取款时须填写存款凭条

丫丫乐乐银行存款凭条	丫丫乐乐银行取款凭条
存款日期：　　年 月 日	取款日期：　　年 月 日
存款人姓名： 存款人班级： 存款金额大写： 小写： 　　　　存款人签字确认：	取款人姓名： 取款人班级： 取款金额大写： 小写： 　　　　取款人签字确认：

图 4-7　丫丫乐乐银行存取款凭条

(三)消费渠道开发

货币在于流通，学生可以使用手中的丫丫乐乐币通过不同的消费渠道购买心仪的商品，在学校举办的大型活动中购买参与活动的"入场券"、小纪念品等。

1. 经营"丫丫乐乐超市"

"丫丫乐乐超市"让原本虚拟的纸币产生了实际的价值——换取实物。模拟超市每月为低年级和高年级分别开放一次，供学生集中购物，校方会提前进货，在货架上摆放孩子们喜欢的各类文具、棋类用具、书籍等。

2. 策划丰富的校园活动

丫丫乐乐币的使用渠道不局限于超市购物，还可与校园活动相结合，如用于策划有趣的英语节"丫丫乐乐闯天下""新年游园美食"等活动，学生可以用丫丫乐乐币购买门票、美食等，进行消费体验。

3. "雅酷 TV"观影购票

为丰富学生校园生活，学校每周五中午会在大礼堂播放一部孩子们喜欢的影片，观影的费用是 50 元丫丫乐乐币。孩子们通过自己日常的努力换取奖励，他们的观影体验是十分惬意的。

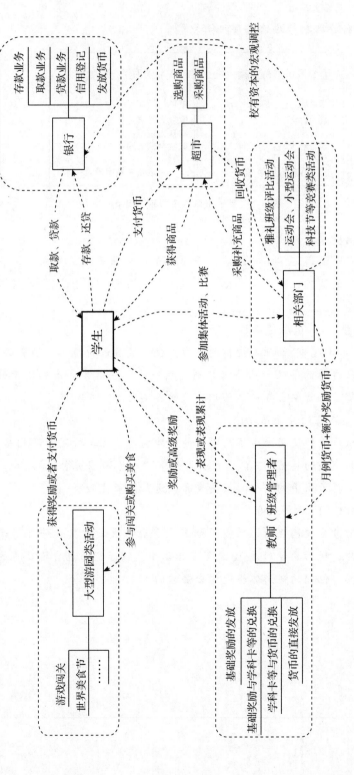

图4-8 丫丫乐乐币流通图

三、提升学生"责任担当"素养的策略

学生核心素养的培养是进一步深化课程与教学改革，落实立德树人根本任务的重要依据，其中责任担当素养的培养尤为重要。

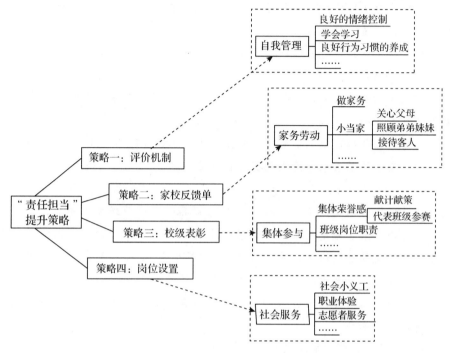

图 4-9 "责任担当"提升策略图

(一)"自我""家庭""集体""社会"四责任

从中小学生身心发展规律、特点和教育教学目标、任务出发，笔者认为学校主要应培养学生以下四方面的责任担当。

1. 自我管理的责任

自我管理能力是指受教育者依靠主观能动性有意识、有目的地对自己的思想、行为进行控制的能力，学生在不同的阶段会达到不同的水平。

主要内容包括：良好的情绪控制、学会学习、良好行为习惯的养成等。

2. 家务劳动的责任

学生从小树立对家庭的责任担当，长大以后可以更好地为国尽责。让学生从日常的洒扫应对、待人接物做起，树立担当意识，增进家庭和谐。

主要内容包括：做家务、关心父母、照顾弟弟妹妹、接待客人等。

3. 集体参与的责任

团队精神是现代人必不可少的基本素质，而对这种素质的培养只有在集体中才能实现，为集体贡献一份力量、承担一份责任是儿童心理发展的需要，更是一种担当。

主要内容包括：为集体献计献策、代表班级参赛等。

4. 社会服务的责任

学生是祖国的未来，他们是否具有责任感决定将来整个社会的成员是否具有责任感。

主要内容包括：社会小义工、职业体验、志愿者服务等。

(二)通过丫丫乐乐评价机制提升自我管理水平

1. 以"币"促"物品保管"

小学阶段特别是低年级的孩子，对于物品的自我管理能力较弱，总爱丢三落四。为了避免错拿随捡的事情发生，丫丫乐乐币由个人保存在各年级组下发的储物罐中，月底存储到"丫丫乐乐银行"。同时结合账面记账，由各班班长负责总记录，将同学们奖惩的丫丫乐乐币记录在表格里，奖惩的事由与日期写在每一列上方，挂在班级公告板下，便于核对丫丫乐乐币的金额。

2. 以"币"添"学习持久力"

经典吟诵贵在坚持，老师们总能抓住各种时机，润物无声地激发孩子们的学习兴趣，鼓励孩子们利用经典吟诵来赚取丫丫乐乐币，同时提升自我成就感。刚入学的一年级孩子，一周内古诗吟诵能达到5～6首甚至更多。没有强制的要求，孩子们自主唱、自主回课，收获颇多。

3. 以"币"导"良好行为习惯"

小学生的自控能力较差，个别学生在集会、出操、用餐中会有违反纪律的现象。德育处会组织和安排值周队员随机抽查，对于当场违纪的学生开出10元、20元金额不等的"罚单"，对于表现出色的学生则开出"奖单"，这样有奖有罚，学生逐步养成了良好的行为习惯。

(三)通过丫丫乐乐家庭反馈单提高承担家务的动力

1. 以"币"奖"家务劳动"

为了让学生在日常生活中养成勤做家务的好习惯，学校号召每个孩子在家做力所能及的家务，并每天记录在"家庭表现反馈单"中，一周统计一次家务项目和次数，每月在进行"雅礼"评价时，反馈家务表现，学校及时发放丫丫乐乐币用以激励学生。

2. 以"币"助"小当家"

学校开展的每月一次"丫丫乐乐我当家"活动，得到了家长们的好评，家长们看到孩子们主动买菜、收拾厨房、打扫房间，感到特别欣慰。该活动培养了"我是家庭小主人"的家庭责任感。家长也会把种种表现记录在"家庭表现反馈单"中，学校以发放丫丫乐乐币的形式奖励孩子。

(四)通过丫丫乐乐校级表彰提高集体参与热情

1. 以"币"激"集体荣誉感"

学校根据每周、每月、每次集体活动评比结果在集会中表彰相应班级并发放丫丫乐乐币，班级的荣誉跟每个孩子都是息息相关的，因此各级各类比赛和各项达标竞赛都需要每位学生的积极争取，这就进一步激发了学生的"集体荣誉感"和参与集体活动的热情。

2. 以"币"立"班级岗位职责"

班集体建设离不开每个班级成员的付出，大队部号召各班树立"班级是我家，事事有人做，时时有人管"的意识，每个孩子在班级中都有各自的岗位，岗位职责落实到人，每个孩子都有坚守岗位的义务。每周每月考评，根据考评的结果，以丫丫乐乐币的形式奖惩。

(五)通过丫丫乐乐实践体验培养社会责任意识

1. 以"币"感"社会职业体验"

丫丫乐乐超市设有收银员、导购员，丫丫乐乐银行设有业务员、总管等工种。通过这样的职业体验，学生可以加强社会规则意识，锻炼理财能力，也能接触社会，模拟生活，提高社会责任意识、团队互助意识。丫丫乐乐银行中的借贷业务，意在让那些暂时没有能力赚取足够资金的孩子，也有机会能实现自己的小愿望，带来真实的借贷体验。

2. 以"币"育"志愿者服务意识"

"艺实小义工在行动"是学校开办以来具有社会影响力的服务品牌。为了让更多的学生参与义工活动，参与志愿者服务，从小培养"人人为我，我为人人"的社会责任感和服务意识，学校开展了"丫丫乐乐优秀志愿者""丫丫乐乐优秀义工小队"评选，由校长办公室颁发此项殊荣，进一步支持、鼓励各班家长委员会组织公益活动，带动孩子为社会做贡献。

3. 以"币"长"借贷诚信"

丫丫乐乐银行"借贷款业务"既是一种激励手段，也是诚信意识培养的平台：借了钱的孩子需要更加努力挣取足够的丫丫乐乐币，并且在约定的时间内来"还贷"。对于小学生而言，他的道德观念还不完善，意志比较薄弱，因此，学校通过不断体验和完善丫丫乐乐银行"借贷款业务"，来培养孩子的诚信意识。

（1）明确责任要求

原来的借贷流程比较简单，只需要将借贷金额填入原有的模板中就可以实现，很多学生甚至不清楚借贷所需要承担的责任和义务。因此，改革之后，我们需要学生按照要求自己手写一张借贷申请。在班主任处宣读借贷所需要承担的责任和自己为还款应做出的努力，由班主任签字通过后才可以办理。

（2）完善监督机制

以前由于监管不够严格，部分孩子在无意识的情况下成为"老赖"，银行工作人员也没有及时跟踪提醒。因此，现在我们要求银行对借贷即将到期的学生，提前2周进行还款提醒，在逾期之后发放催款通知单，提醒这些孩子尽早努力，挣取足够的数额进行还款。

（3）实行惩戒措施

小学生的道德意识还比较薄弱，因此我们也需要建立相应的惩戒措施来监督孩子的行为。初次未按时还款的孩子将被记录在册，降低下一次借贷的额度；如果有两次未按时还款，以后将取消该学生的借贷资格；学生如果在大型活动时还有欠款记录，则需要在一定时间段内，承担一定的活动服务工作，为自己的"不诚信"买单，对自己的错误行为负责。

4. 以"币"议"社会秩序"

我们不但有遵守社会秩序的责任，也有维护社会秩序的责任。可以让学生围绕"如果有人用了假的丫丫乐乐币"为话题，开展讨论。可以引导学生从公平、诚信、激励效果等角度探讨"假币"的危害，理解社会制度与每个人都息息相关，要共同来维护。最后，还可以让学生进行头脑风暴，一起来想办法杜绝破坏丫丫乐乐币体系正常运营的行为发生；讨论在发现同学有不良行为的时候，如何处理更加妥当。这不但培养了学生维护社会制度的意识，还让他们掌握了切实可操作的方法。延伸到社会生活中，对于社会中的不文明行为我们又该怎么应对呢？学校应培养孩子的公民意识，使其成为一位有社会责任感的优秀公民。

四、丫丫乐乐币的实效评价

丫丫乐乐币作为校园虚拟币得到了广大师生的认可，对它的实施过程的评价可以从三个维度开展。

1. 生生评价

作为丫丫乐乐币实际的体验者，学生是最大的受益者。学生在争币过程中开展互评，推选出"雅礼小模范""丫丫乐乐优秀小义工""丫丫乐乐示范岗"。

2. 导师评价

导师能从孩子行为习惯的养成，以及对丫丫乐乐币的保管、使用等方面发表意见和看法，可以通过座谈、问卷等方式进行评价，由成长导师确定"丫丫乐乐进步奖"名单。

3. 学校评价

作为丫丫乐乐币的开发者和组织者，学校可对丫丫乐乐币的使用情况进行前后测评，将相关数据进行对比分析，借助数据进行评价。根据丫丫乐乐币的使用情况，颁发"最佳丫丫乐乐集体""最佳丫丫乐乐组织奖"。

第二节　解开学习力密码

小学是人的一生发展打基础的重要阶段。小学并非要求学生拥有渊博的知识，而是希望学生具有浓厚的求知欲和学习兴趣，养成良好的学习习惯，掌握一些科学有效的学习方法，具备扎实的基础知识，具有一定的合作、实践和创新能力。

一、"年读百本"：让阅读在校园真正发生

在学校里建设一座好的图书馆，抵得上建半所学校。让阅读在校园里真正发生，应具备两个条件：一是营造学生喜欢的环境；二是提供学生喜爱的图书。阅读并非只跟语文素养或者文学修养有关，一个人的阅读能力应该是所有学科学习的基础，是提升一个人人文素养的最重要的

手段。比如，数学学科中，读题理解题意、解答应用题，都需要用到阅读和理解，具有较强阅读功底的学生，在这方面自然就容易得多。小学阶段，如果能让学生拥有 300～500 本的阅读量，养成一生受用的良好阅读习惯，那么将为学生一生发展奠基。

书藏在图书馆里，不如放在敞开的阅读区里，学生不小心翻坏不足惜，书"藏坏"了才真正可惜。学校应营造一个学生处处可读书、时时可读书的环境，让学生小学六年一直沉浸在书的海洋中。

让学生喜欢、乐意读书，阅读环境很重要。小学低年级的儿童，尚沉浸在童话般的世界里，我们应尽可能为他们设计卡通的、儿童化的阅读环境；到了中高年级，可以逐渐过渡到舒适、优美、安静的阅读环境。如何营造令学生心仪的阅读氛围呢？很简单，把设计主动权交给学生，请全体学生共同参与设计，他们希望在怎样的环境当中阅读，就会自行开展研究性学习。设计意向稿交上来后，经过比对、筛选、方案投票等，意见就慢慢集中了，设计方向基本也就明确了。学生如果能被阅读环境深深吸引，喜欢到那里去坐、去交流，那么阅读环境的营造也就成功了。当然，小学的走廊原本是比较喧闹的，如何让学生在公共区域保持安静，轻声细语地交流，小声轻步地行走，如何让公共场所中的与人相处之道从小内化于心，外显于行，这既需要环境的提示，又需要教师的精心引导。学生明白了道理，知道了平时应该怎么做，并且经常进行训练，渐渐就会自然养成"轻声、轻步"地在走廊行走的习惯。

小学一二年级的儿童，阅读能力不强，喜欢以图片为主的绘本故事、连环画等；三四年级开始则可以慢慢过渡到以文字为主、图片为辅的儿童读物；五六年级则可以有针对性地读一些中外名著等。学校对阅读图书的摆放，基本就应按照这个原则，结合各年级段的推荐目录进行采购。学校为每个楼层的每一个年级设一个阅读区域，让学生们在课间、午间休息之余，都被书香环绕，沉浸在阅读的氛围中，让学生在不知不觉、潜移默化、相互影响中养成阅读的习惯。

（一）找准阅读时机

培养学生阅读习惯是有"黄金期"的。小学低年级儿童识字量不多，但求知欲强，对家长还比较依赖，是亲子阅读的最佳时机。

亲子阅读，不以传授知识为目的，重在引导学生在和谐、愉悦、持续的亲子阅读活动中将体验到的思想情感、阅读快乐、阅读认知、阅读兴趣等逐渐巩固和强化，最终内化为一种成熟稳定的心理品质。在亲子阅读中，家长始终是学生阅读的示范者和鼓励者，为学生提供良好的亲子阅读环境和阅读材料。事实证明，家长才是亲子阅读的关键，学生阅读兴趣最早是在3～7岁的亲子阅读中激发的。

(二)开展班级阅读活动

在"年阅读一百本"活动中，班级阅读既有共性活动，也有各班个性化的活动。比如，二年级某班的应混娇老师组织的阅读活动令学生们兴致盎然，开展得很不一般。下面是应混娇老师推荐给一年级学生的可读书目和电影。

一年级可读书目：

想象力系列："查理与劳拉"系列、《我的家很大很大很大》、《被子里的历险》、《会飞的箱子》、《不可思议的旅程》、《疯狂星期二》、《世界的尽头》

温暖童真系列：《折耳兔瑞奇》《叮铃和叮铃铃：一起去冰雪森林》

习惯系列：《公主怎么挖鼻屎》《弗朗西斯森林奇遇记》《烦人的兔子》

自然系列：《盘中餐》《欢迎来到建筑工地！建造新家》《如果把银河系装进盘子里》《从根到叶》《动物的朋友圈》《从天空到海底：交通工具儿童百科全书》《德国手绘儿童百科全书》

其他：《不畏风雨》《水墨汉字绘本》

一年级可看电影：

《玩具总动员》《美女与野兽》《机器人总动员》《海底总动员》《怪兽电力公司》《长发公主》《好奇的乔治》《101斑点狗》《木偶奇遇记》《狮子王》

这些图书陪伴着学生的晨间、午休和节假日的闲暇时光，在学校"阅读树"评价的跟进中，学生慢慢在有组织的阅读交流中养成阅读的习惯。比如，二年级的很多学生，当随父母外出旅游或者活动时，会很自觉地带上几本自己喜爱读的书，在休息或无聊时，学生不需要提醒就会很自然地拿出书，自己默默地阅读，因此，我们认为这些学生在一二年级基本形成了阅读习惯。

应混娇老师的班级个性化阅读活动也很有挑战性。

一、2018 年 2 月 25 日：元宵挑战

周五碰巧是元宵节，学校有挂灯、猜谜、煮汤圆的活动，班级从周一便开始了对诗意元宵节氛围的打造。

小宇的妈妈将收集的元宵节古诗整理成文并分享给大家，真是应景。学生们能在元宵节前后学会三首相关的古诗词——《生查子·元夕》《青玉案·元夕》《正月十五夜灯》，今天在学校里唱背，学生再自选一首，节过得美美的。同学们可以边做汤圆边吟诗。婷婷新学了《青玉案·元夕》，学生们和家长又可以唱起来了。

小涵的妈妈说："今天上学路上，小涵说：'小宇背古诗太厉害了，都有 200 多首了，我也要加油了。'"

在接下来的十来天时间里，班级的吟唱内容就成了"元宵节古诗词"，我（应混娇）也十分有兴致和学生们分享这些诗词背后的故事。

二、2018 年 4 月 9 日至 17 日：积累奖励第一波

4 月 9 日，三位已完成 100 首古诗、《成语儿歌》、《歇后语儿歌》背诵的同学，特此奖励《笠翁对韵》，我们的后续积累已经开始了。

4 月 10 日的语言与人文课，我们专门整理了"关于节日的古诗词"，和学生们一起玩唱。再给予学生一周的时间掌握、巩固这些古诗词。在这一周里，我收到学生们大量的古诗词过关视频，学生们斗志昂扬。

4 月 17 日的语言与人文课，我们开展了"关于节日的古诗词"的比赛，学生们掌握得比想象中更好。小睿的妈妈当天发朋友圈为教师的温暖举动点赞。小融当天回家背了 20 首成语儿歌。小宇、小梁对妈妈表示自己要马上背完最后的歇后语儿歌，争取得到奖励。当天批改作业时，我发现孩子们写得都更精彩了，运用成语和歇后语儿歌的学生人数翻倍了，期待他们明天的表现。

三、2018 年 5 月 9 日：借语文课的教学方法引导家长做好学生的语言陪伴人

我在今天的语文课堂上，让学生用老师提供的数个词语说话，同学们的发言很精彩。小宇说："阳光照耀着花朵，花朵对草地说：'我真喜欢温暖的阳光！'"希希说："歌唱声和跑步声都回家了，我也该去睡

觉了。"

家长们可以在家里和学生这样玩：多提供几个词，让学生从中选择几个，用来说话造句，前提是语句要通顺。这样的语言训练如果常常有，学生的表达能力一定会进步更快。重视日常语言的干净利落，以及用词的丰富性，可以很好地避免写作中的反复纠正和修改。

我在和家长的沟通中发现，真正让我们头疼的问题是纠正，如习惯的纠正、意识的纠正等。所以在能力和精力许可的范围内，应尽可能及时纠错，尤其是对于表达而言，言语越干净，表达就越精彩纷呈。

四、2018 年 9 月 14 日：借《十二月花名歌》和家长聊陪伴

9 月 14 日的课上讲《十二月花名歌》，我和学生们分享美，希望家长能结合花的形色和学生一起俯身看到美，愿每一个家庭成员的眼里都是风景，心里都是美好。我们还可以结合与花有关的诗歌，让生活多一点情调和诗意。

今天和学生一起回顾以下诗句。

桃花一簇开无主，可爱深红爱浅红？

春光懒困倚微风。

留连戏蝶时时舞，自在娇莺恰恰啼。

墙角数枝梅，凌寒独自开。

不是花中偏爱菊，此花开尽更无花。

接天莲叶无穷碧，映日荷花别样红。

兴尽晚回舟，误入藕花深处，争渡，争渡，惊起一滩鸥鹭。

……

当学生们诗词记忆量倍增时，便能滔滔不绝地与人交谈。愿每一位家长都能成为孩子的引路人，为孩子寻一份美！

五、2018 年 9 月 30 日：班级诗词旅程大板报上墙

从确定做诗词旅程大板报到让板报真正上墙，我们前后花了一个多月的时间，先后经历了确定主题和内容、板块调整、家长上传内容给小炎妈妈、小炎妈妈和我商讨板报细节等环节。9 月 30 日，我们终于看到板报成型了，虽然还有不完善之处，但真的很喜欢，因为这是我们自己在做的事情。有一个回顾和小结，可以给自己、给学生、给家长更强的动力，让我们继续慢慢地坚持不懈地唱下去，积累下去，滋润彼此。

六、2018年10月12日：公布9月积分，告知10月积分内容

公布从暑假至9月积极又努力学习的学生。10月，我们根据古诗积累、背诵积累、小书虫积分、暮省文章分享篇数、实践小课题结题情况、家庭评分等项目，统计月积分情况。

七、2018年12月21日：开启第二套国学积累

截至本月，班级同学几乎已经或即将完成四本儿歌的背诵。为了更好地积累和更长远的学习，接下来我们会开启第二套国学积累。希望学子们可以滴水穿石，慢慢积累。语文本就是一门厚积薄发的学科。

当文学与节日浪漫相拥，当阅读与竞赛巧妙碰撞，当人文与课堂牵手吟唱，当思辨与暮省有机结合时，学生的阅读兴致会被自然地激发出来，形成你争我赶的积极氛围，阅读也就成了学生们心中所向往的一件事，这何尝不是语文教师所追求的呢？

(三)全国"百班千人"活动

我校在宁波市语文名师陈舒恩的带领下，组织部分班级报名参加全国"百班千人"创意读写计划，收到很好的教育效果。在她的带领下，全校掀起了共读一本书的热潮，校内外其他班家长也纷纷希望加入。宁波《东南商报》的微信公众号、官方网站曾连续跟踪报道陈舒恩老师带领班级学生进行的《忠犬八公》读写活动，在社会上引起较大反响。2016年，她所带的班级荣获全国"百班千人"读写活动一等奖。

阅读正在改变着学生们的学习、生活，我们希望从华师艺实小学毕业的每位学生有近500本的阅读量，让学生一生与书结缘，以书为伴。

陈舒恩老师的《儿童"创意读写"课程的五个整合》一文真实反映了学生的读写经历。

笔者(陈舒恩)有幸自2016年9月起，连续参加了十期由著名阅读推广人发起的公益活动——全国"百班千人"创意读写计划，逐步形成基于整本书共读的儿童"创意读写"课程，与家长、学生开展整本书创意读写实践。

一、多元主体整合，超越单个教师授课

叶澜教授曾提出"复合主体论"思想，认为教学主体就是由教师和学生共同构成的复合主体。"创意读写"课程，打破了语文课以老师为单一教学主体的模式，让全国导师、作家、编辑、父母、学生等一起参与课程开发和实施，通过对图书的共读和讨论，形成由多种阅读角色构成的"多元主体"。

（一）角色一：导师

每一期的创意读写计划会经历三周。其中，第一周为师生自读阶段，第二周安排全国导师通过微信群进行在线导读。比如，在五年级共读书目《手推车大作战》的导读课上，导师付雪莲老师就向同学们介绍了"拆书"的创意阅读策略，并且引导学生在拆书中发现该书富有创意的、独特的表达方式，这一阅读策略让同学们受益匪浅。又如在

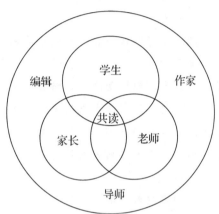

图4-10　共读文学圈

《风之又三郎》的导读课上，导师蒋军晶老师引导学生发现童话创作的"三段式"反复结构，引导学生在创意写作中尝试运用这样的表达方式，让学生们掌握了写作童话的一种方法。

（二）角色二：家长

在全班共读《忠犬八公》一书时，笔者就曾邀请班里一位对狗颇有研究的学生家长，为学生上导读课。这位家长为孩子们带来了34种名犬的照片，如数家珍地向同学们介绍了它们的名称、特点、生活习性，其中包括该书提到的秋田犬。狗狗们实在太受孩子们欢迎了！于是，孩子们阅读《忠犬八公》的兴趣被点燃。又如在共读《灵犬莱西》一书时，笔者邀请了一位才女家长担当助教。这位家长每天都会为全班同学进行阅读指导。某天，她和大家分享《灵犬莱西》中对人物细节的描写。人物不在大小，一个小人物，如果你的描写符合角色设定，细节描写真实、细腻，那么再小的角色也能令人感觉形象丰满、入木三分……

（三）角色三：学生

在儿童诗集《今天我想慢吞吞》的共读共写中，学生则成为老师和父

母的小老师。因为儿童是天生的诗人，所以诗集中不少诗句和插画在成人读来，颇费脑筋，但在儿童的眼中却被立即破译。于是，我们让学生带着父母解读诗中的童趣，并试着创作，使这次共读充满新意。

在"创意读写"课程中，教学主体从单一的语文老师，延伸到著名特级教师、作家、家长甚至是学生，这样的共读文学圈，能使不同教学主体的优势实现互补，在整合中实现智慧众筹，激发学生阅读兴趣，提升学生读写素养。

二、学习内容整合，超越单篇课文教学

叶圣陶先生提出，就教学而言，精读是主体，略读只是补充；但是就效果而言，精读是准备，略读才是应用。学生在校的时候，为了满足需要与兴趣，应在课本或选文以外阅读别的书籍、文章；他日出校之后，为了满足需要与兴趣，一辈子要阅读各种书籍和文章；这种阅读就是应用。因此，在学习内容的选择上，必须打破单篇课文的教学，实现整合式的教学。

(一)课内外匹配

在选择共读书目时，要尽可能考虑让共读书目与语文书中的单元主题相匹配，或补充深化，或拓展延伸，实现学习内容的课内外整合。比如，四年级下册第二单元的主题是以诚待人。《中彩那天》《尊严》《万年牢》让学生读懂了"诚信和尊严都是一笔精神财富"；《将心比心》中的母亲，让学生懂得了站在别人的角度去理解、宽容和鼓励……我们选择了共读书目《海底隧道》，书中那些人、那些事，无不诉说着"心里永远要有别人"。通过共读，我们在学生心中播下一颗善良的种子。

(二)类主题比较

阅读完《忠犬八公》后，同学们被秋田犬小八"十年如一日的等待"深深打动。于是，笔者又为学生选择了同样以狗的忠诚为主题的《灵犬莱西》，设计了相同主题的两本书的比较阅读。如果说小八的忠诚体现在十年如一日的等待，那么，莱西的忠诚则是不远千里的跋涉。无论是从时间的角度，还是从空间的角度，两条小狗都让孩子们读懂了"忠诚"的含义。最后，学生们用非连续性文本的方式，对两本书的异同点做了整理。以下是四年级小李整理出的两书的异同。

表 4-3　四年级的小李整理出的《灵犬莱西》和《忠犬八公》二书的相同点与不同点

不同点			相同点
类别	《灵犬莱西》	《忠犬八公》	
1. 故事发生的地点不同	英国	日本	1. 故事都发生在第二次世界大战前夕 2. 都是以一个真实的故事为蓝本的 3. 都是一只准时来接主人的狗 4. 狗的主人都是一个讲信用、守规则的人 5. 通过细节描写，突出狗的忠诚
2. 主人的身份不同	主人处于一个父亲失业的贫困家庭	主人是有着良好修养的知识分子	
3. 犬的品种和身份不同	牧羊犬	秋田犬	
4. 描写狗的着重点不同	通过跋山涉水的描写，突出莱西的"灵"	通过十年如一日的等候，突出八公的"忠"	
5. 对主人忠诚的表现方式不同	跋山涉水，不畏艰辛困苦见到主人	十年如一日守候等待在同一地点	
6. 结局不同	喜剧，最终大团圆	悲剧，最终只能以虚幻的形式团圆	
7. 对于狗表现出来的时间观念，总结的原因不同	认为是狗的天性所致	认为是主人的言行举止熏陶所致	

(三)书与影整合

在共读中，笔者发现小说《忠犬八公》《灵犬莱西》都有同名电影，而且都是经典影片，且在不同时期有不同版本。比如，《忠犬八公》有 1987 年日本版的《忠犬八公物语》和 2009 年美国版的《忠犬八公的故事》。于是，我决定让电影也成为语文学习的内容，让学生将电影和小说做比较，发现电影语言和小说语言的不同，以及不同导演将小说语言转换成电影语言时所采用的不同处理方法。后来，我们又找到更多写狗的故事和关于狗的经典影片，如《一条狗的使命》《忠爱无言》等，逐步形成一个关于"狗"的拓展课程。

这样的创意，着眼于学生的终身阅读，超越了教材中单篇单组课文教学的局限，实现了教学内容的整合与丰富。让学生尝试采取更开放的阅读视角，在主题式对照阅读中，更好地体悟作品的内涵及表达的思想。

三、思维方式整合，超越单纯知识习得

语言是思维的外衣，思维才是语言的灵魂。在创意读写中，教师不仅仅要让学生获得知识，更重要的是要激活其思维，引领学生实现高品

质阅读、高品质写作。

(一)批注：自主发现精彩

除了最初的原生态阅读，我们还有必要进行"深耕细读"，让学生不断徜徉在书海中，在字里行间品味语言，琢磨写法，发现精彩；让学生在自己的书上留下阅读的痕迹，养成阅读批注的好习惯。比如，小陈同学在阅读《马克的完美计划》时，写下这样的批注："我发现，故事分成'马克的旅程'和'家人的等待'这一明一暗两条线索。整数章节①讲述的是马克的故事；带分数的章节以俳句开头，以俳句结尾，讲述的是家人的等待。这样的描写，就像电影中的场景切换，令故事扣人心弦，真是巧妙！"类似的批注，在学生的书中比比皆是。

(二)提问：人与书的主动对话

主动阅读的核心是什么？《如何阅读一本书》给出了答案：你在阅读时要提出问题来——在阅读的过程中，你自己必须尝试去回答问题。只有养成这样的习惯，才能成为一个有自我要求的阅读者。在共读《忠犬八公》的第八天，同学们分享了自己阅读时的疑问：如果小八走失了，教授会去找它吗？为什么作家要写最后的幻想部分？为什么每一章节的题目以地名和时间来命名？……带着阅读中的问题，同学们再次阅读，寻找答案，这样的阅读是饱含思维的高品质阅读。

(三)创意：让表达更有个性

"创意读写"课程不仅注重阅读吸收，而且关注写作表达，尤其是有创意的表达，从而进一步在表达中激活学生思维，提升其思维品质。每读完一本书，都会有创意表达的任务。比如，在读完《划桨入海》这本书之后，教师让学生尝试走进桨手的内心世界，用第一人称来写桨手经历的一个磨难。于是，就有学生这样写道："我驾驶着小船，缓缓地向前行驶。忽然，一股湿漉漉的带着薄荷、冬青和松叶味道的空气扑面而来。抬眼望去，映入眼帘的是一片绿茵茵的景象。树木郁郁葱葱，枝干曲曲直直，碧绿的苇草和灌木密密麻麻地覆盖在蜿蜒曲折的湖岸上……"再如，读完《风之又三郎》，教师让学生运用三段式反复结构，自编童话，学生的创作灵感爆发，一位男生创作到深夜十一点仍停不下来，洋洋洒

---

① 这本书的章节序号比较特别，有整数的，也有带分数的。整数的章节为一条线索，带分数的章节为另一条线索。可能没有看到书的人会不理解。

洒写了两千多字。

教师在阅读中引导学生学会思考、学会发现、学会质疑、学会比较、学会创造……学生掌握这些优秀的思维方式，比单纯掌握一些知识、了解一些内容，更有价值。

四、媒体技术整合，超越单维教学时空

传统的语文教学活动只能发生在教室中。创意读写活动借助媒体技术、实时互动等手段，让学生、教师、家长甚至是全国各地的同龄人，开展基于新媒体的在线共读活动。

(一)开微信课堂

自媒体时代，微信已成为人们获取信息、彼此交流的媒介之一。"微信课堂"是"创意读写"课程的另类课堂。除了在规定的时间聆听导师的指导，我们还能开展阅读交流会、辩论会、分享会。比如，共读《妖精的小孩》一书时，导师陈秀娟老师设计了一个非常巧妙的讨论话题：主人公萨思琪是半妖精半人，那么你希望她最后成为妖精，生活在妖精的世界，还是成为人，生活在人的世界呢？这是一个开放的话题，没有标准答案，却点燃了孩子们的思维火花。从 19:30 开始，直到 21:30，班级微信群叮当作响，学生们用语音留言的方式，发表自己的观点。整整两小时，学生们各抒己见、据理力争、意犹未尽。

(二)建私人电台

读一本书，不仅需要默读，更需要大声朗读。如何将朗读记录下来，分享给更多的朋友？我们发现了某款录音软件，利用这一软件，每个学生都建立了私人电台。在共读童诗集《今天我想慢吞吞》时，每个孩子和自己的家长合作朗读自己喜欢的童诗。在阅读《划桨入海》《马克的完美计划》时，全班同学按学号有序阅读每个章节，进行小说联播，并通过微信朋友圈进行分享。有些同学，还一个人读完了一本书，留下了最美童声。

(三)借媒体

班级的共读活动得到媒体记者的关注后，《宁波晚报》的"实力妈咪"公众号为此开设亲子专栏"名师名家共读"，通过公众号向更多的家庭推荐好书，第一期推荐的就是《忠犬八公》。之后，我班 13 位小主播用私人电台合作录制了《忠犬八公》整本书的朗读音频，通过公众号分享给更多的小朋友和大朋友们，让更多的人知道这本书，阅读这本书，爱上这本书。我们的小主播因表现出色，还有幸来到宁波电台"小星星乐园"节目，

分享班级的创意读写活动。

在"互联网十"教育背景下，我们的课程、教学必须借助媒体技术，打开一扇更为开阔的大门，让学生在更加广阔的天地中共读、共写、共分享。

五、学科跨界整合，超越单门学科界限

语文是一门学习语言文字运用的综合性、实践性课程。语文是许多学科的基础，在基于整本书共读的"创意读写"课程中，教师将创意读写与美术、音乐、科学、地理、历史、影视等多门学科进行整合，从而激发学生的阅读兴趣和写作热情。

（一）与艺术整合

在"创意读写"活动中，教师经常会采用"图像化策略"，这就需要学生掌握充分整合美术的技能。比如，初读一本书后，学生可以绘制思维导图，画出人物关系图、故事情节图；可以为书本重新设计封面、腰封，可以给一段小诗配插画，可以用绘本的方式展示小说的内容……在为小说录制朗读节目时，需要根据故事的情感需要，选择合适的背景音乐，这就需要学生拥有良好的音乐素养。

（二）与科学整合

在阅读科普类作品时，会涉及很多的科学知识。比如，在阅读《划桨入海》一书时，因书中讲到，桨手经过了加拿大五大湖，于是，学生和家长就在世界地图或地球仪上寻找相应的湖泊，通过查找资料了解其地貌特征。

（三）与生活整合

从本质上看，语文是一种对生命和生活的表达，我们应当把生活与世界作为活语文的"教科书"。

面向未来社会的挑战，我们的教育必须走一条以提升人的核心素养为指向的融合之路。语文教学借整本书共读的儿童"创意读写"课程，力求在整合中实现超越，让学生热爱阅读、善于表达，让阅读和表达像呼吸一样自然。如此一来，语文核心素养必将在生命的一呼一吸中拔节生长。

二、"有魂课堂"：指向学科关键能力

每一门学科，均有反映学科特征的能力素养。把各学科中最基础、

最重要、最具终身影响力的学科素养提炼出来，其产物被我们称为"学科关键能力"。对"学科关键能力"的培养是以新课程标准为依据，在全面实施课程标准的基础上，对各学科符合高雅学生特质的"关键能力"予以长期聚焦。在日常教学中，通常学校文化与学科教学之间基本没有形成必然联系，主要原因是国家课程是不以学校意志为转移的，而是以课程标准为依据，以地方教研员、学科专家的意见为导向的。提出"学科关键能力"正是为了在国家课程与学校文化之间找到一个契合点，凸显国家课程在学校文化中的主体地位。下面以语文、数学学科为例说明该问题。

（一）语文学科关键能力：乐读、善写、会说

1. 乐读

阅读是写的基础和前提，没有海量的阅读，没有生活素材的积累，学生要实现在写作时落笔如有神简直是不可能的。学校通过开展"年阅读一百本"活动、全国"百班千人"阅读计划，实行班晨读等，使中低年级的每个学生平均每年的阅读量在百本以上。各班每学期至少开展一次名著整本书共读活动，教师不需要刻意强调什么，而是借助学生现有基础，开展共读活动。比如，阅读了《西游记》后，不同学生对西游记中的人物形象会有不同的理解，所谓"一千个读者有一千个哈姆雷特"，教师利用学生这一现成的教学资源，组织开展孙悟空人物形象的评析等活动，不仅要求学生对孙悟空的人物形象要有评价，还要求他们能说出评价依据。这样，孙悟空的人物形象就在学生的评价交流中，从不同的视角变得慢慢立体、丰满起来。学生也在相互交流阅读心得中激发自身的阅读兴趣，习得阅读方法，增长阅读知识。学校鼓励建立"家庭图书馆"，通过亲子阅读、家校共读等，营造良好的阅读氛围；让学生喜欢阅读、热爱阅读、饱览群书、品鉴图书，形成良好的阅读习惯。

2. 善写

写是十分重要的表达方式。学生只有通过在一定阅读量基础之上的实操练习，才会逐渐掌握写作的表达技巧。小学一二年级学生专门准备了"一句话"日记本，每天结合自己的学习和生活感受写一句话，教师则对写得好的同学进行表扬和点评，或将其写的话张贴出来作为示范；小学三四年级采用循环日记的方式，每组5～6位同学，每天分别由一位同学承担撰写任务，同时要找出上一位同学的习作中值得学习借鉴和需要

改进之处。教师扎实落实过程性批阅工作，并对部分经典佳作及时进行点评和展示。小学五六年级学生要在精写上下功夫，针对一篇作文，教师通常经过面批，要求学生反复修改，在字句斟酌，精打锤炼上下功夫。这样修改好的作文，随后又成为同学间相互学习交流的资源，使得学生写作水平得到较大幅度的提高。

3. 会说

阅读是一种自我积累的输入过程。写和说则刚好相反，是一种输出过程。一个人的思考、想法、目的、意图很大程度上都是需要通过书面表达(写)和口头表达(说)来展现的。说是人与人之间最直接、最便捷的沟通方式。说是人的一项基本的能力，需要从小抓起。在语文拓展课中，教师们开辟了"小小演说家"栏目，鼓励学生围绕某一主题进行演讲，鼓励高年级的学生给低年级的弟弟妹妹们读绘本故事，鼓励学生申领选学课文的教学任务等。为了让更多的学生有锻炼的机会，学校还有不成文的规定，每逢全校性大型演出，每位学生在校期间只能承担一次主持人任务。六年来，每一次"雅之韵"大型文艺会演，对每一位学生来讲都是一次很好的历练。享享同学刚入学时虎头虎脑的，在语言表达方面并没有什么过人之处。经过学校社团的不间断训练，也通过校内外各种大大小小活动的历练，到四年级时候，宁波广播电台 FM98 栏目已经聘请他做兼职的小播音员。现在他已是在宁波小有名气的小主持人之一。

(二)数学：善计算、能质疑、会分析

1. 善计算

计算是数学中最基础、最重要的一项能力。据研究，小学中高年级和中学阶段学生数学成绩不良主要是由计算能力差造成的。大家都知道计算的重要性，可是如何提高学生的计算能力却成了各所学校的一个难题。一年级学生一般要在三分钟内口算 60 道题，这应该作为我们对所有学生的保底要求，但却又不能人为地任意拔高要求。如果教师把标准提高到三分钟内口算 70 道或 80 道，这样无形中会给部分学生带来很大的负担。我校的做法是"小步走，不间断，下保底，不封顶"。口算练习题实行备课组共享，在上一年级口算练习资源的基础上，由备课组教师修改完善，学生利用每天数学课开始后的三分钟进行口算训练。从低年级的求质、求量，到高年级的求质、求速，学生天天练习，从不间断。针

对部分计算能力好的学生，教师准备了"荣誉作业"，让学生挑战更高难度的题目，鼓励优秀学生持续挑战自我；针对部分计算能力较弱的学生，教师则是通过降低难度的办法鼓励其迎头赶上，确保每一位学生达标。要注意的是，教师不能搞"一刀切"，或片面地拔高要求，这样会让那些能力相对较弱的学生有畏难情绪；教师要在营造氛围、激发兴趣、关注过程、肯定成绩上下功夫，让学生在毫无心理压力的前提下，在班级团队的你追我赶中不甘落后、积极进取，在不知不觉中提升计算能力。

2. 能质疑

基础教育阶段的课堂有一个怪现象，越是低年级的学生举手发言越积极，随着学生年龄增大，到了小学中高年级及初中，按说他们的思辨力应该更强了，恰恰课堂上举手发言的人数越来越少了。渐渐地，初中课堂就成了教师的一言堂，或者教师只能采取随机点将的方式指定学生发言。课堂学习中，对学生而言最重要的并不是举手回答，而是主动提问，特别是针对教师的教学提出自己的疑问，这就是"质疑"。质疑可以成为衡量一个班级的学生主动学习程度的一杆标尺，学生越会质疑，课堂中越会出现来自学生智慧的惊喜，这是学生主动思考的表现。我曾感慨地说，如果哪个班级到了五六年级时学生还质疑声不断的话，那么这个班的学习力一定不容小觑。在校本教研中，教师们都十分注重对学生质疑能力的培养。比如，初中部教师在学生预习的基础上，要求学生列出不懂的问题。这些问题一般基于学生现有基础，很富有代表性。课堂上教师并不急于答疑，而是让学生先进行练习，以检测学生预习的效果，从中了解学生的现有水平；在此基础上教师组织学生开展小组学习，在小组内提出自己不懂的问题，引导学生互助学习。一个学生的问题不一定是小组所有学生的问题，一个小组的问题也不一定是班上其他小组的问题，这就为互助学习提供了可能。教师要在各小组互助学习的基础上，收集小组难以解决的共性问题，这时教师的讲解才是学生急切需要的。把课堂还给学生，并不是指形式上的热热闹闹，而是要坚持"学生自己能学会的教师不教，教学生自己学不会的"，教师要扮演好组织者、主持人的角色，要紧紧围绕课堂教学目标、重点难点，在教学中二度分析学生的学习难点，把学生当作最好的教学资源，积极组织学生开展互助学习，在此基础上做到该出手时才出手。教师在讲解要做到"三讲三不讲"，"三讲"即讲学生自学讨论后还不理解的问题，讲易混、易错的问题，讲质疑环节过后其他学生仍然解决不了的问题；"三不讲"即学生事先没有学的不讲，学生自己能学会的不讲，学生讲之前不讲。

3. 会分析

学数学是为了什么？最重要的应该是培养严密的逻辑分析能力。现在，我听到越来越多的师生和家长埋怨考试题目太生僻，学生从来没有做过，所以不会做。大量刷题已经成为学生提高数学成绩的不二法宝。在这种思维的引导下，当前的数学学习离教育的初衷越来越远。为改变现状，学校数学组引导学生开展"说题"研究，从开始的时候发动学生找一些有趣、有意思的题目，利用课堂的最后五分钟开展"每日一题"练习，到后来学生渐渐地聚焦于课堂上的带星号的思考题，再到现在学生基于课堂上一些典型题和易错题进行说题。"说题"可以是课前说，教师引导学生先学先试，把学生说题当作课堂教学资源的一部分；也可以是学后申领，特别是针对大部分学生还不是很理解，很容易出错的内容，教师让已经学会并悟透的同学尝试录制说题视频，教师审核后，该视频就能成为其他同学复习过程中所用的辅助资源。其实，说题者自己也是"说题"的受益者，说题的过程中无疑是一次重新分析梳理的过程，这不仅有助于说题者对学科知识的巩固，也能增强说题者的分析、表达能力。

三、自主学习力：让学生发现学习的"泉眼"

学习每天都在发生，但是你是否思考过学生学习到底是为了什么？是为了习得知识？既对，又不全对！说对，是因为不管是在基础教育还是在高等教育阶段，学生确实能够通过学习增长知识，也需要掌握一定的知识；说不对，是因为有人说现在是信息时代，是知识爆炸的年代，全球一年的知识量可以抵得上过去几十年的知识量之和，人能掌握的知识很有限。古人云："授人以鱼，不如授人以渔。"由于对学习的理解过于简单化、狭窄化，于是"满堂灌""题海战役""车轮战术"等方法也就层出不穷了。当前不少教师的教学方法还相当落后，教学基本成了"教会"的代名词。陶行知曾经说过："先生的责任不在于教，而在于教学生学。"教学不在于"一桶水"向"一杯水"的"倾倒"，而是要求教师能够在教学过程中让学生发现学习的"泉眼"。我一直认为人的能力不是教出来的，而是在长期的历练过程中慢慢形成的。我们希望学生能够学会学习，因此要培养学生的自主学习能力，让学生"在游泳当中学会游泳"。

（一）课堂是自主学习的主阵地

课堂教学中，师生的关系经历了由教师主导课堂到双主体教学，再到学生为主体、教师为主导的转变。学生成为课堂主体后，教师的角色应该有怎样的改变呢？教师不应成为站在课堂中心的最亮眼的那个人，教师应成为课堂的组织者、调控者、倾听者。他犹如一位老练的公交车司机，把握着车辆行驶的方向，又默默欣赏车辆内的一个个精彩故事和每一位独特的乘客。把课堂还给学生并不意味着放任，而是指教师要在课前明确学习任务，让学生明白自己要达到的学习目标；这一步很重要，不仅学生要事先了解清楚目标，而且教师在课堂教学过程中应该时刻"把握方向"，对于课堂中发生的与"方向"不一致的情况，教师应该有所警觉，必要时应及时加以干预，确保教学过程与教学目标的高度一致。我曾经听一位课改专家谈起他开展两年课改的经历，他说教师的站位由原来的学生视觉的"正中央"改换到了教室的一侧后，学生的学习主动性明显增强，课堂发生了革命性的改变。我认为，教师讲得少了，学生学习主动了，这是一大进步。

我们学校的课堂教学，在学习上海静教院附校张人利校长的"后茶馆教学"经验的基础上进行了很多有益的探索。教师们致力于让学生会学，开展"明学、独学、群学、议学、活学"等环节学习。在课堂上，教师通常会把本堂课的教学目标、任务提前告诉学生，然后要求学生带着目的、任务进行自学，并从中找出与目标、任务相关的不理解之处，在小组内与同学交流。有些问题学生通过小组互学可以解决，而对于某些小组间的共性问题则在各组交流中通过群学继续开展讨论。"独学""群学"的过程都旨在充分发挥学生的学习自主性，让学生在实现把同学教会或请教同学解决自己的疑惑的过程中习得知识。由于学生基本处于同一水准，所以他们在学习期间交流心得时就会有更多的共情，也会敏锐地发现相异的构想，这为学生基于现有水平的学习提高提供了可能。"议学"是指教师"该出手时才出手"，让学生经历"不愤不启，不悱不发"的过程。这时候，在教师讲解过程中，学生的注意力通常比较集中。学生的学习速度是有差异的，但教师也无须过多地重复讲解，只要能让尽可能多的学生首先理解，再让剩下的学生通过同伴互助逐步搞懂即可。教师要事先了解本课内容的难点和易错点，精心选择和设计练习，从中检验学生是否真正学会，并在此基础上进一步查漏补缺，巩固提高。在课堂学习中，教师的组织调控至关重要，一方面要让学生的学习紧紧围绕教学目标，另一方面又要把握住时间节奏，确保一节课的学习效率与效果。让学生经历自我挑战式学习的过程，这样会在无形中激发学生的学习动机、兴趣和自主性。

(二)辅导者以学生为主

每位学生的学习习惯、学习态度是有差异的，这也逐渐导致学生学习能力的差异。让不同层次的学生在课后接受挑战学习是我们需要努力的方向。以往我们对于成绩优异、学有余力的学生的学力开发的研究是比较少的。部分初中除了开展学科培优班以外，没有更多好的举措。我们要求教师以激励为前提，研制"荣誉作业"，通过一些激励机制，让这部分优秀的学生在原有基础上能"跳一跳摘到桃子"；对于一些中等生，则一边帮助他们完成巩固提高的练习，一边鼓励他们积极申报"学科小导师"，辅导内容采用"双向沟通"的方式，需要帮助者提出受助内容申请，"小导师"选择自己也希望再次巩固的内容为需要帮助的学生提供个性化辅导。这种互助式的辅导，对中等生而言既是一种付出，也是辅导者与被辅导者互惠互利的过程。特别对于"小导师"而言，在对他人进行辅导的同时，也对这方面的知识再次进行梳理，可以说，这是一次很好的复习巩固过程。

"说题"是数学很常用的一种辅导方式，教师选取数学课中的难点、易错点或带星号的题目，通过招标形式让学生申领，并要求他们事先用手机视频的形式将"说题"过程记录下来，其他学生在相关方面碰到困难，可以通过扫二维码观看视频进行重复辅导。"说题"同样在科学实验教学中得到广泛应用。实验应针对日常需要进行，教师通过招募"实验小先生"，要求他们为其他同学提供现场指导；或者拍摄"说课"视频，供学生在实验碰到困难时参考。

初中部教师在完成一个单元的教学任务后，会要求学生绘制单元思维导图，并要求学生利用思维导图讲解单元的知识结构树，这既是一次相互学习的过程，也是一次将单元知识结构化的过程。学生在交流碰撞中，将单元知识归纳为更为清晰的树状图，有助于理解和记忆。临近学期末，初中部教师要求全体学生对语文、数学、英语、科学、社会五门学科平时的练习卷进行全面整理并装订成册，对部分缺失的及时补充完善。期末阶段教师不需要再发太多的复习题，学生利用好这些练习题资源，做好错题分析与订正巩固就是最好的复习。

(三)将习题的编写权赋予学生

教师引导学生深度学习需要有一些具体的实施策略。不少教师把单元练习看得十分神圣，认为单元练习题必须保证公平性，单元练习内容理应做到绝对保密。其实细思一下：我们组织单元练习的目的是什么？是想检验一下学生在单元学习中的巩固情况。在能够收到同样效果的情况下，哪一种方式更能调动学生学习的积极性、主动性，何不就采用哪一种呢？五、六年级的数学教师尝试让学生自编练习题，结合单元思维导图，不仅要求学生说明编写这道题的目的、意图，还要他们说明这道题的难度系数。为了激发学生的编题热情，每次单元练习中有 50%～70% 的习题来自学生编写的习题。这就要求学生不仅要了解本单元知识的重点和难点，还要了解本班同学的实际情况。尽管这看起来是一项连教师都感觉有些难以实现的工作，但是在学生的尝试过程中，我们的确发现他们的思考、分析能力是超乎想象的。

(四)开展预习和复习

对于初中生而言，学会预习和复习应该成为学习的一项必备能力。但是我们不难发现，目前的初中生很少有自己独立学习的时间。通常是从早上进校门，到晚上出校门，学习基本就是听课、写作业。这种一切都由教师预先设定好的学习方式，慢慢"逼迫"着学生养成了等候"喂食"的习惯，一旦教师今天没有布置作业，学生就会无所事事。因为在他们的学习"字典"里，从来没有"主动"两个字！这可不能怪他们，因为鲜有教师要求他们这样做，他们也不知道怎么做。我校正在实施一项作业缩减计划，一方面对不同能力、层次的学生实施分层作业，让其各得所需；另一方面控制作业总量。同时，学校开设学习方法辅导课，教学生一些各学科复习、预习等自学方法，要求学生在完成作业之余，每天开展预习、复习。学生的自主学习力并不是与生俱来的，也不是一蹴而就的，需要学校领导、教师解放思想，更需要各学科教师的精心设计与培育。

米开朗琪罗曾说："塑像本来就在石头里，我只是把不要的部分去掉。"自主学习力何尝不是蕴藏在学生自身的潜力之中的？只要给学生足够的时间，定期组织开展自主学习有效策略的分享交流和辅导活动，只要长期坚持，学生必将具有较强的自主学习力。在这方面，教师的意识转变是关键，学校不仅要让教师认识到培养学生自主学习力对学生长远发展的意义，更要让教师在实验、对比中感受到这样做对学生学习带来的实际效果和积极影响，让教师敢于放手，在尝到甜头后持续推进。

四、可持续发展力：让每一块金矿石拥有成为金子的梦想

基础教育阶段的任务是什么？我们有着最响亮的口号："为学生的一生奠基！"但鲜有人思考到底要为学生的一生奠定哪些基础。做校长以来，我一直很关注毕业生在各所初中、高中的学习状况，并把学生的发展状况作为坚定教育理想、梳理办学理念、调整办学策略的有力依据。

（一）顺应学生天性

小学教学应遵循它自己独有的规律，教师的目光不能仅局限于学生能学多少，更应聚焦在学生的路能走多远。小学低年级学生还很顽皮，心理、生理还不是很成熟，这个阶段最重要的任务是培养学生的学习兴趣，让学生感觉学习是那么有趣，学习原来可以把他们带入如此浩瀚的未知世界，让学生有强烈的求知欲，喜欢学习、喜欢学校；做到这些，低年级的教育任务已经完成一大半了。当学生对学习充满浓厚的兴趣，十分积极主动地学习时，你还需要为他们的成绩担忧吗？当然，小学低年级教学中还有一项任务就是习惯的养成，我们强调了很多学习习惯，如写字、听讲、整理等，但是当我读了史蒂芬·柯维的《高效能人士的七个习惯》后，我才感悟到，我们管理者又犯了一个低头拉车的错误。从来没有人怀疑上述这些习惯的重要性，但是关键在于我们在跟学生讲习惯以前，往往都深入到一两项具体的细节中去了，以至于每位教师都按照自己的认识和喜好来强调习惯，如有的教师认为写字重要，在学生写字教学方面就更重视一些，有的教师认为礼仪重要，就会在礼仪教学方面多花一些工夫；但他们从来都没有思考过，这些习惯当中哪一些才是为学校、家庭、社会共同认可的，对人的一生来讲是重要的。"七个习惯"

恰恰回答了这样的问题，使我认识到以前的学生习惯的养成是碎片化、不系统的。"七个习惯"已经超出了习惯的范畴，它影响人的思维方式和行为方式，最终营造一个人人向往的精神"热源"。我想表达的是，在关注学生习惯时要清晰地知道哪些习惯对于学生来讲是重要的，可以形成体系，并且可以使他们终生受用。只有当学校、家庭、社会都认识到这些习惯的重要性时，学生的习惯培养才会有良好的环境。到了小学高年级和初中，教师要在价值观的引领和学习方法的指导上下功夫。九年一贯制学校的校长经历告诉我，学生九年学习生涯基本由小学低年级、小学高年级、初中三个不同阶段组成，每一个阶段都有不同的侧重点，我们的教育方式也要随之发生改变。只有顺应人的本性的教育才是可持续的。

(二)学科关键能力

学科关键能力看起来只是学校课程的一部分，其实它们均指向"高雅学生"的特质。一所学校，只有当学校课程为学校文化和育人目标服务时，这些课程才会呈现出独特的魅力。也许这些课程的实施无法"短平快"地在短时间内发挥它的优势，但是"乐读""善写""会说"和数学的"善计算""能质疑""会分析"等关键能力必将成为学生身上不可分割的一部分，在学科教师们的共同努力下，从不同的方向上交汇成一个高雅学生所需的立体而全面的素养，其着眼点是学生的可持续发展。我在一次培训课程上，看到一位教授画了两条有坐标轴的抛物线来形容素质教育与应试教育的差别，代表素质教育的抛物线在原点起步阶段上升得十分缓慢，甚至可以说是低而平坦的，但是到达了一定阶段后便迅速上升，我认为这就是"厚积薄发"；而应试教育的抛物线从原点开始上升明显且迅速，可是到达一定的高度后却渐渐平缓下来，这就是所谓的"揠苗助长"吧。两条抛物线相比同样都有上升，但是结果却截然不同，它们比较形象地说明了我们是应关注"不输在起跑线"，还是应该关注"赢在终点"。道理大家都懂，关键在于教师和家长是否有足够的定力和耐心。

(三)关注身心发展

由于我是从学生基础教育的整个阶段考虑问题的，所以把顺应学生天性，培养学生的习惯和能力放在前面叙述。但把关注学生身心发展放在后面叙述并不意味着从育人的角度看它的优先度较低，恰恰相反，一个人的身心发展才是教育应当最先考虑的。学生具有旺盛的精力，让其学习一项体育运动，并且长期坚持训练，保持身体健康，这样就获得了学习的前提保障。学校让学生分别学习一项体育和艺术，在体育和艺术项目的学习中慢慢判别和认识自己，把这当中自己最喜欢的也是最擅长的作为主项去发展，而另一项也要继续坚持。学校和家庭对体艺的认识曾经只停留在培养学生的兴趣特长上，有时甚至认为学生学习体育和艺术会占用文化课学习时间，势必对学业造成一定的影响。实际上，只要合理安排时间，学生学习体育和艺术不仅不会影响学业，还会给学习带来积极的影响。我曾经跟踪观察学校乒乓球队、羽毛球队、射箭队、民乐队、管乐队的学生，发现其中一些能够坚持到底、脱颖而出的学生都是学业优秀的。这些学生往往很富有朝气，很阳光，这是他们长期坚持付出后得到的回报。这正是我常常提到的"精通一项，坚持一项"的目的所在。学生在坚持当中，在获得健康和才艺的同时，也收获着自信、毅力、注意力、意志力、合作力、抗挫折力等。这些智力因素和非智力因素的培养，才是对学生一生发展影响深远的。

（四）关注个性天赋

"是金子总会发光。"学校教育的使命是让每一块金矿石拥有成为金子的梦想，"让每一粒金子都发光"。在学校教育中，你或许认为这是基本不可能实现的，那何不从你认为可以做的开始呢？基础教育不以培养职业的运动员、演奏家、歌唱家、舞蹈家、画家、作家、数学家为目标，因为这是小概率事件。但我坚信，在学校每一百个、一千个、一万个学生当中，肯定会有那么几个具有特殊天赋的学生，只不过我们暂时还没有发现而已。学校需要做的就是提供足够优秀的师资和课程，只要有百分之一、千分之一、万分之一的可能，就要去实践。我们的多数学生，在接受这种规范的启蒙教育后，经过长期的坚持，渐渐从不专业的成为"半专业"的。对于其中特别优秀并且具有某方面天赋的学生，学校想方设法为其提供个性化课程，实行"一对多"甚至"一对一"的辅导，从而让他们逐渐走向卓越。

小学阶段，我们不仅要关注学生当下的成绩，更要把眼光放到学生毕业后，即到了初中、高中、大学乃至走上社会后的发展状况。也许你会说：难道我们真的要管学生一辈子不成？其实还真的是这样，至少你需要这样去考虑！既然你认可基础教育是为学生一生奠基的重要阶段，也许你管不了学生一辈子，但我们从内心也要为学生一辈子更好地发展着想。我经常在想，一个学生，从刚入学时的"小不点"，到小学毕业时的少男少女，其外在生理上的改变是巨大的。但你是否关注过他们在心理、智力、情感、态度、价值观等方面的内在改变？我认为绝不会比外在改变要小！你是否又曾想过，这些内外的巨大改变，究竟为他们人生带来了哪些积极有利的影响呢？也许现在我们都看不到，但每所学校毕业生的今后发展情况的大数据可以说明一切。我断言，如果今后有一家信息统计的机构会对每所学校办学以来所有毕业生的就业情况和社会贡献度进行统计分析和排名的话，那么这个排名会是社会和家长所需要的，也是我们校长和教师真正需要关注的。古人云："凡事预则立，不预则废。"作为校长，尽管我们一时还无法看到学生将来的发展情况，但是我们只有遥想未来，培育学生长远发展所必备的兴趣、态度、习惯、能力、品格等，学生才会有更美好的未来。

第三节　以一技之长充盈生命

一、只要有"健康第一"的执着，就有"第一"的可能

如果说语文是所有学习的基础，那么体育则是学生学习的基础保障，体育在我的学校管理中占据着极其重要的位置。原宁波体育运动学校施校长曾笑称："如果学校都能像陈校长那样重视体育，那么我们宁波的青少年体育运动就不用愁了。"我任职的前一所学校，乒乓球、羽毛球、射箭等项目均处于全市领先地位。

"健康第一"已成为社会的普遍共识。体育不仅对强健体魄、舒缓心情，促进人际交往等具有促进作用，而且对培养学生的兴趣爱好、意志力、抗挫折力、团队合作力和注意力等也起到十分重要的作用。一所好学校，要保证体育满足学生最基本的体质、体能的需求，保障学生有足够的精力、体力投入到紧张的学习当中。当前的教育领域，有一些学校

"头痛医头，脚痛医脚"，没有想过体育与文化课成绩之间到底是什么关系。实际上，只要掌握好一个度，体育与文化课学习之间就是相互促进的。学校只有抓好体育工作才算是迈出了素质教育的第一步。

(一)科学设置课程

为落实"一体"目标，即让每一位学生拥有一项体育特长以强健身体，学校一方面对部分基础课程进行重组，如西校区将一、二年级的 4 节体育课中的 2 节课改为健美操(男生)、芭蕾(女生)，为的是让学生从小拥有良好的体态身姿；另一方面学校对体育教师资源进行重组，通过设立每周一节的 70 分钟长课，集中全校体育教师资源，以年级段为单位，开设了健美操、足球、篮球、花样跑等诸多体育项目供学生选择，为每一位学生有一项体育特长提供可能。另外，学校积极拓展课外活动资源，如我校作为鄞州区全国未成年人思想道德建设品牌项目的"四点钟学校"，其目标主要围绕"一体一艺"制订，学校开辟体育场馆设施，建立羽毛球队、网球队、篮球队、足球队、健美操队等运动团队，还积极利用周边场馆，把部分有条件的学生送出去参加训练，如选送学生参加宁波市游泳训练中心的训练和宁波市小球训练中心的网球训练等。学校管理关键看校长的心在哪里，如果校长认为"健康第一"是最重要的，那么只要有对"第一"的执着，就会有成为"第一"的可能。

(二)统筹安排大课间活动

每天 1 小时的体育大课间活动最考验体育组的老师们，一方面既要使日复一日开展的大课间活动项目让学生感兴趣，能积极投入其中；另一方面又要把各年级的体育达标内容融入其间，作为大课间的主要活动内容。体育组把每月小型竞赛内容与达标的各个项目挂钩，学校则把各班的体育达标情况与体育教师的考核挂钩，使得体育项目真正实现过程化、阶段化、螺旋式上升。体育教师经常会在阶段性达标测试后，对成绩不够理想的学生继续进行个别辅导与跟踪，确保学生的体育成绩每年稳步提升。初中部为了实现既增强体质又突破体育中考中长跑项目难点，利用每天早上体育大课间中的 30 分钟和下午的 30 分钟开展长跑集训。初一学生经过一学期日复一日的训练，体质健康指标和长跑成绩得到明显提高，家长、学生纷纷称赞学校的这项举措扎实有效。

(三)开发"身心健"大数据系统

学生体育课、大课间活动的锻炼是否达到规定运动量？学生每天的体育锻炼是否科学有效？如何对学生运动状况实施大面积测控？现代信息技术和人工智能为解答这些问题提供了可能。学校与科技公司联合开发"身心健"大数据分析系统，通过腕表对学生体育课、大课间活动期间的运动量进行统计、检测和分析，各班分析数据在大屏幕上实时公示，并把数据分析及建议及时反馈给班主任和体育教师，确保日常体育训练的科学性。大数据分析系统的实施，使每一位学生的运动健康状况有据可查，为跟踪学生健康动态变化情况，监测和保证每一位学生的健康状况提供了有力的技术保障。

二、用一项艺术特长，使学生气质高雅，眼睛会"说话"

艺术是指人对美的向往和追求。作为艺术实验学校，既然我们与"艺术"结下了不解之缘，就要走出一条可供借鉴的艺术教育之路，使艺术"实至名归"。

(一)课程内容

学校紧紧围绕"品学优、身心健、艺见长"的育人目标，面向全体学生创建了"三趣"艺术课程，包括有趣层级的基础课程、兴趣层级的拓展课程和志趣层级的个性课程。

表 4-4　"雅之韵"课程分层一览表

层级	课程性质	教学对象	上课形式	主要学科内容	师资
有趣层级	基础课程	所有学生	班级授课、分科	音乐、美术	本校艺术教师、外聘艺术教育专家
兴趣层级	拓展课程	所有学生	选项、年级走班	音乐、美术、舞蹈、戏剧	
志趣层级	个性课程	部分学生	指定、分组教学	音乐、美术、舞蹈	

"人人有一张艺术课程表。"每位学生各取所需，选择适合自己的个性化课程。例如，三年级的小叶同学，每周分别上 2 节音乐课、2 节美术课，还选修了小提琴拓展课，同时，她还是学校管弦乐队的第一小提琴

手。学校每周聘请上海音乐学院指挥系硕士研究生担任乐队指挥，聘请小提琴专家分组为学生进行个性化指导。"三趣"艺术课程设置从课程时间、内容、层级上保证"每位学生的最优发展"。

（二）课程实施

艺术课程的实施强调以艺养德，以艺促雅，促进学生"审美雅趣"目标的达成，通过"雅视""雅形""雅音"三大类予以实施。

1. 雅视课程

我校自开发"纸为媒"项目以来，建立了四条创意生长的研究路径，以文化的浸润为始，逐步让学生通过基础普及创作、自主拓展创想、个性综合创意，最终达到实际应用的目的。学校通过不断的实践探索，寻找到创意萌发的七个要素，即主题、材料、技法、造型、组合、展示、评价，将七个要素融入课程体系，开发了九大项目化课程（九大工坊）：纸浆制造、古法造纸、百变折纸、缤纷染纸、纸藤编织、剪纸工坊、衍纸部落、纸版拓印、纸形纸塑。学校举办的"梁祝""DIY服装秀""化蛹成蝶"等主题活动让课程得到完美展现。纸艺的综合创造赋予了作品鲜活的生命力，学生不仅能基于单一的技法和表现方法展示自己对文化的理解，更能基于对九大工坊技法的综合运用，创造出鲜活、灵动、内涵丰富的作品，表达对艺术、生活的理解与赞美。

2. 雅音课程

"雅音"课程包括基础类课程（音乐课，含器乐进课堂），以及拓展类课程，如声乐类课程（独唱、小组唱、合唱）、器乐类课程（二胡、琵琶、钢琴、小提琴、大提琴、小号、单簧管、长笛、小军鼓、中国鼓等）、特色类课程（管弦乐、民乐、混编室内乐）等。

学生入学后的一个月是观察期，教师通过"现场观摩"，让学生决定选择学什么，通过家校双向选择共同确定学生的学习项目。项目一经选定，原则上不再更改，如的确需更改则必须走严格的审批流程，减少学生中途变更的随意性。特色类课程根据项目特点，一般从四年级开始，根据日常表现和期末考核决定学生入选名单，由学校教师担任项目负责人，承担日常训练工作，聘请市内有一定知名度的专业人士来校指导。每学期末均有各项目的专场汇报演出，每周三以班为单位的雅酷秀场，以及每年十几场的专场演出、义演活动是最好的成果汇报。声乐、器乐学习都是从学技能开始，有趣、兴趣是阶段性的，枯燥也是暂时的，它们都会随着时间的变化而发生改变。"台上一分钟，台下十年功"，学生只有学会坚持，犹如攀越一座座高峰般攻克"难关"，最终才会萌生志趣，走向精湛。

3. 雅形课程

为满足不同学生对舞蹈学习的需求，提升艺术教师专业能力，凸显舞蹈特色品牌，实现舞蹈资源区域共享，我校创建并实施了小学舞蹈"三级课程"："一级课程"快乐舞蹈，面向全体学生，作为普及性课程，人人参与，以班级授课形式，每周开一次70分钟长课，让每一个学生感受舞蹈的快乐；"二级课程"储备能量，面向有舞蹈兴趣的学生，以年级为单位实施小班化、走班制授课，每周开两次长课，培养学生舞蹈特长；"三级课程"自信绽放，面向有舞蹈特长的学生，以全校走班形式，每周开一次课，时长70～90分钟，激发学生舞蹈天赋。针对不同的学生，按照舞蹈学习的常规、兴趣、特长三个层次，实施不同的教学内容，采取不同的课程形式、实施策略和课程评价，做到因材施教。

（三）课程评价

学校建立多元艺术评价体系，采用过程性、表现性与结果性相结合的评价，把学生日常练习、过程展示、考级竞赛均纳入评价范围，既关注学生参与艺术实践活动的经历，也关注学生艺术课程学习水平和参加艺术类表演、展览、竞赛等活动的次数；强调评价主体的自我反思、自我评价的能力；探索"雅量评价""雅质评价""雅性评价"等多元化的评价体系，反馈学生的学习现状，激励学生朝着新的目标不断努力。

表 4-5 "雅之韵"课程评价体系

评价的种类	评价的性质	评价的价值取向
雅量评价	过程性评价	关注学生参与艺术学习的过程，激励学生不断进步。
雅质评价	表现性评价	关注艺术专场表演、展览，展示学生个人或集体的艺术成果。
雅性评价	结果性评价	关注艺术竞赛活动，检验学生水平，寻找差距。

采用"学科卡""艺术卡""艺术之星"三个层次，充分发挥评价的激励、反馈和改进作用，确保学习的持久性和有效性。

（四）品牌建设

1."纸为媒"美术品牌

"纸为媒"创意素养的实践打破了现有美术教学的壁垒，又催生了美育的全新视角，为基础教育注入了新的生机与活力。纸艺与多学科的整合，如科学的植物染料、数学几何图形折纸、综合实践的手工折叠编织等，让学生从另一视角发现艺术的更多可能性和艺术对未来的预见性。纸艺的综合创意，促进学生的多元化发展。九大工坊各自独立又互通互融，学生在进行了几大工坊的专题学习后，渐渐就产生了"化学反应"，学生结合各大工坊的艺术手法创作出极富想象力、创造力、表现力的艺术作品，这极大地激发了他们自身的创作兴趣，培养了他们的发散思维。纸艺的跨文化交流，提升了学校知名度，如中日韩"纸为媒"文化交流等。世界华人美术教育协会主席陈怡倩女士带领世界华人美术教育大会主席团成员参观"纸为媒"创课中心，对我校美术教育大加赞赏，并热情邀请我校全体美术教师参加下届世界华人美术教育大会。

2018年年底，六省一市近300名青少年宫主任和全国百名文联主席也慕名前来考察"纸为媒"创课中心。纸艺"化蛹成蝶"获教育部美术优秀工坊一等奖，"'以纸为媒'培养小学生创意素养的实践研究"荣获基础教育国家级教学成果二等奖。在全国"中国创课"活动中，"纸为媒"创课中心向来自全国的四百余位参会者开放，学生的创意和创作水平得到与会教师的一致称赞，被誉为"五育融合的成功范例"。

2."雅之韵"音乐品牌

"雅之韵"是学校一年一度的文艺晚会，目的是向家长和社会汇报学校一年的综合发展情况。晚会采用项目负责制，执行导演直接归校长管理，在校长授权下可以调度校内的人、财、物等资源。晚会方案、演出节目都是年前预先制定并由各个艺术教师落实的。节目排练与日常的艺术训练相结合，追求节目的过程性和"水到渠成"。节目负责人可以充分利用"雅韵艺社"专家和录音棚等硬件资源，必要时也可以向执行导演申请外援。为了提升晚会品牌影响力，学校邀请军旅诗人陈云其作词，宁波电视台音乐总监王少鸿作曲，专门为晚会创作主题歌《雅之韵》，该主题歌荣获 2019 年宁波市"我的城市我的歌"歌曲征集评选十佳获奖作品。每年"雅之韵"文艺晚会预告一经发布，家长们就会踊跃报名，希望一睹学生风采，全市不少中小学领导也纷纷表示要派教师前来观摩学习，每次演出都是一票难求。"雅之韵"已成为在宁波市教育界颇有知名度的一台学校综合类文艺晚会。

3. "艺娃"品牌

学校的艺术教育并不是为了培养艺术家或专业人士，而是要让每个学生都能沉浸在艺术氛围中，受到艺术陶冶，享受艺术快乐。学校希望每个学生都能具有良好的艺术素养，达到全面发展。当然，也要为具有艺术天赋的学生提供成长的通道。

（1）以艺蕴情。五年级的宣宣同学于 2019 年 5 月登上中央电视台的舞台，在"音乐快递"栏目的"点亮梦想"舞台上用一曲 *When Christmas Comes to Town* 征服了现场嘉宾和电视机前的观众们。除了美妙的歌声，让大家更加感动的是爸爸陪伴女儿一同追逐音乐梦想的故事。爸爸一直鼓励女儿唱歌，女儿参加了各级各类的演出活动，包括比赛、录音、电视节目，每次爸爸都会去。他说："作为一名父亲，我能做好的只有陪伴，陪伴她一起经历成功和失败，陪伴她慢慢长大。"父女两人还约定每年都要去录音棚录制一首合唱歌曲。宣宣的爸爸说："歌声和照片一样，也是一种回忆，我们把歌录下来，以后宣宣长大了，再拿出这些作品来听，都是满满的回忆和感动。"

学校里有很多这样的学生，他们在父母的陪伴和支持下，从学校"雅酷秀场"小舞台，走进市、省、全国的大舞台。更可喜的是经过艺术熏陶后，不少学生变得彬彬有礼、天真活泼、落落大方了。

（2）综合发展。小恺是一个特别爱唱歌的孩子。他从一年级开始学声乐，多次在全国、国际声乐比赛中获奖，在江苏卫视"唱响好儿歌"活动中得到词曲作家付林、吴颂今以及音乐制作人黄舒骏的一致赞赏，被誉为"小费玉清"，并成为动画片《爸爸抱抱》的主题歌的演唱者。从四年级开始，小恺跨入了主持、朗诵、戏剧等多个艺术领域，曾受邀主持过中国少年先锋队宁波市第七次代表大会，三次主持宁波市少儿服饰节晚会，获得过宁波市"为你读诗"冠军、宁波市未成年人"经典朗诵"小学组冠军，并入围宁波市"十大文化达人"。

不少学生经过丰富的艺术活动的历练，提升了技能，锻炼了能力。

中高年级的学生们渐渐独立起来，开始独立筹备文艺晚会，组建自己的乐队，自行策划社会公益活动……艺术成为学生了解社会、适应社会、融入社会的有效媒介。

（3）国际视野。小汤同学于 2017 年考入上海音乐学院附属小学小提琴专业。他训练时每个音练 200～300 次，需要加强的换把音练 2 万多遍，左手指尖都练出了老茧。功夫不负有心人，他荣获第八届百花奖全国艺术特长生展示活动小提琴专业金奖，有幸接受了美国伊斯曼音乐学院专家欧列格·克里沙（Oleg Krysa）的培训，并受推荐参加蜻蜓国际弦乐艺术节的演出。盈盈于 2018 年 7 月以优异成绩考入上海音乐学院附属小学钢琴专业。2017 年 5 月，她参加在意大利举行的国际青少年钢琴大赛，以满分荣获该奖项唯一的特等奖。2019 年 3 月，她参加了中央电视台"音乐公开课"的录制。两位小小演奏家，因为音乐而走上国际舞台。他们在寻求优美纯正的发音、精湛的技巧、对作品处理的独特理解和创新，为成为一名优秀演奏家而努力着！

（五）社会效益

"让校园更有艺术范"是学校不断探索的课题。目前，学校正设想推出专门为午餐、下午茶、放学后的托管班等专设的艺术志愿岗，让师生在艺术氛围中愉悦就餐，让学生和家长在等待中陶冶情操。每周三中午，以班为单位的"雅酷秀场"定期开演，四年级及以上班级的导演、舞美、服装、催场等工作几乎均由学生担任。学校携手各班家长委员会开展"社会小义工"活动，学生每年走进社区、敬老院的文化活动多达数十场，大大激发了学生学习艺术的热情。我校和合一生活文化发展有限公司、宁波市音乐家协会音乐教育艺委会等单位共同成立宁波市"合一"青少年艺术基金，首期共为 10 位学生提供每人 2～5 万元的艺术奖学金，专门奖励和帮助有艺术天赋的学生。我们设想，今后学校对外艺术活动逐步试行有偿服务，将活动所得的所有资金全部注入该基金，让学生知道自己的艺术特长也在帮助更多人走上艺术之路，从而进一步激发学生的艺术热情，让艺术发挥更大的教育价值。

三、培养学生适应社会、服务社会、融入社会的"应世能力"

"应世能力"这个概念最早是由原中央教育科学研究所所长朱小蔓提出的。学校教育的目的不仅是让学生学一些课本知识，教育的最终目的是让人成人，即让人社会化。因此教育的一项极其重要的任务是培养学生适应社会、服务社会、融入社会的能力。2007年暑期，我赴香港参加宁波市骨干校长教育培训班。其间我发现香港市民的社会公益意识深入人心，他们每年都需要承担时间不等的社会公益活动。后来在考察中了解到香港市民公益意识的形成也不是一蹴而就的，学校教育和社会联动是激起香港市民公益热情的主要因素。无论是入学面试还是求职就业，有义工经历的人总会被格外看重，就连"香港小姐"的评比，都会把在公益慈善方面的贡献作为一项重要考察内容。我当初就在思考，内地与香港的经济发展水平正在逐渐拉近距离，人们的物质条件和生活水平差距也在缩小，但是对比香港后发现，作为东部沿海开放城市的宁波，市民的社会责任感和文明程度还需要进一步提高。现在的学生就是二三十年后社会的中坚力量，学校有责任在学生幼小的心灵里播下服务社会、关心他人的公益种子，让他们将来像蒲公英的种子那样，带动社会上更多人去做公益，让宁波这座有爱的城市更有温度，更加文明。

(一)社会小义工

社会文明如何与经济发展同频共振？在这方面，我们希望每一位学生能够成为热源，现在培养他们的公益心，将来他们就能够温暖和影响更多人。我在几所学校推行"社会小义工"至今已有15年，要求学生每学期必须完成5学时的义工任务，并作为评比三星级学生(三好学生)的必备条件。在各班家长委员会的精心策划和组织下，在全体家长的陪同下，学生们的足迹遍布宁波各个区县。学生们进敬老院慰问老人、打扫卫生；自发成立保洁小组承包几个公交车站的保洁任务；一年级学生自发组织到天一广场卖报，将所得的款项全部捐给一位白血病患者；艺术教研组每学年都组织学生参加十几场的义演活动；刚升入初一的学生在步入学校前，在家长们带领下，于暑期自发组织多次大型义工活动。学校学生发展中心汇编了《华师艺实社会小义工手册》，把每一次家长组织的义工活动的主题、目标、计划、注意事项以及审批流程等各个环节以文字记录下来并汇编成册，作为其他年级、班级的活动借鉴，极大地丰富了社会小义工的活动内容，避免了其他班家长不必要的重复劳动，规范了活动流程。"社会小义工"对学生的影响是巨大的，你可以从学生在公众场合的出色表现中感受它的魅力。课程带给人的改变是悄无声息的，若干年后，你才会发现这项课程给学生带来的变化。所以要充分认识到该课程的价值所在，更重要的是坚持坚持再坚持。阎晓洁、周琦娜老师的《为小义工萌娃打 CALL》反映了学生参与社会小义工活动的真实经历。

一、事件回放：小义工"新年送福"

2018 年 1 月 21 日，学校刚放寒假，五年级的小仪同学主动当了一回"项目小经理"，策划并组织了一场"新年送祝福"的小义工活动。她首先制定了一份"新年送福"的义工活动方案，然后，联系了学校所在白鹤街道贺丞社区的王书记，向对方说明了情况。王书记充分肯定了她的提议，表示社区非常欢迎这样的活动。双方确定了具体的时间和地点。接下来，她就向高年级征选有时间、有意愿，还有书写能力的小伙伴，又召集大家开动员会，组建了一个微信群，及时发送温馨提示。到了约定的 2 月 1 日，她就率领伙伴们赴贺丞社区。他们一个个摆好笔墨纸砚，挥毫泼墨。对联、福字在红艳艳的纸张衬托下显得格外醒目、喜庆。一幅幅作品，引得居民们纷纷来社区领取这份特殊的"新年礼物"了！宁波日报社的记者也闻风赶来拍摄与报道。之后，小仪又再次联系自己所居住的潘火街道雅苑社区的陆老师，同样顺利地举行了"新年送福"的义工活动，得到社区居民的一致好评，当日鄞州电视台也进行了现场报道。2019 年 1 月 29 日，小仪同学组织的义工活动依然如火如荼地开展……

二、聚焦人物：我们眼中的她

小仪说自己没有想到有这样的效果，她一开始的时候也有些忐忑，妈妈看了她的活动方案后给予她很大的鼓励，特别是和社区王书记联系后她的一颗心就放下来了，心中升腾起一股很强的力量。

经历过这样的活动之后，小仪又有了新的主意，想要策划和组织一次面向老人的关于智能手机的义工活动，而且希望能将其发展成一个系列的义工课程。

对于这样的义工小萌娃，大家都会给她"打 CALL"！而小仪，就是

陈校长
这才是真正的体现了"应世能力"，从家长陪同逐渐发展到独立组织！为小仪点赞！

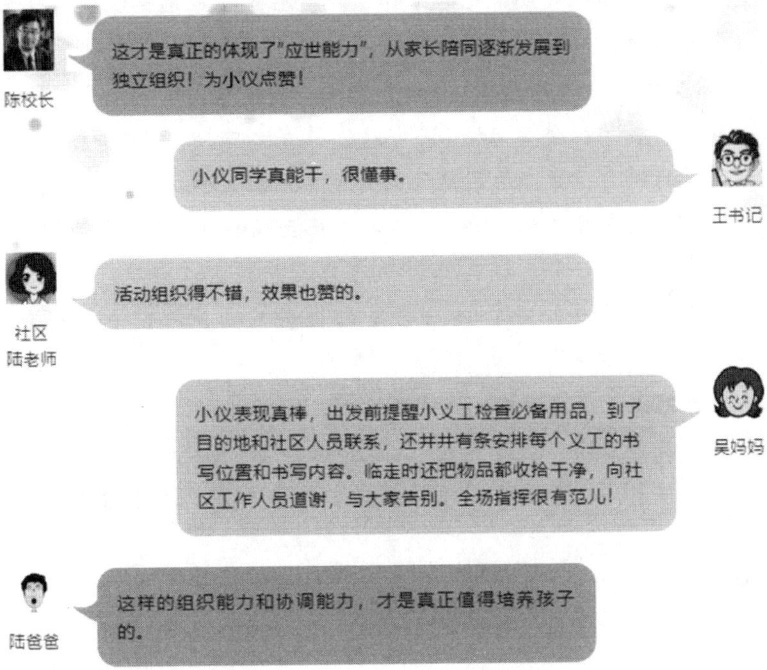

小仪同学真能干，很懂事。

王书记

社区
陆老师
活动组织得不错，效果也赞的。

小仪表现真棒，出发前提醒小义工检查必备用品，到了目的地和社区人员联系，还井井有条安排每个义工的书写位置和书写内容。临走时还把物品都收拾干净，向社区工作人员道谢，与大家告别。全场指挥很有范儿！

吴妈妈

陆爸爸
这样的组织能力和协调能力，才是真正值得培养孩子的。

图 4-11　众人为小仪"打 CALL"

会做这样的事情，大家觉得这完全符合她的风格！

在父母眼中，小仪的善解人意与自律自觉让他们倍感欣慰。早上，她 6:30 起床，洗漱，梳辫子，穿戴整齐；之后烧热水，不仅自己喝水，还为父母倒上一杯水。她每天打卡读英语，诵读古诗，练习绘画；她会做煎饼，洗水果……

在老师眼中，小仪是华师艺实的"雅礼导师"。校长陈伟忠曾经夸小仪是一个全面发展的孩子。班主任说："她连续五年都是三星级学生。"语文老师说："她的作文已经在杂志上刊出。"美术老师说："她的科幻画是众多画作中被华东师范大学教授钱初熹唯一称赞的作品。"科学老师说："她在鄞州区科技节综合实践成果评比中拔得头筹，她带队的三人组在答辩中获得评委高度评价。"

在同学眼中，虽然小仪是班里年龄最小的学生，不过她却是大家眼中的"小姐姐"。她当了电教委员，班级里跟电有关的都归她管。比如，老师要大家展示说题视频，于是她就把全班的 U 盘都带回家，将视频一个个复制到自己的 U 盘中，并一一做好标注。她当选了班刊的副主编，所以收集邮箱中的稿件就成了她的工作。做这些时，她总是乐在其中呢。

三、学校助力：应世能力的培养

《中国学生发展核心素养》中指出了学生发展的三大核心素养，即"文化基础""自主发展""社会参与"。这与以往德育大纲提出的"培养少先队员为集体服务的能力、参加力所能及的公益劳动"的要求是一致的。宁波市名校长、华师艺实校长陈伟忠把"学生的社会服务能力"提升为学生的"应世能力"，即适应社会、服务社会的能力，并提出以组织、开展学生小义工活动为落脚点，培养、提升学生的这种能力。那么具体如何落实呢？

（一）明确内容：小我大我，涉足五域

我们根据学生年龄、心理特点，将校内外"小义工"服务内容从以下五个方面进行组织：关爱他人、服务社区、珍惜环境、走进社会和善待自己。

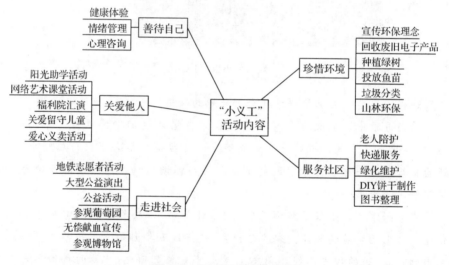

图 4-12 "小义工"活动内容

（二）落实组织：多元形式，服务内外

（1）"爱暖伙伴"——个人义工活动，就是以个人名义在学校内参加义工活动。

（2）"爱育集体"——班级团体义工活动，指在教师的带领下，以班级为单位在学校内进行义工活动。比如，服务学校的"图书小义工"：在老师的带领下，整个班级的少先队员来到图书馆进行义工服务活动，做

好图书管理、图书馆清洁、秩序维持、图书分类编目、图书录入和入库、图书馆宣传海报制作、读者服务活动等。

（3）"爱慰长辈"——家庭亲子义工活动，指父母与孩子一起参与志愿服务，通过主动参与社会实践，有力地促进孩子社会服务能力进步的活动。

（4）"爱洒甬城"——社区小组义工活动，指在社区工作者的带领下，将住在同一个社区或附近社区的学生组织在一起开展活动。

(三)架构模式：六大环节，实施有力

"小义工"社会服务活动策略围绕"提高学生社会服务能力"这个目标，采用六大环节的活动模式：成立义工队伍—招募活动人员—策划活动计划—组织活动开展—评价活动效果—推广优秀实践点。

图 4-13 "小义工"社会服务六大环节

(四)评价导向：多元评价，树立榜样

学校统一下发了"社会小义工服务卡"，要求学生每月至少完成一小时的服务，并将相应的服务时间、地点、内容记录在册，请被服务单位对每次服务活动进行认定。将义工服务活动与学生期末评选"德艺之星"结合起来，"每学期参加 5 次以上活动"是参评"德艺之星"的必备条件之一。每学期还评选"优秀小义工"，对参加次数多、活动表现好的学生的事迹进行宣讲和张贴，以榜样的力量引导和带动更广大学生积极投身于义工服务活动中来。

近年来，"义工"社会服务的形式越来越受到重视，成为少先队活动中不可缺少的一个重要组成部分。学校将继续努力提高学生的社会服务意识以及社会服务能力，提高学生的"应世水平"，实现学生核心素养的全面提升。相信在学校里，像小仪这样的义工小萌娃还会不断涌现……

(二)"雅酷秀场"

"雅酷秀场"设在每周三中午的 12:00~12:30，每次由一个班来承办，节目形式均由各个班级自行确定。学生刚入学那几年，每次活动现场，学生们都着实经过一番精心准备和打扮，现场演出中更多的是班主任、家长在台前台后忙碌的身影。到了四五年级，我渐渐地发现学生们一下子似乎长大了许多，老师和家长也敢于放手，不少班级的整场演出的导演、节目编排、舞台美术、主持等岗位均由学生自行分工承担，家长、老师也是应学生的要求接受"任务"，帮助承担当前学生还无法完成的一些工作。一场演出，对学生而言是一次全方位的历练，整台活动的主题确定和主持稿的撰写，都需要导演与主持人、演出成员进行多次沟通；每个节目的编排需要学生反复协商、配合、排练。整台演出，从台前到台后，每一个道具、每一个细节都需要认真思考和精心准备。学生的组织策划能力、协调能力、人际交往能力、表达能力等均得到锻炼。当我们放开双手，让孩子在茫茫苍穹和莽莽大地之间，亲身参与那石破天惊的"创世"，蓦然，孩子们触摸到的，便是整个世界。

(三)学校志愿岗

学生的主要学习场所是学校，学校原本就是一个"小社会"。为实践"学校即社会"的思想，让学校成为学生社会实践的真实"模拟场"，让学生在校内经历不同岗位角色的"实战演习"，从而更加从容地走向社会，学生发展中心推出了"丫丫乐乐影院""丫丫乐乐银行""失物招领自主岗""学校邮递员""环保监督员"等。一大批岗位的推出，使学生渐渐成为学校的管理者。我有一个梦想，希望有一天在校园内实现学生高度自治，学校事务基本都由学生自主管理，到处都是学生们忙碌的身影，教师则在一旁充当学生的助手。学校成了学生社会化的"试验田"。

五年级某班在周兰老师的指导下，体验了一次"双十二"校园购物节活动。周兰老师的叙述如下。

一个教师，应该要放眼孩子们长大以后，进入社会时所应该具备的综合素养，要使孩子善于发现自我价值，发掘自身潜力，有效应对复杂多变的环境。如何与生活实践相联系，让生活也变成学习的重要组成部分，这正是我（周兰）所要思考的。

2018年12月12日，由我们班平均年龄只有11岁的孩子全程自主负责与实施专属于学生的华师艺实首届"双十二"购物狂欢节拉开了帷幕，全校学生都可用自己平时所赚取的"丫丫乐乐币"进行购物，体验趣味活动。值得一提的是，"双十二"是一个完整的系列活动，除了当天的购物大狂欢，前期的采购商品、售卖购物抵用券、招聘超市代理商等一系列活动，都是由这些孩子自主策划并实施完成的。宁波电视台、广播电台等多家媒体对我们班的活动进行了实况报道，该活动赢得了社会的广泛好评。

为了"双十二"活动，我们筹备了整整两个月。当时，我让学生根据自己的特长与喜好现场进行了分组。他们分别组建企划部、采购部、收银部、礼宾部、宣传部、销售部、安保部等部门，有模有样地担任起各部部长，自觉责任重于泰山，实践创新的内在动力也被唤醒。

在写方案的时候，我和他们约定，以小组合作的形式来写。方案被录用的小组，将有权决定双十二当天所有人员的安排。我相信，只有当学生有足够的决定权，只有当学生被其自身的探究欲望所驱动时，他们的实践创新能力才会被激发，从而不断实现素养的自主建构。

在设计调查问卷的时候，我先让学生自己上网研究调查问卷的组成，随后每个人根据自己的理解先自行设计，由市场调查组汇总整理出一份完善的问卷，再由全班探讨并通过。同时，学生自行组队采访校长与副校长，请领导对他们的方案和问卷调查提供宝贵意见，使得方案更加完善。

在分发调查问卷以前，我组织学生探讨调查的艺术，让他们站在他人角度来想象一下被调查者的心态以及可能会遇到的问题，所以他们在做问卷的时候，有礼有节，举止温文尔雅，说话耐心温柔，对于他人的提问细心解答，掌握了大量市场信息，为后期的数据统计赢得宝贵资料。在分析完数据，了解市场需求后，我就联系家长委员会，和工厂确定好时间，由家长开车，我亲自带领采购组的孩子前往宁波慈溪、镇海等地的工厂挑选商品。在工厂里，学生认真参观了工厂的生产车间，了解产品从原料到成品的全过程，同时我引导他们询问了工厂老板热销产品的情况，结合自己手中的市场调查数据，学生开始拿出纸笔做预算，计算进货量，同时开始和老板讨价还价，以最低的价格拿到更多的货物。对于无法在工厂实地采购到的商品，我就组织学生在网上进行购买。学生在网上进行购物的时候，也是用尽了各种方法来降低成本，有些学生抢购物优惠券，有些学生向商家讲述自己在做的事，希望获得商家支持，有些学生直接利用产品特点和进货量优势来进行砍价……

我一直认为，困难是宝贵的教育资源。在备货的过程中，我不断把自己发现的问题抛给学生，和他们一起想办法解决。我们的目标是提供"价优质好"的商品，但超市预算有限，手上的现金无法购买理想的货物，所以我们就想办法开源节流。我们没有足够的钱给100个多肉植物配花盆(1个花盆要2元)，就用5元钱批发了100个白色小纸杯，孩子们自己在杯子上画画，于是就有了手绘的绝版花盆。学生设计了钓鱼环节，却没有足够的钱买道具——鱼和鱼竿，于是全班同学自发组织画鱼，由于纸质的鱼遇水会湿，学生小梁就把同学画好的鱼带回家用自家的塑封机进行塑封，全班同学再一起剪鱼；鱼竿是用废旧的硬卡纸卷起来制作而成的，鱼钩是用回形针做的。学生发现有些非实物商品可以循环利用，只需要一次性投入，成本低，还能激发"顾客"的兴趣，于是学生就定制了快乐大转盘，转盘上的所有奖项都是有趣的虚拟商品，如和校长共进午餐券、睡懒觉券、免作业券等。考虑到做生意的诚实性，他们还去联系学校的德育老师，确保这些券到时候可以生效。

我觉得教师要引导学生学会用自己的眼睛观察世界，用自己的方式表达想法和体验，并尝试去解决生活中遇到的问题。所以在促销环节，我引导学生关注淘宝双十一购物狂欢节的营销方式，模仿他们的营销战略，分析促销手段。学生发现售卖抵用券是极好的营销方式，于是就提出提前售卖"购物券抵用券"，这引起大家的购物兴趣。市场营销组根据老师告知的学生手上的丫丫乐乐币的数额，根据相关数据制定出"充300抵320""充500抵550""充1000抵1150"的购物抵用券；设计组的同学自己联系广告公司进行设计与印刷；宣传部的同学自己扛桌子、搬椅子、画海报、布置售卖场地……学生已能正确认识和解决现实生活中的难题并运用科学的思维模式来判断和分析各种现象，能多角度、多层次地思考问题，我越来越相信自己的决定是正确的。

为了增加学生的实践能力，我又开始引导学生自己撰写招聘校园代理商的方案，让学生自主实施代理商面试考试，自行撰写聘用代理商的合同，进行签约。学生自己出面试题目来招聘代理商，分组去做考官，形成面试打分依据，与代理商签订代理合同，同时对代理商进行培训以及安排后期活动。在真实的情境中，我把实践的主动权交到学生手中，让他们在探究、深思、相互交流中增长实践创新能力。在探索过程中，学生会面临巨大的挑战，他们需要凭借先前已具有的分析和解决问题的能力素质，来探索解决挑战性难题的模式。其实，这正是孩子们成长过程中所需要的。

由于在前期的准备过程中孩子们已经经历太多的困难，他们的执行力与团队精神已经非常强，默契程度已经非常高，所以双十二当天的运营自然不在话下，他们微笑服务，敏锐观察，及时补货，替顾客着想，让优惠券利用率最大化。

带领这么小的学生自主筹备和运营整个双十二系列活动对我的脑力和体力都是巨大的挑战，但是我庆幸我和孩子们都坚持下来了。该活动有效培养了学生在学习与生活中发现问题、提出问题和解决问题的能力，学生的包容意识、责任意识、团队意识等得到了显著提升，为未来的可持续发展打下坚实的基础。

父母是孩子的第一任老师，对孩子一生发展具有深远影响。有研究表明，优秀的孩子与以下四种家庭环境有关。一是父母恩爱；二是父母会听取孩子意见；三是父母爱学习；四是父母有事业追求。有专家甚至坦言，一个孩子的成功 70% 来自家庭，学校的作用只占 30%。实际上，不少家长朝思暮想，"望子成龙、望女成凤"，但他们在千方百计地为孩子的发展谋划时恰恰忽视了自我的修炼和提高。教育并非教师的一厢情愿、"孤军作战"，家长应是教育中不可或缺的一分子，家庭教育与学校教育应实现同步和默契。所以，在义务教育阶段，对家长开展针对性的指导、培训，改善家庭教育环境，整体提升家长素养，提高家长与学校合作水平对于提高教学质量显得尤其重要。我校确立了家长的特征——"和雅"，让家长做一个和气正直的人（正气），做一个甘做示范的人（底气），做一个乐于陪伴的人（大气），让家长树立"陪伴、示范是最好的教育"的理念，树立正确的教育观，让家庭教育成为学校教育的有效延伸，让家长成为学生成长中的第一任好老师。

第一节　学校教育，家长不能缺席

学校与家长到底应该保持怎样的关系才算是合适的呢？有些学校很忌讳家长进学校，用他们的话说，家长知道得越多，阻力越大，事情越不好办。他们没有意识到家长在学校教育中所起的积极作用，而是片面地放大了个别家长对学校造成的负面影响，以至于"一叶障目"，一股脑儿地把家长划到了"心理围墙"之外，认为家长只要在家多配合学校就已经很不错了。有些学校，想把家长参与学校管理的作用发挥到极致，充分发扬民主，样样事情都征询家长意见、征得家长同意；后来学校渐渐发现有些不对劲，只要学校工作稍有变动，家长就会提出"这事情我们不知道，为什么没有经过我们同意?"之类的质疑。学校内部事务家长也想插手管，搞得学校在管理上束手束脚、无所适从。

家长以怎样的身份参与学校管理，直接决定了家校合作的效果。我们既要认识到家长参与学校管理对教育积极有利的一面，同时也要意识到家长过度参与学校管理可能造成的不利局面。任何事都有两面性，学校要清楚在哪些方面可以充分发挥家长优势，为孩子的发展施力，也要清楚哪些工作不需要家长参与，如教师调配、课程设置、教学安排等专业性很强的工作，家长的过多参与会使学校管理者"自寻烦恼"，甚至令学校工作处于"无所适从"的尴尬境地。

在多年的家校合作实践中，我深切感受到家长对学校教育的巨大影响。也深刻领悟到家长越支持学校，学校就越强大；家长越理解老师，老师就越努力；家校合作越默契，孩子就越优秀；家长越积极参与，孩子就越幸福。

一、以社会公德为依据的集体共识

我们先假设这样一个场景：很多人在排队购票，此时一个人插队，排队的人一定会对此感到不满，纷纷制止并谴责插队之人。在这个场景中，人们的不满是以社会公德为依据，对违反共识行为的一种直接反应，也就是一种正义感。正义感的特点在于其以共识为基础，并最终指向公众领域，以规范社会及其成员的观念和行为。

（一）家校观念

休谟在《人性论》中指出，人的情感、欲望和情绪，主要是从观念中产生的，任何情感的对象不但对情感主体个人，而且对其他人同样清楚明白地显现出来。所以，家校观念既涉及个体，又影响着群体。让家长形成正确的教育观、学习观、质量观，认识到自身的积极参与对孩子成长有着不可替代的深远影响，在家校互动中获得对支持者、协助者、合作者等身份的认同和对学校愿景、使命、价值观等的文化认同，对家长形成家校观念将起到十分重要的作用。

1. 理念一致

学校宣传途径包括新闻媒体、微信公众号、家长会、家长聊吧①等众多渠道，目的是让社会、家庭从不了解、不清楚到知道、清楚并认同学校的办学理念和行为。当前，家庭教育存在盲从风、攀比风、功利风，引导家长树立正确的育儿观，使家长在人为的紧张气氛中保持那份从容、淡定，学校有义不容辞的责任。当前，学校的官方微信是学校与社会、家庭的重要沟通途径，它不仅仅宣传学校的重大活动，还让家长知道：该培养孩子的什么，不该让孩子做什么；家长们该做什么，不该做什么。"校长说雅"栏目正是基于这样的目的而开设的。使家长与学校在教育理念上保持一致，在行为上产生和谐共振是家校有效合作的前提。

2. 家校理解

学生家长身处不同的生活、工作和社交环境，对教育的理解不同，对孩子的要求也会存在差异。为此，学校要特别重视对家长学校②的建设，系统建构家长学校课程并组织实施，加强家长的学习与相互间的沟通交流。校领导要向家长宣传学校的教育理念，以期让家长成为学校办学理念的坚定拥护者和贯彻者，同时也要向家长亮明家校合作的"底线"，声明家长不该管的坚决不管，不该做的坚决不做。家长在家听了孩子的表述后，不管有多么不理解，也绝不可偏听偏信，要平静地向孩子了解情况，心平气和地向相关老师问明事情原委，再有礼有节地解决问题。我校家长聊吧涉及的主题有"当孩子向我表达在校的委屈时""如何引导孩子与人正常交往"等，班主任通常会事先约请在这方面做得比较好的几位学生家长发言，以达到引领、示范的目的。我经常跟家长讲，一胎的家长在育儿方面都是"实习生"，所以做家长的要加强学习，增进家校沟通和理解。很多矛盾都是误会造成的，即使对于同一事实，不同的人看问题的角度不同，对事情性质的认识也会截然不同。何况，"人非圣贤，孰能无过"，老师也有可能一时疏忽，有无心之过。

3. 家校默契

当前，随着信息化的普及，几乎每个班级都有一个微信家长群。家

---

① 指这样一种家长学习的组织形式，围绕某一家庭教育主题，由家长进行经验介绍、观点碰撞等。

② 由学校组织的，宣传学校办学理论，专门培训家长的学校。

长群的有利之处是使家校或家长之间的信息互动更为便捷，减少了时间成本。但一旦操作不当，也会增添不少烦恼。有时原本只有一件小事，但经个别家长在群里一误导，又经不明真相的家长一附和、一激动，顿时群信息的"嘀嘀声"就会彻夜不息。如果教师能第一时间发声，了解事情经过的家长及时回复，向原本不知所以然的家长告知事情原委，群里瞬间也就会风平浪静了。当然，如果教师平时有足够的心力花在孩子身上，能得到家长们的充分认可，那么哪怕偶尔有不理解的事情，家长们也会选择信任教师。

（二）家校情感

让家长了解学校工作，并不是坏事，恰恰是家长理解和支持学校工作的开始。学校选择适度地"开门办学"，通过家长理事会、家长开放日、家长聊吧、家长志愿者等途径让家长进入学校，让家长成为学校的"一分子"。"家长一日蹲点"是我十几年前任校长时就已经开始实施的一项工作。每学期期中，学校一般每班邀请1～2位家长代表，从早上学生上学开始，一直到晚上学生放学，请他们与学生一起经历学习的全过程，放学后学校立即召开家长代表座谈会，请家长们将自己于一天之中发现的值得肯定和需要改进之处集中反馈给学校。有位经历了"家长一日蹲点"的家长说："一年级组老师从早忙到晚，几乎没有空闲时间，劳动强度之大令我感到不可思议。"有位担任"故事妈妈"①的家长感慨地说："我课上面对一群不听话的'小不点'，真切感受到做老师的不易！"

一所学校、一名教师，如果一心扑在孩子身上，用对孩子满腔的爱，时时处处为孩子着想，做到了耐心、细心、用心，不间断地真诚听取家长的声音，及时改进、完善自己的工作，你说家长的情感表露会是怎样的呢？他们还能说什么呢？

（三）家校合作

我们听到过家长严重干扰学校办学的信息，如有老师怀孕休假，家长就集体发难，要求学校安排成熟的老师到班上任教，大有不达目的决

① 以生命教育为主题，由学生妈妈自愿报名参加，成为"故事妈妈"，上海专家定期线上辅导的心理辅导课程。

不罢休之势，闹得满城风雨；又如自己孩子被其他孩子欺负了，家长气不过，就赶到学校直接找到该学生，于是小孩子的纠纷就演变成两个家庭的矛盾；还有的孩子在学校的体育运动中意外受伤，家长不依不饶，直接跟学校讲条件，非要赔偿不可；等等。为什么家长会有这些行为？学校如何避免这些行为的出现？

处理家校矛盾，看起来是事件发生后，而实际上功在平时，功在事先。

1. 真诚合作

不管在家长会还是个别交流当中，要时刻传递一种思想，即我们是合作者。家校之间"合"则双赢，"不合"则双输，要把合作、不搞对立的意识"写"进家长的心里。当然，学校出台任何一项措施之前，都要充分地站在孩子和家长的角度思考问题，把家长顾虑、学校困难都摆在一起来思考，如果A方案不妥，B方案也不妥，那有没有A、B以外的第三种对家长和学校而言都能接受的方案呢？学校多一些统合综效思维，沟通时把这样的意识和思考过程摆出来向家长诚恳地说明，是会得到绝大多数家长理解的。

2. 领导表率

在与家长交流沟通中，校领导要善于换位思考，多站在家长的角度思考问题，把学校遇到的困难和已经做过的努力如实告知家长，让家长们真切感受到校方千方百计想把事情做好的诚意。我在处理学生家长反映的比较棘手的家校矛盾时，通常把自己摆在中间立场上，力求做到不偏不倚。对于家长提出的合理化的意见、建议要及时听取吸收，而对于无理的、不该管的、有损于学校和学生长远发展的要求，则通过婉转的说明、解释坚决予以驳回。在专业性、原则性问题上，切不可举棋不定、左右摇摆。校长要有自己的定力，要动之以情、晓之以理，坚持己见、毫不动摇。例如，我校有位班主任请病假，根据医嘱她需要休息较长一段时间。与她搭班的是一位刚参加工作不久的新教师，家长们对此普遍感到担忧，就集体到我这里反映。我让分管副校长约请班级家长委员会主任见面，诚恳地向家长们表态：学校会尽全力找到最适合的代课老师来暂时接替这位老师。当学校聘请到在民办机构任职的曾获市学科骨干教师称号的徐老师与这个班的家长代表见面时，家长们都纷纷表示十分满意。校长不能有"摆平就是水平"的行政思维，而应实现共情，站在家长的角度换位思考，直到家长满意为止。

3. 职业操守

职业操守是指人们在从事职业活动中必须遵从的最低道德底线和行业规范。教师如果能够恪守师德规范，就能让家长感受到教师对孩子成长的点滴关注；教师如果能对孩子一直鼓励、满怀期待，就能让家长感受到教师的用心。例如，我校每天下午放学后，都会要求学科教师对部分潜能生进行知识巩固，努力做到当天的学习任务当天掌握。我跟老师们讲，当你非常尽力地辅导学生到了最晚的放学时间，如果孩子巩固得还不是很好，你要么继续辅导并请家长一起到教室稍等片刻，要么跟家长交代一下到家继续温习功课的要求，试问家长心里会怎么想？他们会说老师不负责任吗？凡事都要将心比心，教师这么努力工作着，哪怕偶尔出现工作上的疏忽，家长也会选择理解的。

二、约定俗成的人际交往准则

公德是指人们在公共领域中，为了共同利益而约定俗成的应该做或不应该做的行为举止，是重要的人际交往准则。[①] 学校要引导家长与学校共同营造一个良好的育人环境，让家长在教育子女上不仅侧重于言传或者金钱上的投入，而且更加注重言行高度契合下的示范影响，为孩子营造一个适合成长的"育人场"。

(一)家长的公共意识

公共意识作为现代文明的标志之一，不是单单靠教育灌输就能在人们心中生根的，更多的还是要靠生活实践。

1. 家长的公共规范

家校合作也并非都是一帆风顺、十全十美的。一个人的唇齿都会不慎发生"误撞"，何况人与人之间呢？家校之间有时会产生矛盾、不解，这是正常的，关键在于学校与家长之间是否建立公共规范的共识。建立家长公共规范意识，应关注以下三方面。

(1)有足够的诚意。学校不能把家长当作"外人"，要能真诚地接受家

---

① 参见于钦明：《拥有一颗公德心》，载《中国青年研究》，2012(10)。

长的建议，对于的确有问题的情况应立即整改，这不仅是多了一双监督学校加强管理规范的眼睛，而且也多了一条完善学校管理的途径。发现问题不可怕，关键是对待和处理问题的态度。学校越坦诚，家长就越理解、信任和支持学校。

（2）要畅通言路。学校对家长诉求做到"第一时间回应"，设身处地为家长解决实际困难。家长如有"苦水"和"不满"，学校要有平台让家长倾诉，有制度确保跟进，有机制狠抓落实。如果家长表达诉求能畅通无阻，学校能积极回应、迅速处理，大家就都会愿意求助于这个平台了。

（3）合作有"边界"。家校合作也要有度。教育是一门专业，家长有提建议的权利，但不可以横加干涉。每年任课教师变更，都会触动家长敏感的神经。学校要在事前慎密考虑，特别是对于满意度高的教师，要坚持尽量不变动原则。如遇家长来访，校方坦诚说明原因，一般都会得到家长的理解。如果遇到个别家长不依不饶，校方要立场鲜明地表明态度，说明人事由校方决定，家长有建议的权利，但无权"越界"干涉。家校合作中只有设置好"边界"，合作关系才会朝着良性、可持续的方向发展。

2. 家长的公共参与

公共参与是公共意识中更高层次的意识，主要包括以下几个方面。

（1）家长的参与意愿。墨菲定律告诉我们，心里想着什么，什么就会发生。假如我们认为家长是一群"惹事者"，那么家校之间的矛盾、麻烦就会接连不断。我一直认为家长群是一个资源极其丰富的"资源库"和"智库"，充分地开发和挖掘好家长资源，让家长提供力所能及的支持和帮助，有助于形成家校共育的良好局面。当家长们感受到学校的付出为孩子成长提供实实在在的帮助时，家长们的参与意识就会被激发出来。例如，2020年的国际文化节活动中，每班都承担一个亚洲国家文化的研究性学习任务，各班的任务重，特别是对于低年级的学生而言，家长们在活动策划、布置场馆的过程中发挥着十分重要的作用，部分班级的家长甚至布置到很晚。第二天，当孩子们进入班级，犹如身临其境地进入了"异国"之中时，孩子们的兴奋、愉悦和在活动中获得的体验感悟令家长们倍感欣慰。

（2）家长的公共理性。信息时代，家长树立公共理性意识尤其重要。我校创办初期有部分家长很喜欢在夜深人静的时候与老师微信私聊，有时候一聊就是几十分钟，令老师苦不堪言。我在家长会上动情地讲，我校老师中年轻的爸爸、妈妈不少，他们在校是老师，在家还要扮演好做父母的角色。希望家长晚上八点以后没有特殊情况尽量少跟老师联系，与老师联系时尽量做到长话短说，让教师有充足休息和照顾家人的时间，第二天才会有更好的状态去投入工作。有位家长在后来的一次座谈会上提到，校领导听起来是向家长提要求，但实际上让我们感受到领导对员工的人文关怀，令我们感到满满的正能量和温暖，这样的学校必定大有前途。正是家长的理解和配合，使得教师能够把更多的精力放在一线课堂教学上。

（3）家校的协商妥协。绝大多数家校矛盾是由于信息不对称引起的，一般都可以通过沟通得到解决。对于少数存在分歧的事情，在协商时，学校要坚持底线，不卑不亢，面对违背教育规范的"不专业"要求，要委婉拒绝。而对于家长提出的合理要求或更优方案，则要拿出足够的诚意予以接受和落实。对于有些协商也解决不了的事情，必要时可以通过妥协达成共识。比如，有家长提出，英语教师怀孕阶段，学校聘请的代课老师教学水平与原任课教师存在一定差距，导致孩子成绩退步一事，学校一方面坦诚指出代课教师与原任课教师存在差异是客观事实；另一方面也听取家长建议，督促代课教师对原英语教师的一些好的做法加以延续，既使家长接受教师差异，又减少代课教师对孩子学习造成较大影响。

3. 家长的公理公约

公理是社会上多数人公认的正确道理。任何事在没有转化为公理以前，都会有埋怨声、反对声，校长要有力排众议的魄力和远见，要有足够的智慧和定力。当人们开始有意识地共同认同并参与某一公共行动时，他们就具有了公约意识。

从育儿角度讲，独生子女的父母都是"实习生"，他们对于家庭教育的认识基本属于"摸着石头过河"。教师则不同，他们从事教育工作几十年，带出了一批又一批的学生，知道哪些方面对孩子发展有利，需要坚持什么、扬弃什么，慢慢就有了一些经验。如对于"社会小义工"活动，一年级家长带着孩子刚刚开始实施时，孩子、家长都感到很新鲜，对组织开展类似活动乐此不疲。但时间一长，他们就有了一些厌烦情绪，出现各种声音，如要求减少活动次数、不要与学生评优挂钩等。时间是最好的"试金石"，当家长在几年后感受到孩子身上所发生的变化，感受到孩子具备别校学生所不具备的显著气质时，他们就会从心底里认同这种做法，并且以更高的热忱投入到此项活动之中。大家共同认识到了该项活动对孩子成长的积极影响，那么这种认识就会慢慢成为公理，而当人们不约而同、持之以恒地予以实践时，此项工作就由共识转化为心灵与行为契合的"共行"，公约也就自然形成了。

(二)家校的公共舆论

公共舆论，中国古代称为"舆人之论"，即众人的议论，如《晋书·王沈传》中有言："自古贤圣乐闻诽谤之言，听舆人之论。"道德主要依靠公共舆论的力量，依靠人们的信念、习惯、传统和教育的力量来维持，对善的行为进行褒扬，对恶的行为进行谴责，充分唤起人们的正义、良知和道德感，逐渐使人们从道德的"他律"走向"自律"。

1. 家校的正面舆论

对于绝大多数家长而言，教育子女是一个比较陌生的领域，需要学校领导、老师的帮助以及家长之间的相互影响。

(1)育儿共识。孩子在不同年龄阶段具有不同特征，需要有针对性地区别对待。学校要结合学生实际，设计专门的家长课程，形成与学校步调一致的思想与舆论氛围。比如，学校一方面要向家长讲清一二年级教育的重点不在成绩，而在于养成教育，要关注学生的学习习惯，呵护学生的学习兴趣；另一方面要结合学校的办学理念、价值观，向家长讲解家庭教育应该如何配合学校教育。家长具有紧跟学校教育节奏齐头并进的想法和定力，就自然会形成"不急不躁"的舆论共识。

(2)教师舆论。教师是教学工作的实施者，也是家长舆论的直接影响者。为此，校领导要重视组织教师进行办学思想和工作目标、措施和方法策略的解读和研讨，让教师明白为什么做、怎么做、做成什么样。我给老师们创作了《雅教育理念下品牌学校创建的思考与实践》《雅教育理念下教师队伍建设的实践探索》《雅教育理念下塑造和雅家长的路径探索与实践》等，教师教育思想和行为的背后必将伴随着对家长思想舆论的影响，而校领导与教师之间高度一致的舆论与行为，将会在家长当中形成比较一致的育儿观。

(3)家长舆论。要注重"兵教兵"方法的运用，每个班级都有一部分优秀学生，他们学业优秀，性格活泼开朗，个性特长突出，他们是学校教育理念的生动案例。一个优秀的孩子背后必定有一个优秀的家庭和称职的父母，学校应请他们讲讲孩子优秀背后的秘诀是什么，以及自己在育儿过程中有哪些体会和感悟。这样的交流，对于强化家长对学校办学理念的认同，提高家庭教育对孩子影响重要性的认识将起到十分重要的作用，并将进一步促进家长舆论共识的形成和巩固。当家长成为践行办学理念的直接受益者和忠实传播者时，家长的共识就会比较一致且坚定。

2. 家庭的正面舆论

每一位学生的背后都有一个家庭，家长是孩子的第一任教师，也是最好的"私教"。家庭的舆论会直接影响孩子的学习生活状况，并对孩子发展产生深远的影响。

(1)善于鼓励。好孩子是夸出来的，家长切不可求全责备。上帝给一个人关上一扇门的同时，定会给他打开一扇窗。家长要善于发现孩子身上的优点，哪怕是一点点微小的进步，也要犹如"放大镜"般地予以放大。家长经常肯定、鼓励孩子，孩子就会阳光自信，充满信心，"小宇宙"就随时都有爆发的可能。

(2)论调一致。我曾遇到过这样的家庭，父母对孩子的教育都很重视，只是对孩子的意见不一致，常常在孩子面前因教育问题而争执，搞得孩子不知听谁的好，令孩子无所适从。如果父母稍微懂得一些教育常识，夫妻之间有一个约定，在孩子教育问题上由一个人发声，双方事先统一好意见，这样孩子就知道自己应该怎么做。当然，如果能发扬家庭民主，多听听孩子的想法，这样家庭教育效果就会好很多！家长们，请去掉"这孩子真听话"的口头禅，正是因为我们潜意识当中要培养听话的孩子，最后才培养出了毫无主见，长大后遇事都要问爸妈的"不长进"的孩子。

(3)家风家训。家风家训是由父母(或祖辈)所提倡并能身体力行的规范，通过言传身教、规范约束等方式，规范家庭成员。① 它犹如空气一般，不会每时每刻都引人关注，但却在家庭的日常生活当中，在家庭成员的言行中体现得淋漓尽致。家风一旦形成，便逐步成为一个家庭的基本规范，同时也会影响社会风气。

---

① 参见吴冬梅：《浅析建设新时代优良家风的有效途径》，载《四川省社会主义学院学报》，2018(4)。

3. 家校的公共舆论

随着自媒体时代的到来，BBS、博客、微博、微信等成为家长发表自己的言论、表达自己的想法的主要传播方式，这会形成公共舆论。[①] 智慧、理性和负责任的公众是产生有效公共舆论的前提。

(1)提高家长的公共意识。家长在发表舆论时要自觉维护各方利益并坚持正确的价值导向。当前几乎每个班都建有家长微信群、钉钉群，这样虽然大大增进了家校沟通，但也给班主任和任课老师带来了很大困惑。部分家长不分轻重缓急，一有想法就往群里发，导致群里信息数量剧增，教师经常因事务繁忙而忽略了关键信息。我校有位班主任在建群之初就与家长们"约法三章"，主要包括以下三方面内容：第一，宣示建群宗旨，即重在家校信息沟通，传递会议、活动通知，介绍学校相关政策，分享家庭教育经验以及家庭教育心得文章等；第二，确定群友范围，不拉非本班家长入群，群内家长均使用"学生实名＋家长"作为昵称，如"张三家长""李四家长"等；第三，明确行为边界，如不在群里公开指责教师，不在群里讨论个别学生，不在群里表扬个别学生，不在群里推送广告、拉票或转发无关内容等。当然，"约法三章"还需要班主任、家长委员会认真履行并予以强化，如有家长违反上述规定，先由家长委员会出面交涉，再由班主任进行沟通。班级家长有了"约法三章"作为行为共识，逐渐实现家校默契，班级群也就能够有效发挥作用了。学校要让家长认识到家长群是探讨孩子教育的公共平台，引导家长发一些大家共同关注的话题，至于个别问题可与老师单独联系。

(2)增强家长的公共理性。李普曼的《公众舆论》一书指出，只有当公众习惯于把自己的观点看作是成见系统与真实世界互动所得到的"局部经验"时，公众才能够做到"对反对者的宽容"。如果家长普遍具有了宽容的心态，在面对与自身所持意见相悖的观点时，才能够更加容易地接纳而非忽略，这样就更加有助于提出切实可行、有效的建议，进而促进问题的解决。[②] 可见，针对群里"非黑即白"式的争论，教师要引导家长不急于表态，学会冷静思考，善于从中分析利弊，从而做出有助于事情解决

① 参见裴湘：《新媒体环境下的公共舆论管理》，载《江苏经贸职业技术学院学报》，2013(6)。

② 参见卢毅刚：《理性主义在当前公共舆论中的作用分析》，载《科技传播》，2015(6)。

的正确判断。

(3)唤醒家长的公共责任感。面对公共舆论，每位家长都应担负起公共责任。对于家校间表面上的"一团和气""一片赞歌"，教师千万不要自以为是，要知道适度的危机意识有助于班级管理的完善和长治久安。教师要引导家长学会正确选择发声渠道，对于宣传学校正能量的案例，可以通过各种平台传播扩散，以此引领带动更多的人。而对于发现学校不足的建议，要引导家长通过合适的途径帮助和监督学校提高管理水平。校长要向家长广征意见、广纳良谏，用郑重其事的态度对待家长的意见、建议，使得家长的每一条意见都有回应，每一项建议都被认真考虑，用真诚唤醒家长的公共责任感。

(三)家校的公共生活

公共生活是社会人际关系交往的平台。人际交往强调的是人们在交往中的心理情感和行为。

1. 真诚相处

"善大，莫过于诚"，"诚"才能使彼此间愿意了解、相互信任。[①]

(1)平等。不论你在社会上从事什么工作，担任什么职位，只要孩子在学校读书，就有一个共同的身份——家长，这是家长们参与学校活动的前提。我曾经遇到过这样一位家长，很热心，很愿意帮助班上家长做事，替家长们分担了许多工作。但是家长们并不领情，搞得她自己也很不开心。原因是她能干事，但也经常擅自替家长们做主，有时让其他家长感觉莫名其妙，自然积累了一些怨言，这样"吃力不讨好"的情况也就在所难免了。

(2)守信。通俗地说就是要"说到做到"。家长之间交往，自己感觉无法做到的事，不要轻易答应，一旦应允下来，就要努力做到。往往因为一个人值得信赖，大家才慢慢都愿意与其交往。

(3)真诚。通俗地说就是"我心即我行"。家长之间相处，一般没有太大利益冲突，更多是在育儿经验上借鉴、互补。家长们完全可以放下戒备，坦诚地交流沟通，真诚地吐露自己内心的想法与困惑。当大家都真

---

① 参见凌佳：《论当下青年的符号消费——以"文艺范"文化现象为例》，硕士学位论文，上海师范大学，2016。

诚地对待每一位家长时，你就会发现这是一个团结、有凝聚力、能干成事的家长群体。

2. 心理相容

当孩子与孩子之间有较大矛盾冲突的时候，家长不可偏听偏信，而是要引导孩子寻找自己身上的不足。现在的孩子自我意识较强，遇到事情通常都是以指责别人为主。作为家长，一方面要耐心听取孩子的倾诉，了解事情的原委，也要从蛛丝马迹中发现孩子自身存在的问题，因势利导帮助孩子分析自己的不足。慢慢地，孩子就会说这件事上哪些方面是自己不对，哪些方面是对方不对，在处理同学矛盾上也会变得理性起来。下面是初中二年级彦彦同学母亲的自述。

孩子的出生便意味着教育的开始，我们在孩子的成长过程中倾注了太多的心血和爱。从牙牙学语到蹒跚学步，从婴儿期到青春期，他们的变化带给我们一个又一个惊喜。孩子的成长过程也是为人父母的成长过程，我们作为父母也在不停地学习、探索和进步。那么今天我们就来聊聊当孩子与同学发生矛盾时，家长该怎样正确引导和教育。

我的女儿今年读初二，正处在大部分人所认为的叛逆期。或许我很幸运，至今没有从孩子身上感受到叛逆带来的烦恼和无奈。我和孩子如朋友闺蜜般相处，孩子和我无话不谈。记得有次放学回家的路上，孩子一改往日的叽叽喳喳，闷闷不乐地盯着车窗外，我洞悉到她的不悦，于是便问她发生了什么事情。孩子一股脑地说出了事情的经过。原来今天班里几个同学说她长得黑了，她心里很不悦，就和同学吵了一架，还发誓再不和她们做好朋友了。听完了女儿的抱怨，我问她对这件事有什么看法。她说，以前也经常有同学说她黑，但她都不是很在意，现在渐渐长大了，爱美了，同学说她黑，她实在忍不住便争吵了起来。我又问她，这件事到底谁对谁错。她非常委屈地说，同学们不该对她的长相评头论足，肯定是同学错。我说："是的，同学不该取笑你，但或许是同学跟你开玩笑呢，所以你也不该发脾气和同学争吵，这样一来既伤害了友谊又让同学觉得你很小心眼。"女儿瞪大了眼睛问我："那以后同学一直说我黑，难道任由她们去说吗？"我就跟她讲："如果下次同学再说你黑，你就说几句搞笑的段子给她们听，比如'因为我不想做一个肤浅的人，也不想白活一辈子'，或者'为了吸热温暖你，然后暗中保护你'。"听完我的话，女儿哈哈大笑起来，原来还可以这样机智地反驳啊！过了几天，女儿放学回来兴奋地说："妈妈今天同学又说我黑，我把你教我的段子说给她们听，同学都笑了，她们说我很幽默，我们又重归于好了。"这是一件发生在学校中的小得不能再小的事情，家长理性正确地开导，不仅使孩子在学校找回了自信，还重获了友谊。

所以说，当孩子在学校跟同学发生矛盾时，家长应做到以下几点：第一，家长要问清楚事情的缘由经过，尽量做一个聆听者而不是评判者，教孩子分析问题的根源，如果错在同学，就要教孩子学会宽容并化解矛盾，如果错在孩子自己，家长也不必一味指责，要尽量用平缓的语气告诉孩子错在哪里，并且告诉孩子要勇于承担错误并道歉；第二，家长要让孩子自己去面对矛盾，不能过度介入或以不正当的方式介入孩子之间的矛盾，这种行为对孩子的成长来说无疑是不利的，甚至会让孩子越来越胆小，性格变得孤僻且不懂得如何交友；第三，家长要启发孩子自己去想办法解决矛盾，当矛盾发生时，要让孩子自己找到原因，以及处理和解决这个矛盾的办法，家长应该站在公正和负责任的立场来引导孩子，这样才能帮助孩子养成正确处理问题的能力。

一个人的成长离不开家庭、学校和社会的教育。而家庭教育尤为重要，良好的家庭教育氛围是促成孩子身心健康、走向成功的关键。家长能否正确地引导，决定了他们将培养出一个高情商的并且拥有健全人格的孩子，还是一个低情商的巨婴。

3. 合作共赢

公共生活中每一个人都不是孤立的，只有彼此合作，才会共赢。即使在与他人的竞争中，人们也要以诚相助，友好竞争。家长之间的联系以孩子为纽带，建立在孩子学习生活的基础上。家长之间紧密合作，孩子就能感受到学习的惊喜和快乐，家校之间就会形成和谐的教育场。每一次大型活动，学校前期都是把主要精力放在活动方案的设计和完善上，一般预留给活动的准备时间只有 3～5 天。或许你会认为这太仓促了，怎么来得及。实际上每次学校大型活动的准备时间越长，对教师、学生学习上的影响也就会越大。千万不要小看家长的能量，组织有效的班级可以全班总动员，在一两天内就把准备、布置工作落实到位。有一位新调入的班主任，对在国际文化节活动前一周才公布活动方案表示不理解，在布置工作时她一直在低声嘀咕着："这不可能！这怎么可能！"活动当天，当班级和全校氛围营造令大家惊叹不已时，她由衷地赞叹："这太不可思议了！"家长之间紧密合作，将令孩子过上不一般的学校生活。

三、设身处地从对方立场出发

同理心基于换位思考、神人、共情，指站在对方立场设身处地思考，即指在人际交往的过程中，能够体会他人的情绪和想法，理解他人的立场和感受，并站在他人的角度思考和处理问题。[①] 家长富有同理心，对于改善亲子关系、家校关系和家长群体关系都将有较大的益处。

（一）善待孩子

你可能会说，哪有家长不善待孩子的？其实不然，家长以爱的名义伤害孩子的例子还真不少。爱孩子，不能表现为"狼爸虎妈"百炼成钢般的锤打。树苗不能总是生长在狂风暴雨之中，更多的时候，它需要微风细雨式的轻柔，才能茁壮成长。

1. 倾听孩子心声

很多家长认为孩子听父母的话是天经地义的，一旦遇到孩子不顺从，想表达自己观点或解释几句，他们就会显得不耐烦，甚至很武断地呵斥孩子。小学、初中阶段，每个孩子都会经历第二、第三叛逆期。这是因为孩子在学校期间自以为学了不少知识，有了强烈的独立意识，觉得自己已经是"大人"，不再是孩子了。于是他们急于摆脱父母的掌控，处处与父母唱"反调"，甚至在激素的刺激下表现得易怒，乱发脾气。家长要认识到"不听话"是孩子有主见和成长的表现，应试着把自主权逐渐交给孩子，对于家里的事情和孩子自己的事情，不妨多听听孩子的想法和意见。当孩子有话要说时，父母要耐心等孩子把想法表达清楚，及时肯定孩子的想法中正确、积极的方面，并予以积极回应。要知道，一个有主见、有思想的人就是这样成长起来的。

2. 尊重孩子选择

现在还有不少家长未经商量就轻率地替孩子做决定。他们会觉得孩

---

① 参见凌佳：《论当下青年的符号消费——以"文艺范"文化现象为例》，硕士学位论文，上海师范大学，2016。

子还小，懂的少，自己的选择都是为了他好。有些家长也知道孩子天天做着自己不愿意做的事，却从来没有关注过孩子的感受。当前，家庭教育的"跟风现象"比较严重，据我校新生入学统计，学钢琴的学生占据了接受艺术教育的"半壁江山"。"兴趣是最好的老师"，道理大家都懂，但是为什么有家长在现实中就不能践行了呢？有家长坦言孩子是在他们"逼迫"下才勉强维持学习的，孩子学习时犹如玩"猫捉老鼠"游戏般与家长斗智斗勇，搞得家长自己也心力交瘁。有家长笑称，孩子不是在为自己而学，而是替他们在学。通常我们会认为孩子还小，不知道如何选择。其实不要小看孩子，他们真可谓"人小鬼大"，听得多、眼界广，有独立见解。父母应当尊重孩子，认真听取孩子意见，提醒孩子要考虑仔细、成熟，一旦决定了就不可轻易说放弃，让孩子学会为自己的决定负责，养成为自己的决定负责的品质。要明白，孩子学习的并不完全是技能本身，关键是要他们通过对技能的学习，在学习过程中学会做人，形成做人的优秀品质，这才是我们所要追求的。

3. 理解孩子烦恼

孩子在成长过程中必定会面临许多烦恼，如：在家或学校没人陪他玩；长辈在亲戚面前揭他的短，让他感觉很没面子；自己出于好心做一件事，却被认为是淘气而遭到批评；等等。父母也都是从小时候过来的，可以尝试通过对照自己当年的感受与孩子沟通，尊重孩子，与孩子平等地相处，像朋友一样帮助孩子找到解决"烦恼"的办法，少一些教训，多一些耐心、宽容和理解。家长要正确对待孩子犯错，犯错是孩子的权利，人都是在犯错中成熟、成长的。家长要给孩子申辩的权利，如果孩子的出发点是好的，只是好心办了坏事，就有情可原。哪怕孩子所犯错误"罪不可恕"，也要让他们知晓事情的后果，心甘情愿地受罚。下面分享三年级小王同学家长的案例"妈妈，我很烦恼"。

我们（小王同学的父母）体会到了她对作业的反感，特别是审题不仔细、漏题的情况又出现了，并且在检查计算题时，发现她有很多小失误。这个时候，我们抓住机会，正面地和她聊起来："其实出现这些错误都不是因为你不会，而是因为你做作业的心态不对。最近你是不是因为自己的错误率很高而对自己很失望？"这一瞬间，她终于憋不住了，她哭丧着脸回答："是的，最近，你们总是说我计算题错得太多，我真的受不了了，为什么我总是出错？"此刻，我开始心疼起孩子来了，确实，孩子长大了，慢慢地已经对自己有追求了，我们却总是在她出现小失误的时候反问她："难道你对自己没有一点要求吗？"我们确实理解错了，每个人都有失误的时候，这个时候，我们应该鼓励孩子面对自己的小失误，并且积极地告诉她，她有能力不再让失误发生。即便孩子真的无法克服自己的弱点，那也不能说明孩子对自己是毫无要求的。正是在孩子对自己的追求与自己的能力不相平衡的时候，她才会有这种挫败感。这个时候其实孩子是最需要我们父母帮助的时候，但我总是责备孩子的失误，并一再地复述她今天的失误将对她的未来造成的不良后果，让她对自己的能力有了很深的怀疑。所以，这一刻，我对于"家不是讲道理的地方，是讲爱的地方"这句话深感认同，与此同时，我们也找到了孩子烦恼的根源和解决方案。

在陈老师的建议下，我和孩子的爸爸决定要让她对自己充满信心，我们决定采取星星本记录的办法，不管是在生活还是学习方面，只要孩子表现优秀，每天都奖励她星星，并记录在星星本上，并且规定孩子可以使用 80 颗星星来实现自己的一个小愿望。例如，今天孩子的学习计划真的罗列得很仔细，并且执行得很认真，我们奖励她 3 颗星；今天孩子作业本上的字写得一如既往地好，我们再奖励她 3 颗星！还有，今天孩子又耐心地引导弟弟吃饭，整理玩具，我们还要给她加上 3 颗星！每次收获星星都让她看到了自己的能力，我们也体会到了她的喜悦和进步。

同时，我们尝试着让她改变对待作业的心态，让她完成作业的动机从满足我们的要求，转变为实现自己的进步。我们也专门在她做作业的额外时间里加上了"自我检查"的时间，以确保她有足够的时间对自己的作业负责。

我们慢慢地改变以前的模式。

以前我们总是揪着孩子的不良习惯不放，每天纠正，纠正，纠正。现在慢慢地变成每天发现孩子的良好习惯，肯定，鼓励，再奖励！

以前孩子机械地做作业，我们忽略检查的重要性，看到错误的地方就对她一顿责备。现在慢慢地变成孩子下决心做好今天的作业，并且对自己的作业有计划有安排。做完作业，孩子还有足够的时间做认真的检查，保证自己的作业高质量且无失误。我们也抱着惊喜的心态看作业，发现孩子今天又比昨天进步了一点点！

让我们慢慢努力，回到从前，孩子会和我聊一聊她的烦恼，我会听一听孩子的烦恼，我们亲密无间，父母爱孩子，父母也不再"嫌弃"孩子。

（二）理解教师

家校的目的是高度一致的，都是孩子的更好发展，只是对象群体上有一些区别。学校关注的是全体学生，而家长主要关注的是自己孩子。家长理解老师用心，家校合作默契，孩子就会有更好的发展。

1. 默念老师的好

由于教育观念上的分歧，有家长经常会当着孩子的面评论某老师的不是，后来发现孩子遇到这位老师时会露出不屑的神情，对这门学科渐渐也失去了兴趣，成绩一落千丈。这位家长没有意识到，自己在不经意评论教师的同时，也给孩子种下了不敬的"种子"。睿智的家长总是在孩子面前夸教师的好，如"老师布置的实践作业有意思，这样知识就活起来了！""你上段时间生病，老师每天单独给你补课，真是位好老师啊！这么用心付出，你可不能辜负老师，要好好学啊！""老师的课上得太好了，听了课后，我真羡慕有这么好的老师教你！"家长经常在孩子面前念着老师的好，孩子的感恩意识就会油然而生，老师的形象也会在孩子心目中逐渐高大起来。"亲其师，信其道。"家长有意识地树立教师的威信，就是对教师工作最大的支持。

2. 主动联系教师

没有一位教师不想把学生教好！令教师最担忧的是孩子家庭生活能否成为学校学习、生活的有效补充。家长是孩子的第一任教师，这并不意味着孩子进入小学后，这个责任也就顺利交接给教师了。家长平时要细心观察教师留言、孩子在家学习和完成作业情况，如有疑问要及时与教师交流，就近期孩子学习表现以及需要在家配合的方面进行沟通。孩子毕竟是孩子，自控力、理解力还不是很强，在落实教师的要求上难免会走偏。家长对教师的用意了解得越清晰，就越能在家协助教师做好相关工作，能有效避免孩子走"弯路"。不要认为家访才是家校沟通的唯一途径，家长最好能根据孩子的实际情况有定期约见教师的意识，及时了解孩子近期的学习信息，有的放矢地开展家庭教育。当然，家长与教师的联系也不要过勤过密，防止教师因忙于接待而影响日常教学。

3. 做好教师帮手

做教师帮手，并非要求家长做原本属于教师的分内事。我一直强调教师与家长之间的职责要清晰：孩子学习上"会不会"的事，理应是教师的责任；而孩子学习态度"好不好"则需要家长与教师共同督促。我这里讲的"帮手"特指学校的一些重大活动或者耗费教师较多精力的一些班级事务，如"国际文化节"的班级氛围营造、"校运会"前夕的运动员早训等。每一件事，教师如果事必躬亲，必将耗费诸多精力，以至于影响日常教学。家长可在学校重大活动上帮教师"搭一把手"，家长委员会及时介入，充分发挥每位家长的专长，征集好志愿者，不仅解教师"燃眉之急"，也使教师在活动组织中感受到家长的力量，从而更有信心和精力去开展好工作。下面分享二年级添添的家长所述的案例"校园世界博览会之泰国"。

学校终于要开展游园活动啦，我心中满怀期待与激动。老师通知我们，"校园世界博览会"活动中我们班抽中的是泰国，不同同学的妈妈负责不同的事情，而我负责教室环境的整体布置。对于爱好旅游但却没有去过泰国的我来说，这件任务是让我有点不知所措的。说到泰国，我的第一反应就是大象，这充满局限性的想法促使我重新去了解一下泰国的文化和旅游业，也促使我去问问身边去过泰国的朋友。我还和其他家长一起商讨，共同出谋划策，努力使这次的活动变得更加有趣，更加多元化，让小朋友们在玩的同时顺便能够更好地了解泰国，让他们真的有身临其境的感觉。添添所在班级的小朋友要去泰国旅游啦！

当灵感来敲门时，我想停都停不下来。说到泰国，我们想到了美食，可因为条件所限，这个提案被否决了。在游戏方面，我们想到了以下游戏：第一，飞镖游戏，因为泰国有个火箭节；第二，闻味道猜猜看，因为泰国的香料很有名；第三，学几句泰国语；第四，看图片猜菜名，因为泰国菜比较有特色；第五，学泰拳。在布置方面，我想找一些地标性景点，如普吉岛、芭堤雅等，把教室布置成一个小小的画廊，让小朋友们有来到泰国的不同景点去打卡的感觉；为了营造出满满的仪式感，我还想专门给老师和小朋友们都设计一张机票，提前一天发放给大家，第二天活动开始的时候，老师和小朋友们拿好自己的机票办理登机手续，飞往泰国游玩。去泰国旅游，大家肯定会玩的一个项目是骑大象，可是怎样才能营造出这样的体验感呢？我想到了用大象形状的气球来代替，幸运的是，选着选着，我找到了大象散步形状的气球，可以让一个小朋友在前面牵着大象，另外一个小朋友假装骑在大象上在后面走，两个小朋友一起骑大象散步。（虽然这种设计有点幼稚，但爱玩的小朋友们依旧会玩得不亦乐乎。）我还想到了要用装饰挂毯把教室后面装饰好，让教室多点泰国元素，大家一进这个教室，扑面而来的就是满满的泰国感。班里有个同学的妈妈是开泰国菜餐厅的，这位妈妈说可以把餐厅里的一些摆设借给我们用于陈列，这样就锦上添花啦。最后还缺纪念品，我一开始想到的是明信片，上面印有各种泰国景点，让每个小朋友随机拿取，可后来想到这和机票有点冲突，于是，我就想到了鸡蛋花夹，它比较具有东南亚风味，女生可以用它当发夹，男生可以拿它当胸针或者装饰衣服，带回家后还可以继续使用，也不浪费。鸡蛋花就像我们的人生一样，是平淡的，但是我们时时刻刻抱有对未来的美好希望，我们不曾放弃过心中的梦想。当了解完鸡蛋花的寓意后，我就果断选择鸡蛋花夹作为纪念品了。那位妈妈还给每位小朋友们准备了好吃的泰国小零食，每人可以带一包回家。当旅游结束后，小朋友们一手拿着鸡蛋花夹，一手拿着小零食回家，这真是难忘而愉快的旅行呀。

最终，经过商量，我们确定游戏流程如下：①拿好登机牌登机，前往泰国旅行；②到达泰国，学着耍泰拳（戴拳击手套打沙包）；③学泰语（先听录音学习几句简单的泰语，然后抽取卡片，说出泰语）；④玩识香料游戏（先看、闻、摸、记，再蒙眼摸和闻）；⑤领取纪念品。当确定要玩泰拳游戏后，我们又去准备了拳击手套和沙包，为了让小朋友们的体验感更好，我想要把教室布置成拳击擂台，发现这一方案并不可行后，就用防滑盖布代替了，我专门把盖布设计成拳击擂台，这样视觉效果会更好，并且也保证了小朋友们能玩得安全。就这样，我们愉快地开启了泰国之旅。

通过这次美好的体验，小朋友们不仅了解了泰国文化，学会了简单的泰语，还爱上了泰拳。这次活动给孩子们金色的童年又注入了难忘的回忆。

(三)乐助家长

家长之间该如何相处？少有人探讨这个话题。是家长之间的相处与教育无关吗？我认为家长之间的相互沟通、友好相处是对学校教育的有益补充，应做好积极引导。

1."智囊团"解烦恼

家长很希望在自己遇到家庭教育方面的困惑时，有人给予指导和帮助。现在的学校一般都有几十个班，要在家庭教育方面实现个性化、针对性指导，光凭家长课程还无法满足家长的实际需求。如果能够依靠家长的力量，让在育儿方面有经验、有想法的家长组建成一个家庭教育"智囊团"，那么将解决家长们在日常教育中所遇到的问题。"智囊团"组建之后，许多家长在遇到育儿难题时就可以找到"组织"，大家共同"支招"，畅谈经验教训，这会促使家长们的育儿方法更科学、更适合孩子成长。

2."微信群"助教育

班级微信群完全可以成为家庭教育的"爱聊群"。首先，教师要引导家长们对班级微信群的功能形成共识，班级微信群是专门交流育儿经验或者供教师发布教育信息的平台，不要在群里讲"废话""套话"或"带情绪的话"。群里的家长要对由家长群管理员与班主任提出的近期普遍感到棘手的某个问题进行研讨。其次，所有的发言要做到围绕主题、言简意赅、指向明确。再次，在一个话题没有结束以前，原则上不穿插其他话题。最后，要达成任何人不做差评的共识，只谈支持哪些观点并说明理由。如果家长能边参与交流边搜集相关学习资料并分享至微信群中，就会慢慢调动家长学习、研讨和交流的积极性，使得家庭教育呈现主题式、研究型特征，使得家庭教育指导更富有科学性、艺术性和针对性。

3."家长委员会"达共识

如何让教师和家长之间形成一种教育默契？班级家长委员会可大显身手！通常在人们的认识中，家长委员会的工作是在学校组织各类活动时做好牵头及协调工作。学校应让家长更好地理解、贯彻学校的教育意图，通过家长委员会实现家校的紧密合作，让家庭教育成为学校教育的有效延伸。在家长委员会主任的牵头下，家长委员会成员可以与班主任或任课教师约定定期召开家长委员会会议，如开学初的班学期工作计划征求会、每月与各任课教师一起参与的教育教学交流会、期末的学期总结会等。班级家长委员会对班主任、任课教师的工作意图越了解，就越能帮助任课教师做好传达与解释工作，可以辅导家长更好地落实教师的教育教学意图，做到不走样。另外，家校之间总会有信息不对称的时候，曾有一个班级因为语文老师请病假，对语文教学造成了一定的影响，家长纷纷致电校长，听取校方的说明后都表示理解。如果家长委员会能及时汇总家长们的意见，在了解家长们的实际诉求后集中发声，就能简化途径，消除误会，达成谅解，促使事情得到圆满解决。

第二节　示范是最有效的教育

每一个孩子的举手投足、待人接物、性格喜好中都有父母的影子。家长是孩子的第一任老师，从孩子呱呱坠地起，家长的一言一行就开始为孩子所效仿。"近朱者赤，近墨者黑"，在家庭教育中，父母的言行、习惯、态度、品格都时刻影响着孩子。

一、家长是孩子最好的一对一"私教"

不少家长把让孩子受教育片面地认为是让其上学读书，并没有意识到自己才是孩子最好的"私教"，对孩子的成长起着巨大的作用。我们不难发现：假如家长言行是主动积极、富有正能量的，通常孩子就会性格活泼、健康向上、充满朝气。假如家长动辄教训、呵斥，甚至动用武力，孩子在性格上往往也会呈现类似倾向。

（一）和谐的亲子关系

受中国传统文化的影响，不少家长认为孩子听父母的话是天经地义的事。久而久之，"听话"几乎成了孩子懂事的代名词。可正是因为"听话"，不知多少孩子失去了主见，以至于成年后稍遇到一些困难就想着要去问问爸妈。常有父母感叹自己的孩子太"嫩"，处事缺乏主见，殊不知这正是自己多年来要求孩子"听话"的结果。因此，和谐的亲子关系是孩子健康成长的前提。

1. 加强情感沟通

现在有不少家长为了孩子学习成绩优异，除了学校作业，还给孩子额外布置不少家庭作业，替孩子报了各种门类的课外班。我曾问过一位孩子心里怎么想，孩子无奈地耷拉着头回答："有什么办法呢？"父母爱子心切之情可以理解，但不要忽视了孩子的想法。如果父母能多花一些时间与孩子在一起，倾听孩子的校园见闻、学习趣事，让孩子倾诉内心苦恼、忧虑和不快，父母就可以及时了解孩子的内心想法，为孩子提供必要的引导和帮助。同时，家长也要把孩子当作自己的朋友，在不经意间与孩子多沟通自己的想法，切不可认为孩子还小，还不懂事。人除了显性的生理成长之外，还有隐性的知识、能力、价值观、品格等方面的成长。正是父母的平等对待，让孩子感受到父母是值得信赖和尊重的，可以成为自己无话不说的朋友。只有从父母处得到心灵的慰藉，孩子才可以在父母的引导下，思想渐渐成熟，成为父母心目中懂事的孩子。

2. 体验角色互换

在许多家庭中，"都是为了你好"这句话使父母不仅承包了孩子的吃穿住行，也决定了孩子的选择。这种为孩子的事几乎操碎了心的父母换来的常常不是孩子的理解，而是孩子的反感、叛逆甚至反抗。亲子双方应该通过角色互换，站在对方的立场看待、分析问题，彼此体谅对方。父母要更多地从孩子的角度考虑问题，理解孩子学习的不易，倾听孩子内心的想法，不给孩子提不切合实际的要求、任务；而孩子则可以感受父母对自己的关心爱护，学会体谅父母。这样既可以让孩子理解父母，使父母在孩子面前树立一定的威信，也可以让父母尊重孩子的人格，实现家庭民主。爱孩子就要尊重孩子，不替孩子包办任何事，不擅自为孩子做任何决定，从小培养孩子成为一个能独立思考、有判断和解决问题能力的人，让孩子打心底里觉得自己是一只自由飞翔的快乐鸟。

3. 改变相处方式

不少家长对孩子几乎大包大揽，从读书工作到成家立业、照顾后代，无不加以干涉，既使自己对人生价值的认识变得狭隘，也让孩子增强了对父母的依赖性，丧失独立思考能力。父母在家里几乎成了"一言堂"，孩子应该学什么、应该做什么都由父母说了算。在这些父母的心里，他们多么希望把自己的思想编成程序输入孩子大脑，让孩子成为自己心目中的那个孩子。可是一到青春期，随着孩子独立意识的增强，家长们普遍接受不了孩子的"叛逆"。有父母为此哀叹，岂不知这是孩子有主见的开始，是好事！家长不妨在学习上多听听孩子的意见，不涉及原则的问题不妨多让孩子自己做主。家里有重大决定时，家长也要郑重其事地听取孩子的想法，如果孩子的意见是在可接受范围内的，要有意识地听取采纳，让孩子感受到自己的决定很重要。绝大多数优秀的学生，他们的家长通常是以商量的口吻与他们交流的，善于尊重、听从孩子意见。总之，束缚住翅膀的鸟儿，无论环境多优越，生活多安逸，它还是渴望蓝天，更何况孩子呢？

（二）家庭和睦

在不和谐的家庭，以及单亲家庭中成长的孩子，比较容易出现行为、性格或心理上的偏差。行为、性格方面表现异常的孩子，通常受到过家庭不和睦的影响。可见，家是孩子心灵的依靠，是遮风避雨的"港湾"，家庭关系和睦对孩子健康成长有着十分深远的影响。

1. 夫妻和睦

夫妻间多一些倾听，多一些理解，彼此间就会增加一些感情。夫妻间多一分体贴，多一分付出，家庭中就会增加一分爱意。正确对待双方优缺点，不指责、嘲笑或企图按自己的方式改造对方，家庭就会多一分温暖。夫妻双方应倾听对方的烦恼，富有同理心地分担压力，相互支持学习、工作和社会活动；在遇到重大事项时充分听取对方意见，努力找到双方都可以接受的解决办法；在遇到矛盾冲突时站在对方的立场上思考问题，并注意避免在孩子面前发生争执。总之，夫妻之间在非原则性问题上，大可不必过于较真，要多为对方着想、分忧，包容对方的缺点，这样更有利于营造和谐的家庭氛围，给孩子成长提供安全感和心灵滋养。这样的家庭培养出来的孩子通常更会与人相处，在日常交往中懂得理解他人的感受，并可以结交到更多的好朋友。下面分享三年级青青同学家长案例。

家庭是孩子依靠的全部，如果在这个保护他的小港湾里，父母双方当小孩面天天吵吵闹闹，摔碗掀桌，白眼呵斥，离婚分居，单不说有没有时间教育孩子，即使有了时间也没情绪，甚至会把负面消极的情绪传染给孩子，时间长了，大概率会让孩子形成懦弱、暴躁、自闭等一系列极端性格。

在孩子2岁的时候，奶奶生病，无法照顾，迫不得已把她送到了250公里外的外婆家，我们每周五去看她，周日再回宁波。但小孩子恋父母是天性，每次一到周日下午，我们都需要趁她不注意的时候，偷偷回宁波。孩子每次都会四处找爸爸妈妈，最后发现爸爸妈妈再一次消失后，那种多次被抛弃的感觉，造成了她敏感、脆弱、没有安全感的性格。

孩子3岁回到宁波跟我们一起生活后，她特别腻我们。每次我跟她妈妈一吵架，她就特别害怕，害怕我们不要她了，再次感受到分离的感觉。那种噙着泪水，迷茫看着我们的眼神，现在想想还是特别心痛与后悔。

感受到孩子性格的不足后，我跟她妈妈商量，任何矛盾，都不能在孩子面前爆发。不是说夫妻之间应该和睦到没有任何矛盾，但至少对油盐酱醋，细碎琐事，我们应该克制情绪，互相理解，找到互相能接受的平衡点。为了孩子，又何尝不是为了我们自己。

我们约定爆发之前多想想，斗嘴吵架越来越少，有事情都是大家讲道理，看谁能说服谁。每次外出，我们都要一家人手牵手，有说有笑。我们的关系和睦也慢慢影响到了孩子，她觉得这个家是安全、可靠、不会破裂的，这就慢慢修补了我们不在她身边的半年形成的裂痕。

孩子肯一个人睡觉了，肯主动去结识陌生小朋友了，这一切的改变，是因为孩子知道她的背后，有一个爱妈妈的爸爸，还有一个爱爸爸的妈妈，更有一个爱她的牢固家庭。

从我们以上的亲身经历来看，夫妻关系对孩子的成长特别重要。可以用和风细雨慢慢滋润孩子的心灵，也可以用狂风暴雨摧毁孩子对家庭的一切美好幻想。因此为了孩子，建议如下。

第一，非原则性的问题，遇事多商量，心平气和商量解决一切问题。即使有压制不住的矛盾，尽量不要在孩子面前互相指责，因为在孩子的心目中，父母都是他的英雄，这种互相指责甚至诋毁的做法，会让孩子对父母的形象甚至他心中的美好世界产生怀疑。

第二，不要把孩子当作一个心智不全的人，人之初，性本善，他对世界有一套朴素的认识。一些无关大雅的小矛盾，甚至可以让孩子参与评判，孩子会乐于看见他的努力，让家庭重归于和睦。

第三，适当在孩子面前表现出父母的恩爱，比如节日赠送礼品。

父母是孩子的天与地，希望这块天与地能化作他们成长路上的雨露甘霖！

2. 孝敬双亲

"百善孝为先"，孝敬父母是家庭关系的黏合剂，夫妻要在孝敬双方父母上达成一致意见，把孝敬父母视为夫妻双方共同的责任和义务。平时，夫妻双方要打电话亲切问候父母；节假日时，要探望父母，为老人准备贴心的衣物、食品，为老人带去温暖和亲情。在老人有健康问题时，夫妻俩要全力照料老人，帮助老人康复。在老人不开心时，要尽量顺着老人的意思，让他开心、满意。夫妻要有共同的价值认识，做到夫妻一心，把赡养好双方老人作为增进夫妻感情的纽带。孩子在这样其乐融融的家庭环境里耳濡目染，也必定会将父母的孝道继承并发扬下去。下面分享初三年级轩轩家长的案例。

孝顺，即尽心奉养父母长辈。从《论语》中的"入则孝，出则弟"，到《三字经》中的"香九龄，能温席。孝于亲，所当执"，再到我们耳熟能详的那句"百善孝为先"，这些话语无不在传颂着中华民族的传统美德。孟郊因为一首《游子吟》，一度成为最受欢迎的诗人。

我想我们每个人都是爱父母、孝顺父母的，就像没有一个父母不爱自己的孩子一样，只是表达的方式各有不同。

在我们家，我先生的爷爷（我女儿的太爷爷），今年刚百岁，雅称期颐之年。爷爷善良朴实，大度能容，虽百岁，仍然健康如八十有余，每天除了健走还早晚清扫马路，笑着和路人打招呼，由此也引得一些人关注，特意报道了爷爷的好人好事。但爷爷说自己只是在锻炼身体，他就是这么一个平平淡淡的老人。当然爷爷能有这么健康的身体是和我婆婆的悉心照顾分不开的。爷爷的宽容善良在教导着我们，公公、婆婆的孝顺被作为小辈的我们看在眼里，整个大家庭都把爷爷当成了宝，"家有一老，如有一宝"说的大概就是我们家吧。就连我女儿从小也都是把好吃的先分给爷爷，然后才是我的公公、婆婆，我和老公，最后才是她自己的。哪怕是她自己过生日，她也是最后一个吃蛋糕的。

6年前，公公因意外遭受车祸而离开了我们，这给全家带来沉重的打击，而爷爷还劝大家原谅家境贫寒的车祸主要责任人，说他也不想造成这个结果。如此大度的一位老人，能不让我们、让身边的人敬爱吗？自那以后，婆婆对爷爷的照顾更用心了，我们这些小辈在爷爷的吃穿方面也都考虑周全。女儿更是把好东西都留给爷爷，走路时也会陪在他身边，爷爷也对她关爱备至。婆婆也因为这几年用心赡养老人，被评为东钱湖十佳最美媳妇。

2020年，我爸爸（我女儿的外公）因身体不好而住院，被诊断为急性脑梗。住院期间，我在单位、医院两头跑。新冠疫情防控期间，女儿不能去医院看望我爸爸，就在家做了好几样菜让我带去医院。我爸爸出院后，我每天晚上会去看他，留女儿一个人在家做作业。我老公在外地工作，等他回家时，也和我一起看望老人，总说要给老人吃好的穿好的。双休日有空了，我女儿也会一起去我爸爸家，有时还买菜烧菜，做几个适合老人吃的菜，一家人其乐融融。

有句话说："你希望孩子成为什么样的人，你就要自己先成为这样的人。"我总是和孩子说，德智体美劳全面发展，德始终是放在第一位的，人的品行品德尤为重要。

愿孩子一生都懂感恩，存善心，做善事，以后在人生路上看见的都是美好，遇到的皆是良人。

3. 邻里和善

俗话说"远亲不如近邻"，城市楼房单元式的居住环境更注重私密性，但却不方便邻里相互照应。我们居住在社区中，总免不了因一些日常的家庭琐事与周围邻居打交道，如家庭噪声、晾晒衣物、楼道卫生、公共停车位以及社区事务等。每个人都希望过上自由舒适的生活，但任何生活方式都应该以不影响他人的正常生活为前提。有居民为图方便，爱在楼道上暂放家里的厨余垃圾，当他人经过时扑鼻而来的异味令人反感；有人直接把汽车停在别人家的车库门前，堵住了他人出行的去路。这些行为都影响了他人的正常生活。在图个人享乐时，我们都应以遵守社区公约，不给别人添麻烦为前提；遇到邻居有困难，要能够热情、及时地提供一些力所能及的帮助；在休息日要能够积极参加社区组织的公益活动。家是孩子成长的"第一环境"，家所处的社区是孩子接触的第一个"小社会"。父母自觉履行社区居民的责任和义务，在社区生活中与人和谐相处，对孩子而言将起到最好的公德心培养和示范作用。

二、家长的工作态度"影响"孩子的学习、生活

很多人都希望工作归工作，生活归生活，不希望把工作带到家里来，使工作与家庭的界限模糊不清。现实中有多少人能做到这一点呢？无论你分得如何清晰，还是无法避免在家谈论工作，处理一些工作上的紧急事务。父母对待工作的态度，对孩子也会潜移默化地产生巨大影响。

（一）家长的责任心

1. 保持工作热情

没有一项工作是干不好的，只看你有没有要干好的心！有高度的工作热情是干好任何一项工作的前提。有的老师，交给他们的工作我可以放一万个心，我想到的他们想到了，我没有想到的细致之处他们也想好了。是因为他们特别懂管理吗？其实大多数人的能力原本都是差不多的，只是因为他们有责任心，肯花时间，有一股没有做好就睡不着觉的"牵挂"，渐渐地领导和同事对他们的工作都特别放心，那么他们自然也就树立了自己良好的公众形象，成为值得信赖的人。

2. 履行工作职责

有人把员工分为三等：三等员工得过且过，二等员工恪尽职守，一等员工超越职守。一、二等员工都是履行职责，但工作中，一等员工不仅能"各扫门前雪"，还要在完成本职工作的前提下兼顾大局。有些人，当别人向他们求助时，尽管他们手头上可能也有不少工作，也会考虑重新安排一下手中的工作，为别人提供力所能及的帮助。紧急事情发生时，不管是不是自己的职责，他们都会主动承担工作。一个识大体、顾大局的人，在任何一个单位都是受领导和同事欢迎的人。做家长的不要以为这是自己工作上的事，与教育子女无关。每位家长工作上的所思所行，都会在与家庭成员相处过程中不刻意地流露出来。说者无心，听者有意，家长如果长期把恪守职责、帮助同事作为一件乐事，那么孩子渐渐也会具有责任心，把乐于帮助同学作为自己的分内事。

3. 价值认同

任何员工，工作时都不能"光低头拉车，不抬头看路"。每一个人都

是单位的一员，单位犹如一台大的机器，它的工作需要每一个"零部件"都正常运转。因此，我们在日常工作中不仅要遵守单位的规定和程序，还要把自己的目标与单位的目标自觉地统一起来。这样，哪怕个人只是迈出了一小步，也是在为单位发展的"每一步"出着一份力，也就把个人发展建立在了组织发展的基础上。大家形成了一股合力，都往着同一方向共同使劲，才能实现个人越努力，单位发展态势就越好的良好局面。家长能够认清自己的工作与单位发展的直接关联，孩子也会在他们的身边受到影响，渐渐明白自己的言行、态度与班级之间是相关的，懂得只有每个人做好自己应该做的事情，班集体才会好的道理。

(二)家长的事业心

有事业心的人，始终保持着正确的价值取向，忠于事业、勤于干事。一个具有高度事业心的人，浑身充满干劲，千方百计要把工作做到好上加好。

1. 家长的工作态度

国家足球队前主教练米卢蒂诺维奇有句名言："态度决定一切。"工作态度的好坏是检验一个人是否具有事业心的基本标准。有些人视工作为挣钱吃饭、养家糊口的工具，把工作简单地与钱画上等号，拿多少钱出多少力，斤斤计较，得过且过，缺乏把工作做好的主动性和自觉性；有些人按个人喜好工作，喜欢的事就多干些，不喜欢的事就应付了事，遇到问题就以各种理由为自己开脱；有些人干一样像一样、成一样，任何工作总能妥妥帖帖地完成。不同的态度、不同的行为，代表不同的工作状态。家长的工作态度，其实也是为人处世的态度，会间接影响孩子。家长待人、处事一丝不苟、认真负责，没有完成任务就不轻言放弃，这种认真的态度将直接影响到孩子对待学习、生活以及他人的态度。

2. 家长的工作格局

有不同的工作格局，就会有不一样的人生轨迹。记得有这么一个故事，三个工人在工地砌墙，有人问他们做什么，第一个人没好气地说："砌墙，你没看到吗?"第二个人笑笑说："我们在盖一幢高楼!"第三个人笑容满面地说道："我们正在建一座新城市。"十年后，第一个人仍在砌墙，第二个人成了工程师，而第三个人，成了前两个人的老板。有一句谚语是"再大的饼，也大不过烙它的锅"，一个人，未来能做出多大的

"饼"来，和自身"锅"的大小有关。一个人的胸怀格局，将决定自己是"鸿鹄"还是"燕雀"。有些人对待工作精益求精，一心想着如何更好地为他人服务，就有了去更大的平台为更多人服务的机会；而有些人则两耳不闻窗外事，一心只管"自留田"。人与人之间一开始并没有多大差距，正是因为眼界、志向、经历的不同，最后渐渐拉开了差距。作为家长，你的胸中装着苍茫辽阔的一片大草原，你的孩子就是一只羽毛未丰的苍鹰，如果你的眼界只是自己的"一亩三分地"，那么这样的家长教育出来的孩子很可能只是成为山野的一只小鸡。

3. 家长的人生境界

人活着是为了什么？相信每个人都有自己的答案。有的专注于功名利禄，为蝇头小利而活；有的一心为公，为改变社会而活。一个人要努力提升自身修养，正确处理好"小我"和"大我"之间的关系，即处理好自己与他人、与社会、与世界之间的关系，把发展自我、成就自我建立在成就他人、造福社会、改变世界的基础上，让社会因自己而更美丽、更精彩。一个人的眼界打开了，胸怀宽广了，人生也自然就进入了更高的境界。我校旨在培养"未来社会英才"，其中非常重要的一条衡量标准是"社会的贡献度和影响力"，要告诉孩子，今天的学习是为了今后能为这个社会和更多的人服务，为更多的人谋幸福。家庭和学校要为孩子今后能有这样的人生领航，相信在几十年后，学生中会有更多的人能真正成为社会各行各业的领军人物。

(三)危机感

人具有一定的危机感并非什么坏事。一个人可以在工作当中多预设一些可能会出现的安全隐患，在荣誉成绩面前多找找自身存在的不足，在顺境当中多思考可能遇到的风险，为自身发展营造更有利的成长环境。

1. 自我的理性认识

很多人在工作遭遇不顺心时会心存怨念，仿佛自己是一条怀才不遇的"蛟龙"，被"小水潭"所困无法发挥出自己应有的水平。其实，无论在哪个岗位，无论做出多大的成绩，都要谦虚谨慎，学会珍惜，从做好当下开始。俗话说"越成熟的稻穗，头越低"。有些人因为幸运和后天的努力，有了更大的施展本领的舞台，此时切不可沾沾自喜，居功自傲。家长对自己的理性认识，有助于他们自己在社会和家庭中时刻保持清醒的头脑，避免自己飘飘然，也潜移默化地影响孩子对待自身所获得的成功的态度。

2. 自我的客观认识

很多人对自己的工作现状十分满意，充满信心，但是不要被这样的心态蒙蔽了眼睛，以至于迷失自己。一方面要为自己鼓劲打气，使得自己干起工作来信心满满，勇往直前；另一方面也要认识到当前自己所面临的不利因素。人越在踌躇满志、春风得意之时，越要让自己清醒，不能得意忘形，以至于飘飘然。一个人，如果常怀敬畏之心、谦卑之心，那么这个人的工作表现就会更加出色，也就能走得更远。王同学的家长是一名企业家，在疫情防控期间两次慷慨解囊，向学校捐助抗疫物资。当他向我们介绍企业的发展史，说自己白手起家，凭着坚持、毅力和机遇把电子产品做到了驰名全国时，他还谦虚地说自己当前还要不断学习，向同行学，引进高精尖人才，不断搞研发创新，加强与国际知名跨国企业的合作，力争使自己的产品在五年内进入全国前三强。从王同学的爸爸身上，我看到的是宁波企业家创业、创新、创品牌的国际化经营之路。王同学的妈妈说，她陪女儿参观工厂时曾讲过，现在低智慧、低水准的劳动密集型产业将会越来越少，取而代之的是技术型、自动化、智慧型产业。这是对当下形势的客观认识。

3. 自我的内省总结

所谓"金无足赤，人无完人"。我们所做的任何一件事、干的任何一项工作都不是十全十美的，因此我们需要学会内省。今天的一件事干得不是特别满意，为什么？主要问题出在哪里？如果现在让你继续重复这项工作你会怎么处理？为什么？哪怕是到了完美境地，也有值得总结之处。人正是在这样的回顾和反思中将问题考虑得越发周全，待人处事越发沉稳，最终成为"深受青睐"的能人。下面分享初二年级圆圆家长的案例。

圆圆正在卫生间用心洗大家的袜子，他现在在洗袜子方面已经很有经验了，因为这是他第28次给全家洗袜子了。他会先把袜子整理好，再用水打湿，打了肥皂后再浸泡半小时，顺带利用浸泡的时间干些其他事情，等浸泡完毕后再揉搓漂净。你或许会好奇他为什么会洗大家的袜子，又为什么有28次之说。那是因为他连续丢掉三件校服，对于丢失物品一事，我们和他有约在先，我们会承担他前两次不小心丢失校服所造成的损失，但事情可一可二不可再三再四，从第三次丢失校服开始，他就需要自行承担损失，对于其他任何物品也都如此；当然，他现在没有钱可赔偿，但可以以劳务相抵，本次他为家人洗一个月的袜子就是丢第三件校服的"赔偿"。正因为有约在先，所以对于为大家洗袜子一事他也欣然同意，照约履行。

我们家有很多这样的约定。比如，某人房间中的被褥如果未整理，那么他的早餐费用就会被扣除一部分，当然，如果整理得比较好也会有奖励；再比如，每周的周末孩子有两次打游戏的时间，每次45分钟，如超时他就会失去下次机会。而这所有的约定或者规则都是我们和儿子一起制定的。我们家一贯的原则是，未制定规则以前，孩子可自由行事，若有不恰当行为则当改之，但我们从不立即处罚，只是就其中的道理和是非与孩子沟通，让他有个基本的判断并了解自己行为的不当之处可能造成的不良后果；其后，我们就会和孩子一起制定规则，制定规则时必须让他参与其中，由他来判断奖惩的尺度是否能做到或能否接受。因为规则是他自己制定的，所以他往往也会自觉遵守。

总之，规则意识和契约精神在我们家无处不在，这或许跟我的职业有关。我是名律师，所办之案皆需要讲究有无法律可依、双方有无约定，久而久之，我对于规则就比较注重，也更加信赖契约精神，所以跟儿子沟通时也习惯采用这样的处理方式。除了我们跟他做约定，他也会跟我们做约定，如我们上洗手间不可以拿手机，否则就要处罚。作为父母，我们从未对他爽约，只要承诺了的事情，我们必然会依诺而行。

诚信是一个人的立身之本，规则意味着行为的边界，有所为有所不为，有敬畏有约束方可有自由。但愿他能懂得这些，无论他未来走到哪里，以此为准则才不至于走太多弯路。

如果说我们还在其他方面对儿子影响较大，那一定是独立思考能力。平时我们家人在一起时偶尔也会讨论一些新闻事件或者人物，比如特朗普、贸易战甚至明星事件。从儿子小时候我们就会针对一些问题问他"你觉得该如何""你认为该如何"等，希望他能够养成遇到事情先想一想的习惯。尤其是近几年遇到一些典型的与中学生有关的新闻时，我们都会跟他交流一下看法，还会借着中学生的一些事件，跟他探讨生命的价值和意义。我们会问他如果遇到类似的事情会怎么办、主人公最终的决定代表着什么。我们不借助父母的权威来排除孩子的不同意见，我们相信聆听、发问和交流会种下思维的种子。

我们特别喜欢和儿子一起看某档电视节目，这是一个思辨类的节目，每一次当你觉得节目中的一个观点非常有道理时，总会有另一种声音发出，当你听完另一种声音后，也会觉得它很有道理。这大概就是独立思考的意义：第一，让一个人学会坚持自我，无论你本身是怎样的，不同的人总会有不同的看法，不需要太过关注他人的看法，坚持自我很重要；第二，遇到任何事情时都要学会谦虚、兼听和包容，总有一些东西是我们想不到的，但也是有道理的；第三，这一点也是最重要的，无论遇到什么事情都不要放弃希望和勇气，这世上可以达到目的的路有很多，换一种思维就会开辟一条新的路。

三、让充满艺术和情趣的人生"滋养"孩子

自从有了孩子，看着小生命如小苗一样地渐渐长大，如花苞一样地点点绽放，做父母的无不赞叹生命的神奇。年轻的父母们，我们该如何享受着生活的美好时光，与小生命一起成长呢？

(一)有情趣

有了孩子，家里可能会嬉闹声不断，各种琐事也多了许多，你可能会感觉头昏脑涨，或者手忙脚乱，但这才是生活本来的模样。有人说，有情趣的叫生活，无情趣的只能叫生存。有情趣的人，让原本平淡的生活有了不一样的"活法"。正如朱光潜先生在《人生的艺术化》中所写："情趣愈丰富，生活也愈美满，所以人生的艺术化就是人生的情趣化。"

1. 学会欣赏

人要会欣赏自己。每天对着镜子看看，暗暗给自己鼓劲——"你行的，今天可以干得更好！"你的服饰不一定是名贵品牌，可以穿一些旧的，但要注意衣服、裤子和鞋子的搭配，要穿出时尚感来。要会欣赏他人，如果你眼里只有优点，任何人就都有一百个优点，反之也是！要善于发现别人的好，给他以真诚的赞美和鼓励，特别是对于孩子，让他能为此而更加努力。要会欣赏自然，学会发现生活中的美，每天用手机拍一些

美好的瞬间，发给喜欢的人；到郊外游玩，看到美景时放缓脚步，发现每一个美的瞬间，让自己能融进其间。你欣赏路人、小花、小河、山景时，它们同样也在欣赏你，你的情感在付出的同时也得到回报。家长们初为人父人母，只有在日常生活中学会欣赏，才会自然而然地去欣赏孩子。人是一种奇怪的动物，当你带着欣赏的眼光看孩子，你眼里的孩子就是可爱的，之后孩子也就会变得更可爱。

2. 关注细节

生活的情趣，就是生活的细节，是生活中永不枯竭的清泉。人要树立好自身形象，穿着可以简单，但不可以随意；可以不化妆，但必须保持面容清爽，发型自然；再生气嘴里也绝不说一句脏话；要心里默想自己的角色，每周可以给爱人、孩子、长辈和同事做一些可以让个人情感账户加分的"小事"；要记住家里每个人的生日，记住自己的结婚纪念日，到了节日，要买一束鲜花，选一两件对方喜爱的小礼品，给对方一个惊喜，或向远方的亲人道一声真诚的问候。家长如果关注细节，懂得为别人着想，那么你的家庭会因此而变得更加赏心悦目、富有情调，你的家庭关系也因为有你变得更加有趣、更加和谐。

3. 诗意生活

诗意生活，只需要一颗善感的心。只要用心感受，再平凡的生活，都能从中发现诗意。诗意在五彩缤纷的大自然里，在生活的每个角落里。天寒地冻时节，忽而闻到一股腊梅的淡淡幽香，看着眼前的一片淡黄，你是否感受到了万木萧条间的勃勃生机？早晨的一缕阳光，照射在树叶上的那颗晶莹剔透的露珠上，闪着道道亮光，你是否为这大自然的美所陶醉？劳累了一天，脱下工作服，去参加乐队演奏、诗歌朗诵、绘画培训；晚饭后，和家人一起，手牵着手漫步在小区的林荫小道，或许只是听到一些平淡的话语、生活趣闻，但却感觉格外温馨。诗意与贫贱富贵无关，无论处境如何，要用心去体验和感受，让自己的生活一直如春风吹拂下湖面泛起的阵阵涟漪，平淡而不单调。生活的诗意，源自内心的安定，放下烦恼，了无挂碍，心静即为诗意。懂得诗意生活的人必定有诗般的心境和浪漫情调，懂得发现生活的美，懂得寓工作于娱乐，劳逸结合、亲近自然，诗意地生活。这样的父母必将把孩子引入真善美的美好世界。

(二)会生活

一百个人有一百种对生活的理解，对于"会生活"，一百个人也会有一百种解读。但是不管怎样，每个人想法各异、性格各异，对生活的认识自然也千差万别。不管是谁，只有对自己和家人来讲是快乐、愉悦、幸福的生活才是最好的生活。

1. 幸福家人

为人父母，为人夫妻，且身边多了几个需要自己照顾的人，就要学会付出。要学着把家人爱吃的几道菜烧到极致，甚至能够不时变出一些花样来给他们一些小惊喜；要学着搞一系列家人喜欢的餐具，让就餐更有仪式感、品质感；要默默做一些对方不太愿意干的家务活，让家庭更温馨；要细心地捕捉家人不经意间流露出的小愿望，时不时给他们一些"小惊喜"；学着根据对方或孩子的喜好，设计好旅行计划，让家人为此而感到满足；为人父母，要把让孩子过上有原则、尊严、品质、自由的生活作为自己努力的方向和追求。

2. 知心朋友

对一个人来说，在社会上有几个可以无话不说的知心朋友是一件幸福的事。他们不一定隔三岔五地联络你，但是大家心里都有一种默契，都把对方当作自己信赖的人。当你遇到困难时，他们会主动联系你，安慰你、开导你，与你共同分担；当你成功时，他们会由衷地祝福你，与你共同分享喜悦。好朋友可以不定时地偶尔聚聚，拉拉家常，谈谈各自的工作心得。所谓"物以类聚、人以群分"，他们可以不是同行，但是与你一定在性格、爱好、品格上有着诸多相似之处，从他们的待人处事、工作风格、人格修养上可以"照"出自己的模样，故要交友慎之，相处珍之。孩子在此期间享受着几个家庭相聚的欢乐，也感知着朋友的价值和意义。这样的孩子到了学校必定不孤独，与人相处时会更加友好。因为他知道好朋友之间是需要相互帮助的，有朋友才会更幸福、快乐。

3. 滋润生命

让别人开心的人，首先要让自己开心。让别人开心是一种付出，是一种境界，而让自己开心是一种本能，是一种追求。不要苛求自己去跨越巨大的"沟壑"，试着把目标设得近一些、小一些，不至于把自己逼得太累。试着过一种让自己舒适的生活，把自己该尽的责任尽好，把自己喜欢的、向往的事务力做到极致。闲暇时看看书滋补自己的大脑，饮一杯茶滋润自己的心灵，爱上一种运动滋养自己的身心，让生活过得多姿多彩。父母有健康的身体，学会滋养、润泽自己的生命，孩子在这样的环境中成长，也必定有着阳光的心态和积极的人生态度，到了学校之后也一定会是个深受老师、同学欢迎的人。

（三）有雅好

一个人，有一些能够提升自己生活品质的雅好就不会觉得寂寞。它可以使自己生活充实、阳光开朗、健康时尚、精神愉悦。

1. 培养一个爱好

种花养草、养小动物、画画、摄影、插花、烹饪等小爱好一旦成为你生活的一部分，就可以让你倾注精力，从生活或工作的压力中转移注意力，帮助自己释放压力。而且，如果你是真喜欢的话，就会情不自禁地把它做得更好，也更容易获得成就感。比如，我喜欢烹饪，食材、调料、刀法、工序、火候等，样样都有讲究。当我烹制好的一道新菜，遭到家庭成员风卷残云般地争抢时，那种成就感别提有多自豪。

2. 爱上一项运动

为什么要把运动单列一项呢？因为上述内容属于怡情，而运动则是为了健体。运动项目繁多，目前社会上比较普及的有游泳、乒乓球、羽毛球、篮球、足球……实际上，如果喜欢上述运动，并且有一些泳友、球友那是最好的；如果没有，哪怕是在工作之余散步也是很好的。白天，我在学生大课间活动时与学生一起做操、跳绳、跑步；上课期间到各个学部巡视，与老师、学生聊聊天，巡视一下各班教学情况；晚饭后与爱人一起在小区周边散散步。这样一天下来，至少走了一万步。现代人工作事务多、节奏快，健康的体魄是干好工作的重要保障。况且在家锻炼身体，正好是给孩子做示范，确定各自的运动项目，在与孩子一起运动时相互监督，岂不是件很好的事？

3. 喜欢一类书籍

一个人的谈吐和修养可以反映一个人的阅历，一个人的文字表达则可以反映一个人的人文素养和文学功底。如果你想在自己工作领域中有所建树，那就多读一些专业书籍，当然阅读一些本领域以外的书，如社科类、文学类、天文地理类的书，也都可以。总之，认准自己的喜好，能够坚持读其中的一两类书籍刊物，读上三年五载甚至更长时间，学会在阅读的基础上积累资料，渐渐你就会为自己的人生打开崭新的一页。你可以感受世界的精彩，体会不一样的人生，更可以阅古览今、开阔视野。读书既是消磨时光、增长知识的很好方式，也能为自己的人生夯实基础。下面分享初一年级小陈家长的案例"追美的路上"。

同大多数的父母一样，我们（小陈父母）也希望孩子长大以后能有所成就，但我们更希望他是一个幸福快乐的人，一个幸福快乐的人必定是一个懂得理解和欣赏美的人，能够拥抱这个世界的多样性。为了让孩子感到幸福和快乐，我们成了他追美路上的引路人。

在为数不多的且能与儿子共享的爱好中，自驾出行成为我们帮助他延伸视野、丈量世界的首选。之所以选择自驾出行而不是其他出行方式，除了我们的偏好外，更是因为自驾出行能使人体会到时间和空间转换过程的真实感和延伸感。从一个城市到另外一个城市，从一座大山上到一条河流边，我们并不是为了体验诗和远方，而是想体验车轮丈量大地的过程。在辽阔的乌兰布统大草原上驰骋，在青海湖边驻足，在大柴旦的最美落日前吃着羊肉火锅，在凯库拉海钓，在皇后镇跳伞……在远行中，孩子体会到了游玩的乐趣，见识到了大自然的鬼斧神工，了解到了不同民族的风俗和异域风情，对祖国山河的壮美以及世界的辽阔有了真实的感性认识。我们告诉他，不仅要读万卷书，更要行万里路，最美的风景在路上。

在儿子的整个小学时期的各个节假日里，北到泰山，南到鼓浪屿，西到青海湖，我们的车程超过一万公里，而宁波周边自是被我们游玩了好几遍，我们穿行于名城古城、名山大川之中，乐此不疲。旅途中，我们逢博物馆必进；在曲阜，我们拜谒孔圣人；在盐城，我们瞻仰新四军革命前辈；在湖北省博物馆，我们观赏了越王勾践剑；在南昌、武汉、岳阳，我们参观了三大名楼，一起欣赏流传千古的楹联；在景德镇，我们惊讶于瓷器的精美和先人精湛的技艺；在南京古城墙上，我们闲庭信步；在鸣沙山上，我们体味"大漠孤烟直，长河落日圆"的意境……也许孩子的知识储备还比较少，或者他还缺乏主动体验的热情，但毫无疑问的是，他肯定是受益的，旅行对他的影响也是潜移默化的，这种影响对他造成的变化也许很缓慢，但累积到某一天，就会大爆发，这对提升他的眼界和扩展他的知识面的作用是无限的，对完善他个人性格的作用也是巨大的。

除了自驾出行，我们还会以其他的方式跟他一起追逐美丽。在学习之余，我们会时不时地去看一场演出，听一场音乐会，在音乐的氛围里感受美，我们也会鼓励他和热爱音乐的小伙伴组成乐队，他在乐队里激情四射地演奏，神采飞扬。这是一个美丽的世界，只要我们用心感知，就会发现幸福无处不在。

孩子渐渐地长成我们期望的样子：自信、阳光、快乐。同时他也变得乐观、豁达、坚韧。步入初中阶段，在完成课业的同时，他积极参与各种活动，体味其中的精彩：他成了国旗班的一员，出旗时在全校师生面前迈着庄重的步伐，英姿飒爽；他去竞选学生会成员，自己撰写发言稿，制作PPT，在评委们面前自信地演讲；他报名参加"模拟城市"编程比赛，每天练到天黑才从校园里兴致勃勃地出来；他首次尝试担任元旦晚会的主持人，从毫无自信的"我不行"到充满底气的"我能行"；他为了班级荣誉不顾医生的告诫带着腿伤参加校运动会，拼尽全力获得了好成绩，当同学们心疼地说他不该冒险上场时，他说："我不想留有遗憾！"他兴趣广泛，乐于尝试各种新鲜事物，在每次比赛和活动中他都会全力以赴，相比结果，他更享受付出的过程。这可能就是追美之路所带给他的成长体验——最美的风景在路上。

追美的道路很漫长，会有曲折，会有坎坷，我们能做的是站在路边为他鼓掌。在成长的路上，我们给了他一双发现美的眼睛、一颗热爱生活的心，让他能够从容乐观地面对生活中的琐碎事物，去追求自己想要的风景。

第三节　陪伴，是最好的家庭教育

当前不少父母感叹工作忙，没有时间陪孩子，但又觉得孩子的教育很重要，深恐不够重视教育今后会亏待孩子。于是他们把大量金钱花在各种兴趣班上，以此换得自我安慰。结果往往是不令人满意的，钱花了不少，孩子却并未见到多少长进，于是他们就当面背后地埋怨孩子学习不用心，埋怨兴趣班没效果。殊不知家庭教育并非外力可以替代的，世界上有一种最直接、最有效，但却是金钱换不来的教育方式，那就是陪伴。

一、参与家庭事务的孩子大多懂事

孩子从呱呱坠地到上幼儿园，再到读小学、初中、高中，成长过程中父母一路陪伴的主要目的是培养孩子的自理能力和独立性。孩子将来总有一天要走入社会，如果想要将来他离开家的时候能让父母安心无忧，就要从孩子小时候的一点一滴抓起。

(一)培养孩子的自理能力

自理能力是指孩子自己照料自己生活的能力。孩子从出生到离开父母走向社会，家庭是培养自理能力的重要学习场所，父母要有让孩子早一些"脱离"自己并拥有独立生活的意识。

1. 生活自理能力

在孩子不同的生长阶段，家长要让孩子拥有自己能做的事情自己做的意识。如幼儿时，当孩子玩小汽车、洋娃娃结束后，家长要引导孩子让小汽车回"车库"，让洋娃娃"回家"；到六岁时，家长要告诉孩子他们即将成为小学生了，马上可以成为优秀的少先队员了，应该要一个人睡觉了，这是培养孩子独立生活能力的开始。入学前，孩子穿衣服、系鞋带、系红领巾、叠被子以及吃鱼、蟹、虾时，家长可以和孩子一起做，一边做一边有意识地讲解，或者用朗朗上口的儿歌、口诀把动作要领念出来……孩子是天生的"实践家"，一般家长只要耐心教上几遍孩子就能学会了。开学后，孩子每天需要穿什么衣服、鞋子，家长可以有意识地提示孩子，让孩子提前准备好。总之，家长要倡导自己能做的事情自己做，在确保安全的前提下，哪怕是比该年龄阶段孩子提前一点也不为过。生活自理能力是孩子走向社会的"第一生存能力"。

2. 学习自理能力

我在微信上经常看到父母在辅导孩子学习时抓狂的神情，的确如此，那是家长们把孩子学习"太当回事"的表现。要让孩子知道学习自己负责、责任自己承担的道理。家长们这么急又是为何呢？孩子一开始铅笔不会削，书包不会整理，文具经常丢，橡皮不会擦，你或许会感叹自己孩子的动手能力怎么这么弱，或许你会感觉心力交瘁。年轻的家长，请千万要摆正心态，实际上，孩子的问题都在家长身上：他能力弱，说明你包办得太多，你样样替他准备好，他这方面的能力当然就无法得到锻炼了。万事开头难，最好的办法是你要认真郑重地示范，耐心地讲解，只要孩子领会了，也乐意尝试，你就要持续关注、评价和鼓励，直到孩子也认为这是轻而易举的事为止。家长们可能会说："我都教过好多遍了，但孩子就是做不好！"实际上，责任还在你这里，因为你没有做到持之以恒。

3. 培养独立能力

你可能为孩子做好了"朝送暮接"的准备，你心中的假设是孩子还太小，理应自己来接。可是当几年以后你发现自己还天天接着孩子，而同班的小孩独自上学已经有几年时，你会发出怎样的感叹？是怪孩子不独立还是怪自己太勤快？做家长，不要在自己可以为孩子做一些什么方面想得太多，这样只会培养一个"低能儿"。家长要学得"懒"一些，给孩子一些自由，鼓励孩子做生活的主人，做到即使没有父母在身边，也不依靠他人，自己照样能过得很好。做父母的，要刻意给孩子创造一些环境，使其过上独立的生活，鼓励孩子学会挑战自己，从家庭到野外，从非正式到正式，让孩子在这样的历练中学会独立和坚强。在孩子小的时候，做家长的千万不要为孩子吃苦而感到心疼，其实孩子小时候吃苦就是为提升抗挫折力，太多的事例告诉我们，小时候吃过苦的人，成年后意志力、毅力超凡，更容易取得成功。

(二)让孩子学做家务劳动

研究表明，小时候参加家务劳动的孩子，长大后成功的概率较高，犯罪率则大大降低。家长要支持和鼓励孩子参加力所能及的家务劳动，正确认识到让孩子参加家务劳动不是为了减轻成人的负担，而是为了养成孩子热爱劳动的习惯，培养孩子的责任感、义务感、独立性、自信心等良好品质。

1. 家务劳动以模仿开始

孩子参加家务劳动时，父母要扮演好家庭教师的角色。[1] 首先要从

---

[1] 龙根平：《浅谈农村小学生良好习惯的培养》，载《飞(素质教育版)》，2013(6)。

让孩子学会整理开始，家长要随时寻找让孩子切入"劳动游戏"的时机，刚开始时可以让孩子跟着自己学，等孩子基本都能做好时就可以改为以提示为主，如："游戏结束了，别忘了把小汽车、小椅子挪回家哦!"孩子一方面心领神会，另一方面还继续沉浸在游戏之中，可以收到很好的效果。渐渐地，整理行动可以升级为整理书桌、抽屉和房间，让孩子明白自己的房间理应自己负责。其次要让孩子学会打扫，可以先从孩子喜欢干的事情上下手，如擦拭玻璃，其实这并不是一件容易的事，但如果孩子乐意干又何妨。你可以边讲解和示范擦玻璃的几个步骤，边让孩子学着干起来，哪怕孩子起初干得"惨不忍睹"也要及时给予鼓励，家务劳动并非高难度的技术活，大多数孩子只要多做几遍就能学会了。最后要让孩子学会烧菜，可以从最简单的炒蛋、蒸蛋羹开始学，每个阶段要有意识地让孩子学会烧几道菜，平时增加烧这几道菜的频率，多给孩子观摩、掌勺的机会，家长在一旁要及时做好指导。总之，对于让孩子参加家务劳动，家长既要看得长远，有规划意识；也要有意培养，扎实落实。

2. 培养家务劳动共担意识

家务劳动毕竟是一项劳动，但凡劳动都必定要经历一定的艰辛，这并不是孩子潜意识中十分乐意接受的事。所以父母要善于捕捉机会，在从事家务劳动时如果孩子提出要加入，要及时给予支持、鼓励和肯定，让孩子感受到劳动是一件光荣的事。年轻的父母通常会这么认为，现在孩子还小，做家务也只是添乱，还是自己干省心。其实你错了，你现在图省心，将来就会不省心。所以在家务上，要达成家庭成员人人有责的共识，形成家务劳动协商认领制，家长可以在家庭会议中理出日常家务劳动清单，家长一方面要将繁重的、孩子不可能完成的工作主动认领，另一方面要允许孩子主动认领自己喜欢干的几项任务，并明确劳动的基本要求，做到相互评价、相互鼓励。在这样民主的家庭氛围中成长的孩子将是身心健康、心灵手巧的。

3. 培养独立劳动的意识

孩子的成长可以分为幼儿、少年、青年三个阶段，孩子到了10周岁左右家长就要注重培养孩子的独立生活能力。家长可以有意识地与孩子商量，请孩子帮助招待客人、打扫整理，实际上这也是培养孩子家务劳动意识最好的契机。一般孩子的内心都有一种"长大"的渴求，让他独自承担任务正好满足了这个心理。孩子付出劳动后，父母和客人及时地给予高度评价，会更加增进孩子对劳动的兴趣，有助于培养良好的劳动意识。当然，到了初中阶段，当孩子独自在家时，可以适当帮父母买菜，如果父母下班回家，看到孩子在学习之余，能够把家里整理得舒适干净、井井有条，那种幸福是什么也换不来的。也许你会说这应该是女孩子做的事情，其实不对，家务没有性别之分。有一点我们可以确定，这样的孩子将来到了社会上，受欢迎程度和成功的概率一定会比其他人高出许多！

（三）家庭事务

如今绝大多数家庭认为家庭事务不需要孩子参与，一般只要夫妻俩决定就可以了。其实，孩子作为家庭的一分子，尽管他还是未成年人，对于很多事情可能还一知半解，但是他同样渴望受到尊重。况且知与不知是由人的经历来决定的，你让孩子在家庭事务中参与得越多，孩子就知晓得越多，也就更有决断力。

1. 参与家庭的日常事务

在家庭生活中，日常事务占家庭事务的大部分，如添置日用品、晚餐菜品搭配、家具的摆放、购置衣服和鞋等，在一般家庭中这些都是孩子根本不需要操心的事情。但殊不知正是因为家长从来都不需要孩子操这份心，所以才导致孩子到了独立的环境以后犹如"天外来客"，什么都不懂。父母们，在家庭事务上或许你们已经拿捏好了主意，但最好在行动前有意识地听听孩子的意见，或者特意在孩子在场时讨论并做出决定。可能孩子一开始不太懂，那就权当他是"听众"，这样的过程经历得多了，他自然就会慢慢参与进来。做父母的可不能小看孩子，我在跟一年级新生交流中发现，他们对每个老师的讲课和我晨会的讲话、评论已经很有自己的想法。要知道，人对生活事务的判断能力是在日常不间断的认识当中逐渐增强的，当家长形成家庭事务由家庭成员共同参与的意识时，孩子就会慢慢地变得有"主见"起来。

2. 参与家庭的主要事务

每户家庭都有家里来重要客人，春节等重要节日给长辈购买礼品、给家里购置大件的时候。在孩子小的时候，家长在讨论并决定类似事务时要有意识地听听孩子意见，可能孩子还不懂，但是要让他明白自己有这份责任和义务。渐渐地你会发现在讨论过程中，孩子会很有自己的想法，不管正确与否，家长要充分发扬民主，鼓励每个家庭成员充分表达自己的观点，但最终要采用民主的方式做出决定。家长一定要注意，当孩子的提议基本处于家长的可接受范围时，要尽可能采纳孩子的意见，这对孩子的参与积极性是一种很大的鼓励。到了孩子上初高中时，家长可以先提出需要解决的事务和初步意见，有意识地让孩子先拿出一套解决方案来，家人再在孩子的方案的基础上进行研讨并加以完善。参与决定家庭主要事务是孩子进入社会前的很好的"实习"机会，为人父母者切不可仅有"学习第一"的思想，要知道人的能力不是一蹴而就的，它需要有一个磨练过程，大凡考虑问题周密、处事有条理的孩子，都是因为在类似方面多了一些经历。

3. 参与家庭的重大事务

家长可不要以为对重大事务的判断和处理仅仅涉及事务层面，实际上这里面更重要的是价值判断。家长想要让孩子人生观、价值观、世界观等正确，就需要自己在日常对人、事、物、人生、价值、世界等有正确的认识和判断。比如：当你遇到工资待遇高，但自认为无法发挥应有价值的升迁机会的时候；当孩子面临升学选择的时候；当人生走进"低谷"、遭遇逆境的时候。年轻的父母要知道，你和孩子的决定不仅仅只是影响当下的这件事，更重要的是影响着孩子今后做人的根本态度和价值取向。这也是我一直不赞成让孩子在初中毕业以前离开父母去学校寄宿的原因，因为在父母的陪伴当中，这种"三观"对孩子的影响是潜移默化的。

二、陪伴，最终是为了"不陪"

"学习陪伴"是指父母通过参与孩子的各项教育学习活动，并以积极的教养方式给予孩子物质或精神上的支持与帮助。[1]

（一）家庭学习时的陪伴

小学生身心发展还不够完善，意志力比较薄弱，自控能力差，注意

---

[1] 参见宋芳芳：《父母陪伴、学生成就目标取向对学习成绩的影响》，硕士学位论文，杭州师范大学，2019。

力容易分散。不少家长认为小学低年级的学习很重要，于是在孩子做作业时候就在孩子旁边紧紧盯着，一刻也不允许孩子放松。可是，家长无论如何也无法时时刻刻都做到这点，这导致一旦家长有事离开，孩子便因习惯了家长陪同学习而感到不知所措，缺乏应有的独立学习能力。实际上家长对孩子的学习辅导大可不必那么紧张，要知道"收放有度"的道理，家长没有必要一直盯着孩子写作业，完全可以跟孩子约好作业完成时间，明确完成作业的态度、标准等要求就可以了。最好的状态是家长学家长的，孩子学孩子的，互不影响又相互督促。通常家长都会给孩子批改作业，然后哪里有错误就及时给孩子指出并耐心讲解，非常尽心尽力。这也是导致孩子在后续的练习、考试中不会检查的一大原因。同样是检查，家长应把关注点放在作业是否完成，态度是否端正上来，至于回答是否正确原本就是孩子与老师之间的事，家长不必时时过问。如果一定要对孩子的作业质量负责，也要适可而止，只是告知孩子这份作业共错了几道题即可，这样可以督促孩子自己进行重新检查，从而渐渐使孩子养成检查作业的习惯。如果孩子对个别知识不懂，想请教家长，这时一定要慎重，家长可以问老师在这道题上是怎么教的，问孩子哪些地方不明白。家长不要马上上阵帮孩子解答，这样很有可能因为与老师的讲解有出入而产生争执，长此以往容易让孩子对家长的知识水平产生质疑，不利于学习辅导的可持续性。

(二)一起制订学业规划

现在不少初中生直到中考前也从来没有想过自己应为考入哪所理想高中而努力。也有不少高三学生到填报志愿时还不清楚自己到底最向往的是哪个专业方向、哪所学校。面对新的中考、高考模式，学生面临升学路径、选课选考、志愿填报等多种选择。学生从初一或高一起就要进行相关目标和知识的准备，家长在此时非常有必要与孩子一起进行相关资料的搜集，适时地给予孩子中肯的建议，帮助孩子进行多角度的分析。但在陪伴时需要注意的是，父母陪伴孩子进行学业规划，并非大包大揽，我们还是要以孩子自身的想法为主，和孩子探讨商量，帮助孩子多方面分析，不仅要从自我的性格、兴趣、能力、价值观等方面出发，同时也要考虑社会需求。社会需求这一部分内容，需要家长多给予分析指导，以此陪伴孩子做一个比较适合自己的规划。

(三)热心参与学校活动

研究表明，家长热心参与学校活动的，一般亲子关系、家校关系会更加和谐。学校开展家校互动活动，如亲子运动会、家长聊吧、家长客座教师等，父母要千方百计安排时间积极参加。要知道，你的参加会给孩子带来情感和心理上的满足，让孩子感受到来自你的关心和呵护。如果在学校组织社会小义工、国际文化节活动、文艺晚会时，你主动组织家长承担某一领域的任务，并让孩子参与其中，那孩子的责任感和荣誉感肯定会倍增。家长参与学校活动，一方面可以减轻老师教学以外的工作量，让老师有更多的精力聚焦在教育教学上；另一方面，家长在承担任务过程中可让孩子一起参与，共同出谋划策。当孩子的某些主意真正在活动中实施时，他别提会有多自豪。所以，家长参与学校管理活动，不仅是为教师解决实际困难，提升孩子的活动品质，还可以同时让孩子参与其中，发展其综合能力，达到一举多得的效果。

三、让孩子感受到你的爱

情感陪伴是指家长与孩子进行情感上的沟通交流，并在此过程中对孩子表达出理解、宽容等积极情感，包括家长就孩子感兴趣的话题与之进行探讨，通过拥抱、赞扬等方式表达出对孩子的喜爱等。[①] 好的情感陪伴是亲子关系和谐的重要前提。

(一)耐心倾听孩子的"喋喋不休"

家长不要对孩子在自己面前喋喋不休生厌，或者对孩子的反复倾诉采取敷衍的回应。要知道孩子在没有特殊需求时是不愿意跟家长反复诉说的。不管孩子讲的内容多么幼稚、多么令人难以理解，家长都要从与孩子相近的角度思考这个问题，即站在孩子的年龄阶段、立场和角度思考问题，这样与孩子的对话就会顺畅起来。孩子倾诉的信息可能是不自信，是挑战自我的担忧，这时家长的鼓励尤其重要，要让孩子鼓起勇气

---

① 参见邓林园、张玉、李蓓蕾：《父母陪伴与儿童自我价值感的关系——基于社会资本理论的视角》，载《教育科学研究》，2018(4)。

敢于尝试。孩子倾诉的信息有时是负面的，如苦恼、痛苦和不顺意，此时家长应特别有耐心，要知道人将自己不如意的遭遇吐露出来时，便意味着其内心阴暗的那一块"角落"正在被稀释，在慢慢变得光明起来，这是非常可贵的心理疏导啊！试想，如果家长现在不注意、不珍惜，当孩子心理上不堪重负时再寻求心理医生或者心理支持老师的帮助，这就比较严重了。

（二）关注孩子的生理、心理需求

在孩子的成长过程中，父母要尤其关注孩子的生理和心理需求，如低年龄段孩子爱玩，男孩子好动，家长不能以学业为重作为口头禅要求孩子一直围着学习转。这个阶段的重点是让孩子爱上学习，让他感觉学习是有趣的、好玩的，一味强压只会导致孩子对学习反感甚至厌学。所以做父母要懂"慢就是快"的道理，在孩子的教育中多关注一些孩子的合理需求，少给孩子布置没完没了的额外学习任务。家长要特别关注孩子最想达成的愿望，如想去游乐园、想要某个玩具或者某个礼物，家长要善于抓住时机告诉孩子，任何愿望都要经过努力才能实现，可以跟孩子协商一些近阶段可以达成的目标，把满足孩子的愿望作为奖励，让孩子在成长的同时得到心理满足感。有时，孩子一个人玩玩具时，家长要设法参与到孩子的游戏中，努力成为孩子的玩伴，这时孩子的心才会与家长离得更近，彼此的交流语言才会慢慢"同频"。当然，家长要努力引导孩子讲出当天的所见、所思、所感，要耐心倾听，并以朋友的身份与他一起分享他的快乐、烦恼和忧愁。别认为这只是聊天，实际上它每时每刻都在指向心灵沟通、抚慰、鼓励。初中阶段的孩子学习任务加重，学业压力明显增大。同时这个阶段的孩子又正处于"叛逆期"，做父母的尤其要关注孩子的生理、心理问题。由于家庭教育不当造成中小学生心理问题，甚至突发极端事件的现象屡有发生，令人感到惋惜。父母要认识到孩子并非自己的"私有物"，父母有作为监护人保护他的义务，但无权"占有"他。因此家长要尊重孩子的隐私，给孩子独立空间，让孩子拥有自己的小秘密。要知道，你越想占有他、控制他，他就越会想尽办法摆脱你，我们自己不也是如此吗？

（三）欣赏孩子要有真诚表达

在家长的认识中，似乎别人家的孩子总比自家孩子优秀，以至于经常说别人家孩子的优点，搞得亲子关系不和谐。任何人都有被人肯定欣赏的需要，对于孩子来说，欣赏的意义在于让孩子感到自己被深深地认可。当然，表达欣赏不可空洞，要指向实实在在的行为，如当孩子花了一个下午时间完成了一个军舰模型时，家长可以仔细地欣赏并说："嗯！每一个模块都放得恰到好处、工工整整，这艘军舰看起来真威武，说明你很有耐心很仔细！"我们经常担忧孩子常受表扬会不会变得骄傲自满，实际上只要家长讲的是行为事实，就会起到激励的效果。所以，当我们发现孩子将某件事做得很好时，要及时对他的行为进行当面肯定和赞赏。相比之下背后评判对孩子的激励作用就逊色很多。当然父母的欣赏必须是真诚的、发自内心的，使孩子感觉父母是从心底欣赏他所付出的努力。下面分享初一年级小陈家长的案例。

"老师，这道题的答案有问题。我的解法如下，麻烦您有空的时候帮我看一下，谢谢！"

"老师，这道题我解到这里没思路了，麻烦您在有空的时候指导我一下，谢谢！……"

一如往常，早上孩子上学去了，我习惯性地打开绿色智慧教育系统"作业＋"学习平台检查，映入眼帘的就是以上对话。我的脸上露出了浅浅的微笑，然后过往的画面也开始在脑海中一一呈现出来。

跟所有的父母一样，孩子小学三年级前我们都认为自己很优秀，对为孩子辅导功课一事还是蛮有信心的，说话的声音自然也很洪亮。直到有一天，孩子怯生生地嘟囔："我们老师好像不是这么讲的。"这才一语惊醒梦中的我们。为什么不让孩子主动去问老师呢？于是，我这个"红脸"就去跟孩子商量："以后遇到不会的问题，你可以直接问老师啊。"孩子下意识地拒绝，宁可被爸爸吼也不要去问老师。深聊了一个多小时后，我得出了这样的结论：她不敢问老师，不知道从哪里问，怕老师知道后不喜欢她了。知道了症结所在之后，我和我丈夫当即决定，一定要培养她主动问老师的习惯，让她摆脱对父母的依赖，变被动学习为主动学习。因为问父母时，她可以不假思索，不用考虑，直接将问题拿出来就问。

如果问老师的话，她得先搞明白自己哪里不会、做到哪一步遇到困难了，一定要主动思考后才能去问老师，因为她不想让老师知道她连一些幼稚的问题都没搞明白，孩子也是要面子的。

那天上学前，我跟她讲："昨天那道题一定要问一下老师哦。"她答应了。

放学接她的时候，我问她老师是如何解释的。她说忘记问老师了……

晚上她那个扮"白脸"的爸爸说："明天你不向老师问清楚就不用出校门了，就算出了校门，我也不会接你！"

放学了，我等了好久也没见她出来，正想给老师打电话的时候，她同学的妈妈走过来跟我说："你家女儿真好啊，一直追着老师问问题呢。"我的那颗悬着的心落定了。接到孩子后，孩子兴奋地跟我讲述她如何问老师，老师又如何耐心地讲解，她说老师比爸爸讲得清楚，讲得细致！我赶紧附和道："你知道吗？妈妈也被表扬了，你同学的妈妈看到你问老师，说非常赞赏你！还说妈妈教育你教育得好呢，妈妈都跟着沾光了。"女儿俏皮地把小手交叉在胸前，骄傲地说："那当然了，我以后还会问老师的。"晚餐后女儿又听到了"白脸"爸爸的声音："你这就弄懂啦？那为什么不能这么解呢？明天再去问问老师。"

我记得那道题目，孩子总共问了老师三次才从她爸爸那里过关。也是从那次开始，孩子遇到不会解的题目，首先想到的就是问老师，不管是校内还是校外，只要见到老师就当场问，见不到就回家后在学习平台上给老师留言。她注视着手机，看到信息已读，就会喊道："妈妈，老师看我的留言了，不知道老师会不会马上回我呢，还是会觉得我的问题太愚蠢了？"每当这时，我都会说一句："知之为知之，不知为不知，是知也。无论你问什么问题，老师肯定都不会嘲笑你，一定会认真帮你解答，直到你弄懂为止。这就是老师。你一定要珍惜。"

我想，每个孩子都希望得到肯定和赞赏。我们家长就是要及时发现孩子的闪光点，哪怕只有一丁点儿，我们也要极力地表扬和肯定。我相信哪怕是一次微小的赞赏和肯定，也一定会成为燎原之火，一定会给予孩子向上的动力和成长的力量。

"爱就大声说出来"，中国人表达爱和欣赏通常比较含蓄，很多时候希望对方意会，似乎自己亲口说出来就逊色了似的！其实，要敢于表达，让别人不用琢磨你在想什么，而是直接知道你对他的爱意、欣赏和肯定，这样对孩子的成长而言无疑是最有益的。

后 记

我 1990 年余姚师范学校毕业，先后辗转在 8 所学校任职，从普通教师，到担任只有 7 位教师的村校负责人，再到担任小学教育集团校长，现任九年一贯制学校教育集团总校长。十几年校长经历与感悟，使我在与众多领导、专家的探讨中，在学校管理的精心实践中，渐渐萌生了"雅"的思想，办学理念也随之清晰起来。

四年前，我觉得教育理念应在共享和交流中形成共识，于是在学校微信公众号开辟"校长说雅"栏目分享自己对"雅教育"的理解与实践。我发表了三十余篇文章，关注者、探讨者越来越多，还得到教师和家长的普遍认可。想不到"雅"在人们心中认可度会这么高，由此我感受到了中华优秀传统文化的魅力。历代名家对"雅"有十分精辟的理解，有深厚的文化积淀，这更坚定了我推行"雅教育"的决心。如果我们的教育初心跟国家意志、学校实际和国际视野相结合，育人之路就会越走越宽。

感谢宁波市教育局、宁波市教育学院的精心栽培，让我有幸成为浙江省教育科学院朱永祥院长的徒弟，他鼓励我撰写"校长说雅"书稿，把"雅教育"的心路历程娓娓道来，不被历代名家对"雅"的论述所束缚，要实实在在地诉说现代教育之雅，要点点滴滴地讲述教学生活之雅。校长说雅，可以带动教师、家长和学生共同说雅，如果千千万万的校长都说雅，那会有多少人说雅？这意义有多大？专家的鼓励，让我热血沸腾，才有了如今的《校长说雅》一书。

写书前，我与我校进驻专家，正高级美术特级教师骆建钧探讨"雅教育"，他对此大加赞赏，认为雅就是中国的美育，是具有"正"的"美"，弘扬中国本有的"雅"文化精神，是文化自信的体现。我与驻校专家，国家一级导演、现代诗人陈云其探讨"雅教育"，他也十分兴奋，随即赋诗一首，作曲家王少鸿马上为之作曲，合二为一成为歌曲《雅之韵》。"雅"是什么？它没有深奥的概念，只是人间的美好，这"雅"深入人心，我为之动容，歌声伴随着我的写作，雅就在身边，伴随我们成长，让我们一起为雅而歌。

我提倡"雅教育"至今已有九年，从一所学校的发展历程来讲尚处于"少年期"，很多工作还处于不断摸索阶段。相信在行文的蛛丝马迹中，你可以看到全体华师艺实人并不满足于已有的成绩，而是把它们作为鞭策和激励，希望自己将来做得更好；你应该可以看到华师艺实人遵循教育规律、探寻科学方法的孜孜求索；你可以看到华师艺实人胸怀教育梦想，不断探求真善美的教育理想，以及立志培养未来社会英才的拳拳报国之心。

理想的教育一直在路上，没有最好，只有更好！中国教育与经济如同一对孪生姊妹，发展迅猛，日新月异。逆水行舟，不进则退，唯有奋力前行。人们从来没有像今天这样对优质教育充满渴求，我衷心希望我们的努力不会辜负社会的信任和期望。华师艺实人将满怀激情和感恩地投入到未来三年的新一轮教育改革中，在努力实现省市顶尖的基础教育典范校愿景的基础上，执着地走在雅教育路上，希望能呈现一番新的教育景象。

"艺术＋"校园更加尚美。希望艺术能像空气一样弥漫在校园的角角落落，进入校园后，您能时刻感受到浓醇香郁的艺术气息；我希望让艺术融入德育，从学校出发，走进社会、走向世界，走进每一个人的心中；我希望让艺术融入各学科，使语文、数学、英语、体育、科技、劳技等教学从此不再"孤单"，以艺术为线、为体、为魂，展现校本、本土的跨学科综合学习的独特魅力。

智慧课堂更加求真。我校学习省内外先进经验，引进比较成熟的、经得起业界检验的平台，让智慧终端在课堂上得到深入应用，让教学评融为一体，让课堂教学发生根本性变化，建立基于个体的"一对一"学生个性化学习分析与行动方案；通过大数据系统，建设和完善学生学业生涯规划系统，为学生学业生涯精准导航。

社会公益更加扬善。我希望学生不做精致的利己主义者，在爱自己的同时，要爱他人、爱家乡、爱自然、爱社会、爱世界。华师艺实学子用艺术做公益，长期资助宁波市青少年艺术公益基金，给需要帮助的人以温暖，让每位学生学会关爱他人，有一颗善良的心。

自我领导力更具个性。我校着力推进"LIM"（Leader in Me）自我领导力课程，在"七个习惯"原则的引领下，开展雅教育十大品格研究。通过建立师生"十大品格"行为评价细目表，实施具有雅教育特征的自我领导力课程，形成独特的学校文化；通过项目化管理，让师生成为校园的主人。

未来，全体华师艺实人坚信，只要心中有理想、有目标、有执着的信念和实际的行动，梦想总会实现，让时间来证明这一切吧！我希望能继续见证和记录学校管理实践中的点点滴滴，当目标达成之时，也是本著作的姊妹篇——《走在雅教育路上》出版之时，这也是我与雅教育的一场美丽约定。

陈伟忠

于东湖花园河畔

2020 年 2 月 28 日